交通强国系列丛书

国家综合立体交通网研究成果汇编

（下册）

交通运输部加快建设交通强国领导小组　编

人民交通出版社股份有限公司

北　京

图书在版编目(CIP)数据

国家综合立体交通网研究成果汇编. 下册／交通运输部加快建设交通强国领导小组编. — 北京：人民交通出版社股份有限公司, 2022.12
ISBN 978-7-114-18472-7

Ⅰ.①国… Ⅱ.①交… Ⅲ.①交通规划—研究成果—汇编—中国 Ⅳ.①F512.1

中国版本图书馆 CIP 数据核字(2022)第 257530 号

Guojia Zonghe Liti Jiaotongwang Yanjiu Chengguo Huibian(Xiace)

书　　名：	国家综合立体交通网研究成果汇编（下册）
著　作　者：	交通运输部加快建设交通强国领导小组
责任编辑：	韩亚楠　郭晓旭
责任校对：	孙国靖　宋佳时
责任印制：	张　凯
出版发行：	人民交通出版社股份有限公司
地　　址：	(100011)北京市朝阳区安定门外外馆斜街 3 号
网　　址：	http://www.ccpcl.com.cn
销售电话：	(010)59757973
总　经　销：	人民交通出版社股份有限公司发行部
经　　销：	各地新华书店
印　　刷：	北京印匠彩色印刷有限公司
开　　本：	720×960　1/16
印　　张：	21.75
字　　数：	326 千
版　　次：	2022 年 12 月　第 1 版
印　　次：	2022 年 12 月　第 1 次印刷
书　　号：	ISBN 978-7-114-18472-7
定　　价：	68.00 元

(有印刷、装订质量问题的图书，由本公司负责调换)

编 委 会

编审委员会主任

　　　　杨传堂　　李小鹏

编审委员会委员

邹天敬　戴东昌　王志清　徐成光　付绪银
费东斌　宋志勇　赵冲久　刘振芳

编写委员会委员

李天碧　李国平　王忠刚　殷时军　韩　钧
曾军山　黄小平　刘鹏飞　魏东义　卢尚艇
李良生　吴春耕　蔡团结　彭思义　岑晏青
李　扬　柯林春　王　雷　张大为　陈胜营
侯振兴　王　强　张　清　刘　莹　刘　昕
石宝林　张劲泉　刘占山　金敬东　徐洪磊
赵忠德

编写委员会成员

刘　东　宋彩萍　王　晨　邬志华　张金发
尹振军　穆砚阳　赵秋璟　陈钟钟　高翠翠
王　婧　聂向军　陈　璟　郑学文　肖春阳
耿彦斌　毛亚平　马衍军　杜彩军　刘　凌
丁向群　黄　威　卢衍洋　杨环宇　张晓利
赵晋宇　毛　睿　李镏洋　孔　哲　罗诗屹
李　乾　左天立　高　飞　史书铨　蒋　斌
邵春福　傅少川　刘　洋　欧阳斌　袁春毅
姜彩良　刘振国　胡贵麟　李晓华　欧心泉
李连成　樊　桦　李　茜　金凤君　夸艳红
朱高儒　胡华清　李鹏林　朱苍辉　陈小鸿
王　晖　王明喆　张小强　张　兵　吴金中
蔡　翠　陆化普　鲁光鸣　丽丽蒲　奚宽武
崔　敏　姚晓霞　　　　　　　　　李育天

前　言

为深入贯彻习近平总书记关于交通运输的重要指示批示精神，全面落实党中央、国务院关于加快建设交通强国、构建现代化高质量国家综合立体交通网的决策部署，在以刘鹤副总理为组长的《交通强国建设纲要》起草组领导下，交通运输部会同起草组成员单位组建了工作组，承担了《国家综合立体交通网规划纲要》（以下简称《规划纲要》）的起草工作。2019年4月，为支撑起草工作，围绕理论方法、现状评价、需求分析、布局方案和保障措施等方面，开展了12项研究专题（包括25个子课题），由中国科学院、中国社会科学院、国务院发展研究中心、清华大学、北京航空航天大学、北京交通大学、同济大学、中国城市和小城镇改革发展中心、国家发展改革委综合运输研究所、交通运输部规划研究院、交通运输部科学研究院、交通运输部公路科学研究院、国家铁路局规划与标准研究院、中国民航科学技术研究院、国家邮政局发展研究中心、中国石油规划总院等单位承担。在《交通强国建设纲要》起草组成员单位的指导下，各专题承担单位精心组织实施，深入开展调查研究，广泛听取各方意见，全面分析规划基础，运用各种交通规划理论与前沿方法，采用翔实的研究数据。专题研究重点不仅包括国家综合立体交通网及其主骨架、国家综合交通枢纽、面向全球的运输网络的空间布局，而且立足发挥各方式比较优势和组合效率，对综合交通统筹融合发展和高质量发展进行了专门研究，对国家综合立体交通网的体系框架、网络评估、需求预测、布局研究等进行了技术探索与创新。这些研究成果具有创新性和前瞻性，为《规划纲要》的起草工作提供了支撑。

2020年3月，我们出版了《交通强国建设专项研究成果汇编》，受到广大读者的好评，为贯彻落实《交通强国建设纲要》提供了有力支撑。本书编写组提炼国家综合立体交通网专题研究部分成果汇编成书，为共享研究成果，学习贯彻好《规划纲要》，以及为深化交通强国相关理论研究做好支撑。

在本书付梓之际，交通运输部加快建设交通强国领导小组向参与《规划纲要》编制的交通强国建设纲要起草组成员单位，以及参与专题研究的行业内外专家表示衷心感谢！深切希望本书能够为交通运输相关政府部门、企业、高校、科研院所等人员研究工作提供有益的参考，为逐步构建中国特色交通运输规划理论体系，加快建设交通强国贡献绵薄之力。同时也敬请广大读者对本书不足之处予以指正。

本书编写组
2022 年 12 月

目 录

下册

第十一章 国家综合立体交通网布局方案研究 ···································· 333
    一、总体考虑 ··· 333
    二、各行业布局与综合平衡研究 ··· 335
    三、国家综合立体交通网布局研究方案 ·· 347
    四、布局效果展望 ··· 354

第十二章 国家综合立体交通网主骨架布局方案研究 ···························· 357
    一、国家综合立体交通网主骨架的总体考虑 ·································· 357
    二、国家综合立体交通网主骨架基础网络研究 ································ 359
    三、国家综合立体交通网主骨架布局的考虑因素 ······························ 371
    四、国家综合立体交通网主骨架的研究方案 ·································· 372

第十三章 国家综合交通枢纽系统布局方案研究 ································ 376
    一、概念与布局基础 ·· 376
    二、系统构成与功能 ·· 380
    三、布局思路 ··· 381
    四、布局方案 ··· 385
    五、建设要求 ··· 387

第十四章 城市群交通布局思路研究 ·· 393
    一、我国城市群发展特征差异性分析 ·· 393
    二、我国典型城市群空间特征和交通供给特征 ································ 402
    三、我国城市群交通布局思路 ·· 414

第十五章 开发性铁路布局思路研究 ·················· 426
一、铁路与其他运输方式技术经济特性分析 ·············· 426
二、开发性铁路布局思路 ······················ 432
三、布局方案 ···························· 445
四、相关建议 ···························· 454

第十六章 通用机场布局思路研究 ····················· 457
一、通用机场发展现状 ························ 457
二、总体发展环境 ·························· 463
三、通用航空需求分析 ························ 466
四、通用机场布局思路、方法和目标 ················ 471
五、其他运输方式对通用机场布局的影响 ·············· 480
六、政策建议 ···························· 483

第十七章 交通运输应急能力布局研究 ·················· 486
一、交通运输应急能力现状及问题分析 ················ 486
二、发展要求 ···························· 499
三、交通运输应急救援布局研究 ··················· 503

第十八章 交通基础设施网络系统可靠性分析研究 ·········· 521
一、交通基础设施网络系统可靠性定义与内涵 ············ 521
二、国外交通基础设施网络系统可靠性经验借鉴 ·········· 522
三、交通基础设施网络系统可靠性指标体系构建 ·········· 525
四、可靠性评价 ··························· 533

第十九章 交通科技创新与智慧发展研究 ················ 550
一、未来交通科技发展趋势 ····················· 550
二、科技发展趋势及其对交通的影响 ················ 567

第二十章 国家综合立体交通网环境影响研究 ············· 584
一、我国资源环境概况 ························ 584

二、交通环境影响回顾性分析 ·· 587

三、生态影响评价 ·· 591

四、大气环境影响评价 ·· 592

五、水环境及环境风险评价 ·· 594

六、资源能源及碳排放影响评价 ·· 596

七、环境合理性论证 ··· 599

八、生态环境保护措施 ·· 602

九、小结 ·· 605

第二十一章 国家综合立体交通网重大工程研究 ················ 610

一、重大工程的功能定位与主要特征 ······································ 610

二、总体思路 ·· 611

三、重大工程 ·· 614

四、实施安排 ·· 627

第二十二章 国家综合立体交通网投融资政策研究 ················ 631

一、我国交通发展投融资政策现状 ··· 631

二、国家综合立体交通网资金保障面临的形势 ·························· 635

三、国内外经验借鉴 ··· 639

四、国家综合立体交通网资金保障政策研究 ····························· 648

第二十三章 国家综合立体交通网实施保障研究 ··················· 654

一、我国交通运输规划编制实施现状 ······································ 654

二、国外交通运输规划经验借鉴 ·· 659

三、国家综合立体交通网的实施保障 ······································ 666

第十一章
国家综合立体交通网布局方案研究

本章重点阐述国家综合立体交通网的布局思路、布局方法，详细介绍各运输方式及邮政快递基础设施布局规划以及综合平衡过程，在此基础上对国家综合立体交通网布局方案进行了研究，并对布局效果进行了展望。

一、总体考虑

（一）国家综合立体交通网的范围界定

全国综合交通基础设施由全国范围内的铁路、公路、水运、民航、管道和邮政快递等基础设施构成。其中，铁路划分为高速铁路、城际铁路、市域铁路、普速铁路；公路划分为国道、省道和农村公路；港口划分为主要港口、地区性重要港口和一般港口；内河航道划分为国家高等级航道和其他航道；民用运输机场总体可以划分为国际航空枢纽（含国际航空货运枢纽）、区域航空枢纽和非枢纽机场；管道划分为原油管道、成品油管道和天然气管道。邮政快递基础设施大体分为全球性国际邮政快递枢纽集群、区域性国际邮政快递枢纽、全国性邮政快递枢纽和其他快递基础设施。

国家综合立体交通网是涵盖铁路、公路、水运、民航、管道和邮政快递的国家级交通基础设施，在全国综合交通基础设施中发挥主体作用。按照上述定位，铁路网中的高速铁路、普速铁路在综合交通运输体系中发挥主干作用，作为国家级交通基础设施纳入规划范围。根据《中华人民共和国公路法》，国道（国家高速公路和普通国道）是具有全国性和区域性政治、经济意义的干线公路，纳入规划范围。根据《中华人民共和国港口法》等，主要港口与国家高等级航道在全国港口体系和航道网中具有关键作用,纳入规划范围。根据《中华人民共和国民用航空法》,全国民用机场的布局和建设规划,由国务院民用航空主管部门会同国务院其他有关部门制定,据此将民用运输机场纳入规划范围。根据《中华人民共和国石油天然气管道保护法》有关精神,将承担油气资源跨区域长距离输送任务的原油、成品油和天然气管道纳入规划范围。根据《国务院办公厅关于印发交通运输领域中央与地方财政事权和支出责任划分改革方案的通知》,邮政普遍服务和特殊服务主干网络、邮件和快件进出境设施由中央承担专项规划、政策决定、监督评价职责,据此将全球性国际邮政快递枢纽集群、区域性国际邮政快递枢纽、全国性邮政快递枢纽纳入规划范围。

(二)国家综合立体交通网的布局思路

坚持目标导向与需求导向相结合,坚持统筹存量与增量、传统与新型交通发展,统筹考虑国家政治、经济、社会以及国土、生态、安全等方面的要求,充分利用全行业数据、移动通信和互联网大数据,搭建多种运输方式一体的网络预测分配模型,按照"空间协调、功能融合、定量支撑、综合衔接"的布局思路,以重要城市、产业集群、区域通道、主要枢纽、主要口岸等节点为切入点,完善网络布局、优化体系结构、加强衔接协调、提升服务品质、增强系统韧性,对各行业的规划研究方案进行统筹优化和衔接平衡。

空间协调——充分考虑国家未来国土空间开发格局,以及人口、产业和生产力布局的空间特征,经聚类分析,提出多中心、多层次、网络化的国家综合立体交通网空间布局基本形态。结合客货运输流量流向、空间分布特点及演变趋势,围绕城市群、城市圈、中心城市、重要工业能源生产消费区域和主要口岸等重要节点,布局形成初步方案。

功能融合——各行业依据各自发展需要和功能定位,以两阶段规划目标为导向,继续优化规模结构、完善功能布局、提升发展质量,以县级行政单元为基础节点,在同一尺度下提出各行业布局研究方案。以此为基础,在统一框架下统筹考虑铁路、公路、水运、民航、管道和邮政快递的需求特征,按照减少土地占用、提高资源利用效率的总体要求,对各行业布局研究方案进行统筹协调,着力优化存量,精化增量。

定量支撑——从客货运输服务的功能和本质出发，建立铁路、公路、水运、民航、管道、邮政快递等统一的分析框架、GIS平台和基础数据库，结合各种运输方式技术经济特征的量化处理，综合研究客货运输的发生、吸引和分布，采用基于枢纽为转换节点的网络分配模型，为实现各行业布局研究方案的优化提供量化支撑。

综合衔接——以需求预测及理论模型为研究基础，强化定量与定性、理论与实践相统一，结合国家经济产业布局和国土空间开发保护格局，充分考虑政治、国土均衡等功能需求，深入做好与国民经济与社会发展五年规划、国土空间规划等规划的衔接协调，不断完善国家综合立体交通网布局研究方案。

二、各行业布局与综合平衡研究

（一）铁路网布局

1. 布局思路

以国家重大战略为指引，以国家综合立体交通网布局思路为统领，坚持目标导向、问题导向相统一，优化存量资源配置、扩大优质增量供给，打造现代化高质量铁路网。

区域布局思路——东部地区以提升路网质量、优化路网结构为主，重点加强城际及市域铁路规划布局；中西部地区以扩大路网覆盖、完善路网布局为主，强化沿边及普速干线铁路规划布局，合理规划布局高速铁路，加快国土开发性铁路建设；东北地区以提升既有路网质量为主，加强既有线升级改造，合理布局区域性高速铁路，强化普速铁路连接线及支线铁路布局。

高速铁路布局思路——统筹考虑城市化战略格局、人口空间分布、产业布局，优化完善"八纵八横"高速铁路主通道布局，提高路网整体能力和质量，适度增加区域性高速铁路，拓展路网覆盖。

普速铁路布局思路——综合考虑国土空间开发、人口城镇布局、产业资源分布、沿江沿海港口规划等要素，布局普速铁路干线，优化完善普速铁路网布局，强化既有线扩能改造，加强支线铁路建设。

城际铁路布局思路——结合城市空间布局、人口分布、客运需求特征、区域路网结构等因素，在京津冀、长江三角洲、粤港澳大湾区、长江中游、成渝、中原、山东半岛、海峡西岸、辽中南、关中、哈长、滇中、黔中、天山北坡、宁夏沿黄、呼包鄂榆、北部湾、太原、兰州—西宁、藏中南等城镇化地区布局构建合理的城际铁路网络。

市域铁路布局思路——在人口密度大、需求旺盛的超大城市、特大城市及具备条件的大城市布局市域铁路新线。重点布局北京、天津、上海、杭州、广州、武汉、成都、重庆、沈阳等都市圈市域铁路。

2. 布局目标

以铁路连接 20 万人口以上城市、资源富集区、货物主要集散地、主要港口及口岸，扩大县级以上行政区覆盖，高速铁路连接 50 万人口以上大中城市、覆盖省会城市，打造轨道上的城市群、都市圈等为目标，按照"畅通客货运输通道、完善干线铁路布局、强化铁路综合枢纽"的思想，分层分类布设路网，实现客运"高速便捷"、货运"通道畅达"、路网"系统协调"的铁路网格局。

3. 布局方法

一是构建形成连接国家主要城市、AAAAA 级景区、矿产资源基地、港口等多种理论网层，叠加形成全国铁路概念网。

二是对概念网进行线位对照、布局优化和技术标准匹配分析研究，并以区域规划为补充，梳理构成概念网的各研究项目，形成连接节点间网络的项目备选库，通过逐步优化，形成项目初选库，依据项目优选原则、优选方法，并结合地方及专家意见进一步梳理完善，最终得到项目优选库。

三是以路网总规模为控制，按照国家综合立体交通网布局思路，统筹铁路运输需求、路网质量、通道能力、均衡发展、协调融合、质量效益等，按高速铁路、普速铁路、城际铁路、市域铁路、综合交通枢纽等进行分类研究、整体优化，形成路网布局方案。

四是结合铁路新技术发展，把握数字化、网络化、智能化融合发展新契机，统筹考虑技术变革、管理创新等对铁路发展的影响，进一步优化完善铁路网。

（二）公路网布局

1. 布局思路

以《交通强国建设纲要》战略要求为统领，以完善国家综合立体交通布局和统筹构建"一张网"为指向，围绕国家公路网的功能定位，坚持问题导向、需求导向、目标导向、功能导向，着眼于支撑构建生产集约高效、生活宜居便捷、生态有效保护、安全和谐、富有竞争力及可持续发展的国土空间开发利用格局，充分考虑科技进步等趋势影响，按照"用足存量，做优增量"的思路完善国家公路网布局，支撑社会主义现代化强国建设。

用足存量——《国家公路网规划（2013—2030年)》批复实施以来，国家公路网在满足国家政治、经济、社会、国防及人民群众出行需要方面发挥了重要作用。从路网承担的功能和需求来看，自治区首府和直辖市通达所有地级行政中心和县级行政区，承担国际、区域间、省际和城际公路客货运输，与国家公路功能定位相符合，是新形势下开展国家公路网布局的重要基础。布局中要在充分考虑提升既有设施能力、利用智能化及需求管理等手段提升存量资源潜力和服务品质的前提下，通过局部优化和适当调整，使既有规划路网功能更加完善、布局更加合理。

做优增量——在充分挖掘存量资源潜力的基础上，主要围绕区域协调发展、共建"一带一路"等国家重大战略部署以及构建国家综合立体交通网、交通旅游融合发展等新形势新要求，适当补充增加重要路线，尽可能利用和整合既有道路资源，注重节约集约利用土地，注意避让生态脆弱区和环境影响敏感区，扩大优质增量有效供给，实现交通供给与需求更高水平的动态平衡。

2. 布局目标

国家公路网布局规划的目标是：连接全国所有县级及以上行政区、重要交通枢纽、边境口岸、国防设施，有效覆盖AAAAA级景区、国家级风景名胜区、世界文化与自然遗产等，形成布局合理、功能完善、覆盖广泛、安全可靠的国家公路网络。1000公里以内的省会间可当日到达，东中部地区省会到地市可当日往返，西部地区省会到地市可当日到达；区域中心城市、重要经济区、城市群内外交通联系紧密，形成多中心放射的路网格局；沿边沿海公路抵边贯通，国边防保障能力显著增强；高效连接边境公路口岸，与东北亚、中亚、南亚、东南亚的联系更加便捷，形成重要国际运输通道。其中：普通国道全面连接县级及以上行政区；国家高速公路全面连接地级行政中心、城区人口数量超过 10 万的市县。

> **专栏 关于选择现状城区人口数量超过 10 万的县级市和县作为国家高速公路网连接节点的依据**
>
> 以一定人口规模的城市作为节点进行高速公路网的布局规划，是世界发达国家高速公路网规划的主要方法之一。我国前两轮国家高速公路网规划也是从连接一定规模的城市出发研究布局。2004 年国务院审议通过的《国家高速公路网规划》，提出了国家高速公路"连接所有城镇人口数量超过 20 万的中等及以上城市"；《国家公路网规划（2013—2030 年)》统筹考虑了效率和公平的要求，进一步将"所有地级行政中心"作为国家高速公路布局规划的主要连接节点。2014 年，我国对城市规模划分标准进行了调整，国家高速公路规划目标不宜再采用"中等城市"口径。
>
> 为适应未来现代化和新型城镇化发展，在连接所有地级行政中心的基础上，国家高速公路网连接节点宜以城区人口规模为主要考量，考虑达到一定人口规模的县级市和县。经测算，全国共有 1879 个县级市和县，其中城区人口超过 10 万的县级市和县共 832 个，数量占比约为 44%，但这些县级市和县的城区人口占全国县级市和县的城区人口比重高达 74%。由此可见，城区人口在 10 万以上的县级市和县在我国县域经济社会发展中具有重要的地位和作用。因此，综合以上考虑，并充分借鉴发达国家高速公路连接水平，着眼实现现代化发展目标，选择所有地级行政中心以及现状城区人口数量超过 10 万的县级市和县，作为国家高速公路网连接的节点。

3. 布局原则

依据功能定位、规划目标和布局思路，国家公路网路线布局需要遵循以下原则。

与新型城镇化建设相适应——着眼于适应中心城市和城市群正在成为承载发展要素的主要空间形式的区域经济发展新形势，支撑以城市群为主体、大中小城市和小城镇协调发展的城镇格局构建，着力提升城市群间通道能力、服务水平，完善中心城市公路网络，强化城市群内重要节点间便捷联系，加强中小城市和重要城镇对外联系。

与全面开放新格局相协调——强化国家公路对陆海内外联动、东西双向互济开放格局的支撑作用，以服务"一带一路"倡议实施为重点，充分对接亚洲公路网，支撑陆海新通道建设，加强对陆路边境公路口岸的有效连接。

与总体国家安全观相统一——坚持国家利益至上，坚决维护国家主权、安全、发展利益，着力夯实固边、守边、强边的交通基础保障，强化沿边沿海地区国防、维稳通道布设，加强对国防、边防、海防要地连接，维护国家主权和领土完整。

与促进新业态新模式发展相吻合——服务构建全要素、多领域、高效益的融合发展格局，推动公路交通与旅游业、制造业、物流业、电子商务等关联产业深度融合、联动发展，支撑国家旅游风景道建设，加强对AAAAA级景区、国家级风景名胜区等重要旅游景区以及重要产业基地、物流园区的有效连接。

与综合立体交通网络构建相一致——统筹综合运输通道资源能力配置，充分发挥公路在综合立体交通网络中的基础性功能作用，注重不同运输方式网络布局的合理配置与有机衔接，加强对重要港口、机场、铁路枢纽的有效连接，提高综合交通整体效率。

与提高国家公路韧性要求相符合——充分考虑满足人民群众安全放心运输需求，从提高路网可靠性出发，加强对特殊区域国家公路网络的完善，增设可替代路线，提高突发事件下国家公路网的运行安全，有效保障网络整体效率发挥和网络功能可靠性。

（三）水运网布局

1. 布局思路

（1）国家航道网的布局思路

按照国家综合立体交通网布局的总体思路，在原"两横一纵两网十八线"1.9万公里内河高等级航道布局的基础上，按照"强化通道、沟通水系、辐射延伸、通达海港、局部调减"的思路对原布局进行修订完善，具体考虑如下。

一是加强战略支撑，强化东西向跨区域水运通道。充分利用我国长江、珠江、淮河、黑龙江等大江大河航道，进一步提升扩能，形成连接多个省市的跨区域水运通道，增强内河水运对"一带一路"建设、长江经济带发展和珠江—西江经济带、淮河生态经济带发展的支撑和纽带作用。

二是谋划长远布局，构筑南北向跨流域运河通道。统筹航运、水利、生态要求，将长江、珠江、淮河等主要水系间具有重大战略意义和一定基础条件的运河沟通工程纳入国家高等级航道布局，形成南北向新的跨流域水运通道。

三是拓展流域腹地，实现重点覆盖和局部成网，为西部开发、中部崛起，长三角一体化、粤港澳大湾区建设等提供有力支持。中西部地区利用长江、珠江、淮河等水系主要支流航道资源，重点连接省级行政区域、主要城市群、地级以上城市、主要能源原材料产地、工业基地。东部地区重点扩大长三角、珠三角国家高等级航道网辐射范围、并进一步完善内部联络。

四是促进开放融合，加强通江达海、国境国际航道布局。优先将长三角、珠三角地区具有江（河）海联运功能的重要航道，其他地区沿海主要港口核心港区的内河集疏港航道，作用突出的国际、国境河流航道纳入布局方案。

五是落实生态保护等要求，调减局部航道线路。根据水环境、水生态保护要求和沿线城市发展实际，调减局部地区国家高等级航道线路。统筹航道和港口布局、城市人居环境，将部分国家高等级航道起讫点调整出城市中心区。

（2）全国主要港口布局思路

按照国际枢纽港、沿海主要港口、内河主要港口三个方面开展布局。

一是国际枢纽海港。国际枢纽海港是全球航运枢纽和国际物流中心，是对外开放的核心门户，是"一带一路"建设和深化全方位对外开放新格局的核心战略支点，是国家实现资源全球配置、参与全球经济治理、提升国际影响力和竞争力的重要载体和战略资源。具体思路是采用综合分析的方法，定性与定量相结合，确定待选港口综合得分，结合条件界定法，征询专家和相关部门意见，确定国际枢纽港布局方案。

二是沿海主要港口。在既有主要港口方案基础上，重点从完善沿海港口体系、促进综合交通运输体系发展、国土空间开发、对外开放四个方面，通过建立综合评价指标体系，经三阶段筛选论证，定性、定量相结合，研究论证新增主要港口名录。

三是内河主要港口。按照"加强支撑、促进协同、拓展腹地、完善系统"的思路，在航运条件较好的支流高等级航道上，本着战略地位突出、发展基础最好、发展潜力较大的原则，依托国家高等级航道沿线的省会城市和重要地级城市，与综合交通枢纽和开放口岸协同布局，综合考虑区域协调发展和保障重点物资运输需要，完善内河主要港口布局。

2. 布局目标

到2035年，形成功能层次清晰、保障能力充分、战略支撑力强、绿色安全高效的现代化沿海港口体系和"安全畅通、经济高效、绿色智能"的现代化内河水运体系，使比较优势得到充分发挥，服务国家战略的保障能力显著增强。

沿海港口：强化引领作用，打造世界一流强港，在全球航运和物流体系中的枢纽地位突出，国际影响力和全球资源配置能力强，成为"一带一路"建设的核心战略支点。强化骨干作用，支撑国家综合立体交通网主骨架和国土空间优化开发，促进多式联运发展，在辐射陆海双向综合交通运输网中的枢纽地位突出。强化区域协同，群内港口分工明确、竞争有序，协同发展良好，"港口群—综合通道—内陆腹地"的空间体系完善。强化有效供给，集装箱、煤炭、原油、铁矿石、邮轮等重要运输系统专业化码头布局完善，充分满足外贸、能源原材料物资运输和人民美好生活需要。绿色安全发展，空间开发集聚，资源利用高效，军民融合发展，安全保障有力，核心港口资源得到有效保护。智能、绿色、安全达到世界先进水平。

内河水运：形成以国家高等级航道为骨架，其他航道为基础，横贯东西、纵贯南北、干支衔接、江（河）海畅通、区域成网的内河航道体系。千吨级航道有效连接主要城市群、地级以上城市和沿海主要港口。积极推动京杭运河黄河以北适宜河段恢复通航，推进平陆运河、赣粤运河、湘桂运河、浙赣运河等航运沟通工程。形成以主要港口为核心，其他港口为补充，布局合理、功能完善、区域协同的内河港口发展格局。主要港口成为内河集装箱、大宗散货等专业化运输系统的重要节点，产业支撑力、区域辐射力和对外开放引领作用充分发挥。形成船舶先进适用、货运高效率、客运高品质的发展格局。内河专业化运输、江海联运和铁水联运量比重明显提高。因地制宜,形成多层次内河旅游客运体系。实现绿色、平安、智能发展。航道和港口与生态保护空间协调性明显增强,港口岸线利用效率显著提高,内河运输单位能耗下降30%,船舶主要污染物排放总量明显下降。建成有效覆盖、重点监控、智能高效、快速反应的水上交通安全应急体系。实现行业管理和服务信息化。

3. 布局原则

战略引领、系统谋划。按照国家深化改革开放、"一带一路"倡议和京津冀协同发展、长江经济带发展、粤港澳大湾区建设、海南全面深化改革开放、长三角一体化发展等战略要求,以国土空间规划为基础,以提升国际竞争力为目标,优化港口功能层次,强化海港枢纽空间布局,推进区域港口群优化发展,加强涉及国家能源、外贸等重要运输货类系统的港口布局,提升港口资源能力保障及韧性。适应国土空间布局、产业和城市发展、对外开放、军民协同发展等要求,拓展中西部水运服务范围,促进东部水运优化网络、推进内河水网与海港有效衔接及主要内河水系间沟通联网。

陆海统筹、融合联动。支撑交通强国,立足完善综合立体交通网,加强沿海港口与各种运输方式的协调衔接,统筹陆海双向联动,与国土空间开发、城镇体系、产业布局及军民协同发展相适应,深化完善港口空间格局,促进全方位对外开放。以航道标准、港口管理、运输船型、口岸通关等"四个统一"为抓手,加快内河水运发展质量变革、效率变革,进一步提高内河水运服务水平,充分发挥运能大、成本低的比较优势。

优化提升、整体协同。以发挥区域港口整体优势和促进合理竞争为目标,结合城市群建设和交通运输网优化,引导协调区域内港口资源的合理配置,优化发展格局,提升整体效能。加强水运与其他运输方式高效衔接,大力发展江海运输和多式联运,促进运输服务一体化。贯彻水资源综合利用方针,统筹兼顾水运与防洪、排涝、发电、灌溉、供水等的关系。

创新智慧、平安绿色。注重科技创新,提升智慧发展水平。坚持生态优先,严守发展底线,节约集约利用各种资源,加强生态环境保护。加强安全监管,完善应急保障体系,着力提高港口安全水平。全面落实生态文明建设要求，严守生态保护红线，充分发挥水运节能环保优势。

(四) 民用运输机场布局

1. 布局思路

按照国家综合立体交通网布局的总体思路，以强化枢纽带动力和机场覆盖度为导向，抓住新基建和智慧民航建设契机，做好民航基础设施的"加减乘除"，按照"匡大数、布小点、优供给、促衔接"的总体思路（图11-1），进行运输机场布局，构建覆盖广泛、分布合理、功能完善、集约环保的现代化民用运输机场体系。

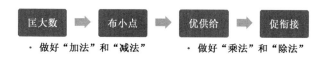

匡大数：确定不同阶段需要布局的机场总数　　加法：兼顾效率公平，增加机场布局数量
布小点："自上而下"、"自下而上"确定　　　　减法：空铁联运范围内优化支线机场布局
　　　　在哪些地区布局机场
优供给：确定设施规模，完善机场功能机构　　乘法：机场群协同，综合交通组合效率
促衔接：促进机场与其他交通方式的融合　　　除法：破除行政藩篱、体质机制障碍

图 11-1　运输机场布局总体思路

一是匡大数，基于中心地理论，借鉴国际经验，立足我国实际，确定机场的总数。二是布小点，"自上而下"，在现有机场布局基础上，综合考虑多重布局因素，确定机场空间布局，提升航空出行便捷性和均衡性；"自下而上"，充分对接各省（区、市）机场布局需求，统筹各省（区、市）行政边界机场布局。三是优供给，根据市场需求确定主要机场设施规模及"一市多场"布局需求；根据机场发展基础和在航空运输网络中的战略作用，明确机场功能定位，明晰机场层级。四是促衔接，根据不同功能层级机场，提出与其他运输方式的衔接要求，发挥综合交通组合效率。

2. 布局目标

到2035年，基本建成覆盖广泛、功能完善、优质高效、协同开放的现代化民航基础设施体系，建成以"平安、绿色、智慧、人文"为特征的四型机场体系，建成以"安全稳、效率高、智慧强、协同好"为特征的现代化空中交通管理系统，民航与其他交通方式、民航与区域经济社会发展深度融合。具体目标如下。

保障能力：机场保障能力满足旅客吞吐量34亿人次、货邮吞吐量4000万吨以上的发展需求，年旅客吞吐量超过千万的机场数量达到50个以上，其中亿级以上的超级枢纽6个左右；建成10组以上的大容量、强安全、高效率的平行编组航路。

服务效果：95%的地级行政单元中心60分钟抵达最近运输机场，97%的县级行政单元中心90分钟抵达最近运输机场；建成30个以上以机场为核心、集约高效的现代化综合交通枢纽。

质量效率：航班正常率保持80%以上；杜绝空管和机场原因造成的运输航空事故；机场设施利用效率大幅提升，单位用地完成航空运输周转量提升14%，枢纽机场单条跑道平均容量提升10%。

3. 布局原则

一是要坚持服务人民需求，牢固树立"发展为了人民"的理念，优化机场空间布局，强化空地资源保障，提高便捷性、均等化服务水平，增强人民航空出行的获得感、幸福感和安全感。

二是要坚持服务国家战略，建立与国土空间规划、城镇化格局相适应的机场布局，服务国家重大战略实施，支撑社会主义现代化国家建设，满足国家经济、政治、社会、文化、国防等需要。

三是要坚持科学统筹协调，统筹运输机场与通用机场、机场与空域空管、机场与其他交通方式规划建设，构建各类机场功能互补、空地资源协同配置、机场与其他交通方式高效衔接的现代化民航基础设施体系。

四是要坚持安全智慧高效，加强新技术研发与应用，鼓励政策创新、管理创新，全面提升基础设施安全水平，充分发挥基础设施效能。

五是要坚持绿色经济适用，牢固树立绿色低碳循环发展理念，集约节约利用资源，设施规模经济适用，加强生态环境保护。

（五）管道网布局

1. 布局思路

按照国家综合立体交通网布局的总体思路，在《中长期油气管网规划》

规划和未来需求预测的基础上，按照统筹协调、适度超前、提升能力、适用经济、持续发展、互联互通等原则，以扩大设施规模、完善管网布局、加强衔接互联、推进公平开放为重点，大力发展天然气管网，优化完善原油和成品油管道，提升储备调峰设施能力，提高系统运行智能化水平，着力构建布局合理、覆盖广泛、内通外畅、安全高效的现代油气管网。

2. 布局目标

预计到2035年，全国油气"一张网"格局基本完成，油气资源供应能力进一步增强，供应可靠性明显提高，管网广泛服务水平显著提升，建成较为发达的油气管网运输体系。天然气管网构建"四大进口通道＋六横六纵"矩阵式管网格局，直辖市、省会城市实现多气源、多通道供气，地级市实现双气源双通道供气，县级行政单位基本实现管网全覆盖；原油和成品油管道覆盖全部油田和炼厂。

展望到2050年，全国油气"一张网"格局进一步完善，油气资源保障能力、管网运行可靠性、管网广泛服务水平等达到世界前列，全面建成世界一流的现代化油气管网。天然气管网服务水平达到世界前列，覆盖全部经济技术可行的城镇。原油及成品油管道对油田和炼厂的支持保障能力进一步提升。

（六）邮政快递布局

1. 布局思路

以国家综合立体交通网布局思路为指引，国家邮政快递网按照"枢纽＋邮路＋网络"的思路，研究我国邮政快递网基本布局。在目标市场分析和枢纽节点分析的基础上，结合国家战略，确定邮政快递网的国内和国外枢纽节点，立足国内国际邮快件流量流向需求，依托枢纽节点搭建国内国际邮政快递运输邮路，进而构筑立足国内、服务全球的邮政快递网络。

2. 布局目标

一是打造功能强大、开放共享的国家邮政快递枢纽体系。邮政快递枢纽体系由邮政快递枢纽（邮政快递枢纽城市）、邮政快递枢纽站场（处理中心）共同组成。邮政快递枢纽是邮政快递与多种运输方式的交叉与衔接之处，承担区域内部和区域对外的邮政快递集散和中转功能，兼具交通枢纽和物流枢纽的功能。从枢纽规模、辐射能级和功能上看，结合城市群分布特点，邮政快递枢纽分为全球性国际邮政快递枢纽集群、区域性国际邮政快递枢纽和全国性邮政快递枢纽。以地市为单位确定国内关键节点，以国家、重点地区为单位确定国际关键节点，以规模量级、辐射能级、地理区位、城市特性和运输保障能力等确定枢纽能级和枢纽功能。全球性国际邮政快递枢纽集群重点考虑对于国际邮快件在全球的中转辐射作用，尤其是洲际间的辐射作用。区域国际邮政快递枢纽以洲内短途、周边国家和少量洲际邮快件中转辐射为主。全国性邮政快递枢纽综合考虑全国辐射性和具备全国性枢纽功能的省会城市。

二是建设通达广泛、互联高效的国内国际运输邮路（含快递）。依托铁路、公路、水运、民航等交通运输方式，做大铁路邮路、做强公路邮路、做实水运邮路、做精航空邮路，畅通国内国际邮路运输通道。既发展重要流量通道，又兼顾国家战略孕育的新通道。分阶段布局推进，引导市场在货源、流向、邮快件通道等方面形成建设合力。完善日本、韩国、东南亚、南亚、俄罗斯等周边区域为核心的国际邮路通道，搭建中美、中欧、中非、中亚和中澳国际邮快件航空运输邮路通道，打通面向西欧、中东、美洲、非洲、大洋洲等远程区域的寄递邮路通道。

三是构建覆盖全国、通达全球的邮政快递网。依托枢纽节点和邮路所搭起的骨架网络，推动形成布局合理、覆盖全球的邮政快递运输网络。依托国内发达的公路网络，推动建成城市公共寄递末端网络和县乡村三级公共寄递末端网络，实现国内寄递末端通乡达村。国际邮政扩展聚焦重点目标国家，加强境外业务总部、经营网点、海外仓等基础建设，推动建设通达广泛、服务稳定的国际本地网络。

（七）综合平衡研究

综合平衡贯穿规划研究的全过程，基本思路是统筹考虑国家政治、经济、社会、国土、生态、安全等方面高水平服务需要与高质量发展要求，通过建立能够充分反映综合与行业、中央与地方各方面需求的综合平衡机制，构建立足各运输方式比较优势和组合效率的综合平衡技术方法，对规划研究过程中各重要环节进行统筹协调和综合平衡。

一是在需求分析阶段，根据地理空间交通经济联系强度将各运输方式统一到以县级行政区划为基本单元的综合交通小区，结合大数据将不同运输方式不同空间精度多元化的OD数据统一起来，建立全国统一的综合交通OD，对全国综合交通发生吸引及分布进行研究。基于多模式广义费用的超级交通网络OD分配技术，将各运输方式运输时间、运输成本、衔接转换时间等技术经济因素货币化，将全国统一的综合交通OD进行跨方式联合分配，为各运输方式研究提供统一的分析框架。

二是在初步方案阶段，坚持既综合协调又发挥各行业优势，对各运输方式在国家综合立体交通网中的功能定位以及规划思路、布局原则、规划目标、规模结构等重大问题进行充分讨论，在强化统筹融合的同时，充分尊重各运输方式各自发展需要和功能定位，确保总体规划与各运输方式规划在思路、原则和目标等方面的统一，推动各种运输方式按照统一的规划理念和思路开展研究，从源头上避免各运输方式相对独立研究、规划方案简单叠加。

三是在方案形成及优化阶段，通过测算交通基础设施能力利用率、土地资源利用效率等控制性指标，结合未来需求及OD分析，识别各规划方案中资源利用率较低的线路，与各运输方式规划研究组反复沟通、论证，进行统筹协调，优化存量，精化增量，实现各行业规划方案与综合规划方案的有机融合。

根据上述思路，规划研究之初，成立了由总体组、行业组、区域组、专题组等共同参与的综合平衡机制，对规划研究过程中各重要环节、各重大问题进行了统筹协调和综合平衡对。这套机制在规划研究大纲阶段、现状评估、问题分析、需求预测、指导方针、规划目标、规模结构、布局原则、初步方案、最终方案、方案优化等各关键阶段发挥了重要作用，确保各运输方式规划方案在总体目标和原则下"不出格""不跑偏"，并对来自各方面的近千条增加规模的意见进行全过程、多层次、多轮次的综合平衡。

三、国家综合立体交通网布局研究方案

国家综合立体交通网连接全国所有县级及以上行政区、边境口岸、国防设施、主要景区等。以统筹融合为导向，着力补短板、重衔接、优网络、提效能，更加注重存量资源优化利用和增量供给质量提升，完善国家铁路网、国家公路网、国家水运网、国家民航网、国家油气管道网、国家邮政快递网，

构建以铁路为主干,以公路为基础,水运、民航、管道比较优势充分发挥的国家综合立体交通网。

到 2035 年,国家综合立体交通网实体线网总规模合计 90 万公里左右(不含国际陆路通道、空中及海上航路、邮路里程)。其中,国家铁路网 20 万公里左右,国家公路网 46 万公里左右,国家高等级航道网 2.5 万公里左右,国家油气管道网 20 万公里左右。全国沿海主要港口 27 个,内河主要港口 36 个,民用运输机场 400 个左右,国家邮政快递枢纽 80 个左右。

(一)铁路

国家铁路网包括高速铁路、普速铁路。其中,高速铁路 7 万公里(含部分城际铁路),普速铁路 13 万公里(含部分市域铁路),合计 20 万公里左右。形成由"八纵八横"高速铁路主通道为骨架、区域性高速铁路衔接的高速铁路网;由若干条纵横普速铁路主通道为骨架、区域性普速铁路衔接的普速铁路网;京津冀、长三角、粤港澳大湾区、成渝等重点城市群率先建成城际铁路网,其他城市群城际铁路逐步成网。研究推进超大城市间高速磁浮通道布局和试验线路建设。

1. 高速铁路网

在 2016 年印发的《中长期铁网规划》基础上,优化完善"八纵八横"主通道及区域性高速铁路。

一是优化"八纵八横"主通道布局。研究将沿海通道起讫点调整为丹东、东兴;将京昆通道北京至太原段径路,优化调整为北京—雄安—忻州—太原;呼南通道研究增加焦作—洛阳—平顶山径路;沿江通道研究增加武汉至荆门至宜昌、成都至重庆等径路;包(银)海通道海南段研究新增海口—三亚铁路。

二是研究补强部分高速铁路主通道能力。补强沿江通道重庆—宜昌段能力;京港(台)通道研究新增南昌—福州(厦门)铁路;青银通道研究新增绥德—定边—银川(兰州)铁路;沿海通道研究新增温州—福州、漳州—汕头等铁路。

三是完善区域性高速铁路。在 2016 年印发的《中长期铁路网规划》的基础上,研究新增杭州—绩溪、永州—清远—广州、黔江—吉首等区域性高速铁路。

城际铁路网，研究在京津冀、长三角、粤港澳大湾区、成渝等重点城市群布局发达的城际铁路网，其他城市群布局符合城市群发展需要的城际铁路网，打造轨道上的城市群。

2. 普速铁路网

研究将2016年印发的《中长期铁路网规划》布局的12条区际快捷大能力通道，优化调整为佳木斯—上海（杭州）通道、同江—上海通道、漠河—深圳（福州）通道、北京—香港（凭祥）通道、二连浩特—三亚通道、满都拉—防城港（北海）通道、浩勒报吉—泉州通道、临河—河口（磨憨）通道8条纵向通道；绥芬河—满洲里通道、天津（四平）—乌鲁木齐通道、青岛—银川（武威）通道、陆桥通道、宁波—拉萨通道、启东—拉萨通道、上海—瑞丽通道、西南出海通道8条横向通道，增加煤炭铁水联运通道及西部沿边通道。

（二）公路

包括国家高速公路网、普通国道网，合计46万公里左右。其中，国家高速公路网16万公里左右，普通国道网30万公里左右。

1. 普通国道网

经综合比选分析和路线整合，普通国道网布局方案由原来的12条放射线、47条南北纵线、60条东西横线和81条联络线调整为12条放射线、47条南北纵线、60条东西横线和182条联络线，总规模约30万公里，见表11-1。

普通国道分地区统计表　　　　　　　　　　表11-1

区域	原国道里程（万公里）	所占比重（%）	保留里程（万公里）	新增里程（万公里）	总里程（万公里）	所占比重（%）
全国	26.7	100	26.5	3.5	30.0	100
东部	5.7	21.4	5.6	0.6	6.2	20.8
中部	7.0	26.4	7.0	0.7	7.7	25.8
西部	14.0	52.2	13.9	2.2	16.1	53.4

原国道保留里程26.5万公里，新增普通国道里程3.5万公里，其中东部地区新增0.6万公里、中部地区新增0.7万公里、西部地区新增2.2万公里。调整后普通国道总里程为30万公里，东、中、西部所占比例由原来的

21.4%、26.4%、52.2%调整为20.8%、25.8%、53.4%。

2. 国家高速公路网

经综合比选和路线整合，国家高速公路网布局由原来的7条放射线、11条南北纵线、18条东西横线，以及6条地区环线、19条并行线和104条联络线调整为7条放射线、11条南北纵线、18条东西横线，以及6条地区环线、12条都市圈环线、30条城市绕城环线、31条并行线、163条联络线，总规模约16万公里。

与既有国家高速公路规划里程相比，新增研究路线2.1万公里，其中，东部地区新增0.4万公里，中部地区新增0.9万公里，西部新增0.8万公里。调整后国家高速公路总里程为16万公里，东、中、西部所占比例为由原来的25.8%、26.2%、47.9%，分别调整为25.1%、28.6%、46.3%、见表11-2。

国家高速公路分地区统计表　　　　　　　　　　表11-2

区域	原国高里程（万公里）	所占比重（%）	新增里程（万公里）	国家研究方案里程（万公里）	所占比重（%）
全国	13.9	100	2.1	16.0	100
东部	3.6	25.8	0.4	4.0	25.1
中部	3.6	26.2	0.9	4.6	28.6
西部	6.7	47.9	0.8	7.4	46.3

（三）水运

包括国家航道网和全国主要港口。

1. 国家航道网

国家航道网由国家高等级航道和国境国际通航河流航道组成。国家高等级航道是全国内河航道的核心和骨干，是国家综合交通运输体系的重要组成部分，沟通重要区域和城市，连接主要工矿基地和综合交通枢纽等，在大宗散杂货、集装箱等重要物资长距离运输中发挥着重要作用，最终形成"四纵四横两网"的总体布局。其中"四纵"跨流域水运通道主要包括京杭运河通道、江淮干线通道、浙赣粤通道和汉湘桂通道。"四横"跨区域水运通道主要包括长江干线通道、西江干线通道、淮河干线通道和黑龙江通道。长三角和珠三角"两网"航道包括长江三角洲高等级航道网和珠江三角洲高等级航道网。此外，将闽江、澜沧江等纳入国家高等级航道布局。国家高等级航道的发展规划技术等级原则上最低为三级，可通航千吨级以上船舶。"四纵四横两网"的国家高等级航道达到2.5万公里左右；国境国际通航河流主要包括黑龙江、乌苏里江、额尔古纳河、鸭绿江、图们江、瑞丽江、澜沧江、元江等。

2. 全国主要港口

形成以11个国际枢纽港为引领、27个沿海主要港口和36个内河主要港口共同组成、协调发展的主要港口发展格局。

国际枢纽海港包括上海港、大连港、天津港、青岛港、连云港港、宁波舟山港、厦门港、深圳港、广州港、北部湾港、洋浦港，打造具有国际影响力和资源配置能力的全球航运枢纽，提升国际影响力与竞争力，引领沿海港口转型升级与现代化发展。

沿海主要港口包括大连港、营口港、秦皇岛港、唐山港、天津港、黄骅港、烟台港、日照港、青岛港、连云港港、上海港、南通港、苏州港、镇江港、南京港、宁波舟山港、温州港、福州港、厦门港、汕头港、深圳港、广州港、珠海港、湛江港、北部湾港、海口港、洋浦港。

内河主要港口包括宜宾港、泸州港、重庆港、宜昌港、荆州港、武汉港、黄石港、岳阳港、九江港、安庆港、芜湖港、马鞍山港、长沙港、南昌港、合肥港、襄阳港、常德港、嘉兴港、湖州港、南宁港、贵港港、梧州港、肇庆港、佛山港、柳州港、来宾港、清远港、济宁港、徐州港、淮安港、无锡港、杭州港、蚌埠港、周口港、哈尔滨港、佳木斯港。

(四) 民航

包括国家民用运输机场和国家航路网。

1. 民用运输机场

国家民用运输机场合计400个左右，基本建成以世界级机场群、国际航空（货运）枢纽为核心、区域枢纽为骨干、非枢纽机场和通用机场为重要补充的国家综合机场体系。

世界级机场群是指京津冀、长三角、粤港澳、成渝四大机场群，服务于世界级城市群建设。

国际航空（货运）枢纽是指业务规模大、服务国际客货运输功能较为突出的机场。2017年国务院批准实施的《全国民用运输机场布局规划》提出布局建设北京等10个国际航空枢纽，要坚持客货并举，进一步提升北京、上海、广州的全球航空服务能力，完善成都、重庆、深圳、昆明、西安、乌鲁木齐、哈尔滨等国际航空枢纽网络，在此基础上，布局建设郑州、天津、合肥、鄂州4个国际航空货运枢纽，有力支撑产业链、供应链，服务构建以国内大循环为主体、国内国际双循环相互促进的新发展格局。

区域航空枢纽是指具有较大业务规模、国内航线覆盖广泛并具有一定国际功能的机场，2017年《全国民用运输机场布局规划》提出培育沈阳、长春、太原、呼和浩特、天津、石家庄、杭州、南京、合肥、郑州、济南、南昌、福州、武汉、长沙、海口、南宁、贵阳、拉萨、兰州、银川、西宁、大连、青岛、厦门、宁波、温州、三亚、桂林29个机场的区域航空枢纽功能，在国家综合机场体系中承担骨干作用，下一阶段研究推进珠海、烟台、泉州、无锡、揭阳、丽江等区域航空枢纽建设，区域航空枢纽总数达到40个左右。

2. 国家航路网

按照突出枢纽、辐射区域、分层衔接、立体布局，先进导航技术为主、传统导航技术为辅的要求，加快繁忙地区终端管制区建设，加快构建结构清晰、衔接顺畅的国际航路航线网络，构建基于大容量通道、平行航路、单向循环等先进运行方式的高空航路航线网络，构建基于性能导航为主、传统导航为辅的适应各类航空用户需求的中低空航路航线网络。

（五）油气管道

国家油气管道网包括原油、成品油和天然气管道。重点建设"四大进口油气通道"和"横贯东西、纵贯南北、中心汇集、互联互通"的全国油气管道骨干网络布局。

四大进口油气通道包括东北、西北、西南、海上等四个重点方向。其中东北通道重点加快中俄东线的达产工作，同时做好中俄原油管道和中俄原油管道二线的安全平稳生产，全面满足东北、华北地区的油气资源需要；西北通道进一步稳定中亚A/B/C线天然气资源进口和中哈原油管道的原油进口，满足西部及中东部地区的能源消费需要；西南通道稳步提升中缅天然气管道和中缅原油管道的油气进口量，提高西南地区的油气资源保障能力；东部通道有序建设 LNG 接收站和原油进口码头等设施，提升天然气和原油接卸能力，进一步实现油气资源的多元化发展。

横贯东西、纵贯南北、中心汇集、互联互通是在我国已经初步建成全国性油气骨干管网的新阶段，进一步按照油气资源流向需求，结合未来的资源增长和消费需求，建设多个横向和纵向的油气资源运输通道，同时针对环渤海、华东、华中、华南、西南等油气资源消费中心区域，建设完善疏散配气管道。现阶段充分利用油气管理体制改革逐渐深入的历史机遇，实现主要石油公司和地方建设管道的互联互通和有机整合，全面建设全国一张网。

预计到 2035 年，国家油气管道网总规模将达到 20 万公里，其中天然气管网规模达到 13.4 万公里，增加 8.5 万公里；原油管网规模达到 2.6 万公里，增加 0.8 万公里；成品油管网规模达到 4.0 万公里，增加 1.6 万公里，详见表 11-3。

国家油气管道网规模目标（单位：万公里） 表 11-3

指　　标	2019 年现状规模	2035 年规划规模
天然气管网	4.9	13.4
原油管网	1.8	2.6
成品油管网	2.4	4.0
规模合计	9.1	20.0

1. 原油管道网

根据原油资源配置和原油流向调整布局，完善现有原油储运设施，规划新建五条原油管道，分别是连云港—仪征原油管道、大榭岛—镇海原油管道复线、洪湖—荆门原油管道、镇海—白沙湾—漕泾原油管道和大亚湾—长岭原油管道。

2. 成品油管道网

加快推动沿海炼化基地外输通道和成品油管网互联互通工程建设，形成"西油东送、北油南运、沿海内送、周边辐射"的全国性成品油管道网，进一步提高东部地区成品油管网布局，适时形成"四纵三横"的管网格局。配合沿海炼厂布局和互联互通，解决成品油出厂通道问题，同时加强各区域油品调运的灵活性，规划建设三十余条成品油管道。

3. 天然气管道网

重点加快陆上进口管道、沿海 LNG 接收站配套管道、油气田配套管道和国内互联互通管道的布局建设，尽快完善天然气骨干管网和支干线管网，进一步丰富油气管网总体布局。推进天然气管网对地级市和县级市的覆盖，提高天然气的覆盖能力。

（六）邮政快递

包括国家邮政快递枢纽和邮路。国家邮政快递枢纽主要由北京天津雄安、上海南京杭州、武汉（鄂州）郑州长沙、广州深圳、成都重庆西安 5 个全球性国际邮政快递枢纽集群、20 个左右区域性国际邮政快递枢纽、45 个左右全国性邮政快递枢纽组成。依托国家综合立体交通网，布局航空邮路、铁路邮路、公路邮路、水运邮路。从枢纽规模、辐射能级和功能上看，结合城市群分布特点，邮政快递枢纽分为全球性国际邮政快递枢纽集群、区域性国际邮政快递枢纽和全国性邮政快递枢纽。以地市为单位确定国内关键节点，以国家、重点地区为单位确定国际关键节点，以规模量级、辐射能级、地理区位、城市特性和运输保障能力等确定枢纽能级和枢纽功能。全球性国际邮政快递枢纽集群重点考虑对国际邮快件在全球的中转辐射作用，尤其是洲际间的辐射作用，计划打造北京—天津—雄安、上海—南京—杭州、武汉（鄂州）—郑州—长沙、广州—深圳、成都—重庆—西安 5 个全球性国际邮政快递枢纽集群。区域国际邮政快递枢纽以洲内短途、周边国家和少量洲际邮快件中转辐射为主，计划打造沈阳、大连、哈尔滨、无锡、宁波（舟山）、嘉兴、金华（义乌）、合肥、福州、厦门、青岛、南宁、海口、昆明、乌鲁木齐等 20 个左右区域性国际邮政快递枢纽。全国性邮政快递枢纽综合考虑全国辐射性和具备全国性枢纽功能的省会城市，计划在全国范围内打造 45 个左右全国性邮政快递枢纽，此外全球性邮政快递枢纽和区域国际邮政快递枢纽同样兼具全国性邮政快递枢纽功能。

四、布局效果展望

（一）国土覆盖更加均衡

铁路连接 20 万人口以上城市、资源富集区、货物主要集散地、主要港口及口岸；高速铁路网覆盖全部省会城市、50万人口以上大中城市；国家高速公路连接所有地市级行政中心和城区人口超过10万的市县，普通国道连接所有县级及以上节点；运输机场覆盖95%的地级行政单元中心（60分钟抵达）；天然气管网覆盖所有县级行政区和具备条件的城镇；寄递网络覆盖城乡。通用航空服务覆盖全国所有的县级行政单元、农产品主产区、主要林区、重要旅游景区，建立覆盖重点地区的全国通用航空应急救援网络。全国所有县级行政中心基本实现15分钟上国道、30分钟上高速公路、60分钟上铁路；全国所有地级行政中心基本实现45分钟上高速铁路、60分钟到机场。

（二）枢纽衔接更加顺畅

国家综合立体交通网包含多层次一体化枢纽体系，实现综合交通枢纽和综合运输通道无缝衔接，枢纽节点的设施功能进一步提升。国家公路网连接全国所有重要交通枢纽城市；枢纽机场引入轨道交通，国际航空枢纽基本实现与两条以上的轨道交通线路无缝衔接；天然气管网与所有的LNG接收站衔接；铁路连接所有国际枢纽港和主要港口的重要港区。全国性铁路综合客货运枢纽有两条以上市域（郊）、城市轨道交通衔接。

（三）安全保障更加可靠

国家综合立体交通网连接沿边沿海地区的重要战略设施、国内重要口岸、能源基地、重大自然灾害多发地区，形成以环绕我国大陆沿海沿边的快速通道、干线公路网和油气管道储运系统。路网可靠性大幅提升，重要城市群间多通道连通，重要通道中由多种运输方式多路线组成，部分生态环境脆弱、自然灾害频发的地区布设替代绕行路线。应急救援航空基地实现2小时内覆盖我国事故灾害多发地区。直辖市和省会城市实现多气源、多通道供气，油气管网等关键装备基本实现自主化。

（四）对外联通更加广泛

国家综合立体交通网提升了六大经济走廊内交通基础设施互联互通水平，对陆海内外联动、东西双向互济开放格局支撑作用更加明显。国家铁路网与11个周边国家互联互通；国家公路网连接了全国所有的14个边境口岸县市和66个沿边公路口岸，亚洲公路网境内段实现国家公路全覆盖；民航对外连接所有与我国建立双边航空运输协定的国家和地区；国际海上运输通道通达全球所有具有沿海港口的国家；寄递网络通达全球。

（五）绿色发展更加显著

国家综合立体交通网有效减低土地占用和环境影响，提升能源利用效率，单位运输周转量占地稳步减少，单位运输周转量碳排放下降15%。主要通道新增交通基础设施空间资源综合利用率提升80%；铁路（城市轨道）过江通道尽量采用公铁合建方式过江；公路基础设施绿色建设和绿色改造达到100%；铁路电气化率和复线率分别达到70%和85%；机场单位用地完成航空运输周转量提升28%，枢纽机场单条跑道平均容量提升21%，航空运输单位周转量环境污染下降17%。

课题组长：

陈胜营（组长）、王忠刚（副组长）、胡华清（副组长）、赵忠德（副组长）、曾军山（副组长）、金敬东（副组长）、聂向军（副组长）、张小文（副组长）

主要执笔人：

蒋斌、马衍军、刘东、王晖军、马俊、冯宏琳、王达川、陈文来、李育天、兰艳丽、袁春毅、张男、李继学、刘建军、朱高儒、饶宗浩、牛耀栋、王婧

主要承担单位：

交通运输部规划研究院、国家铁路局规划与标准研究院、中国民航科学技术研究院、中国石油规划总院、国家邮政局发展研究中心

本章参考文献

[1] 傅志寰,孙永福.交通强国战略研究[M].北京:人民交通出版社股份有限公司,2019.

第十二章
国家综合立体交通网主骨架布局方案研究

本章重点阐述国家综合立体交通网主骨架的基本界定、布局思路和规划研究方法,详细介绍国家综合立体交通网主骨架从基础网络研究,到形态梳理,再到最终方案的布局研究过程。

一、国家综合立体交通网主骨架的总体考虑

(一)国家综合立体交通网主骨架的基本界定

国家综合立体交通网主骨架由国家综合立体交通网中最为关键的线网构成,是我国区域间、城市群间、省际以及连通国际运输的主动脉,是支撑国土空间开发保护的主轴线,也是各种运输方式资源配置效率最高、运输强度最大的骨干网络。

为了强化国家综合立体交通网主骨架对新发展格局、区域协调发展战略、国土空间开发保护以及新型城镇化、现代产业体系的支撑作用,按照国家对"19+2"城市群发展的功能定位,根据城市群交通需求发生吸引的强度不同,将"19+2"城市群划分为"极""组群""组团"三个层次。在此基础上,借鉴路段重要度等基本概念,综合考虑各综合运输通道的重要度、承载的客货运输量等各类因素,将综合运输通道划分为三个层次。

第一个层次,主要服务于"极"与"极"之间的交通联系,服务的经济、人口最为密集,承担的交通运输量最为繁重,战略地位最为突出,复合程度最高(至少由两条传统综合运输通道复合而成),通道构成最为复杂,为

区别于一般性综合运输通道,称之为"交通主轴"。

第二个层次,主要服务于"极"对"组群"及"组团"辐射作用,服务的经济、人口较为密集,承担的交通运输量较大,战略地位较为突出,是复合程度较高的综合运输通道,称之为"交通走廊"。

第三个层次,主要服务于主轴与走廊之间的衔接,"组群"与"组团"之间、"组团"与"组团"之间的交通联系,服务的经济、人口,承担的交通运输量相对较少,是复合程度较低的一般性综合运输通道,称之为"交通通道"。

(二)国家综合立体交通网主骨架布局思路

国家综合立体交通网主骨架布局思路是:在各行业布局研究方案的基础上,综合考虑国家政治、经济、社会、国防、生态等战略导向及未来国土空间主体形态,采取集各种运输方式于一体的 OD 分析模型及节点重要度与路段重要度相结合的方法,选取与主骨架大格局相匹配的规划尺度,考虑各城市产业集群经济、社会、区位、交通发生吸引量等因素,以集约高效为主线,立足各种运输方式技术经济特征和组合效率,对各行业布局方案纳入主骨架的线路进行优化平衡,提出国家综合立体交通网中最为关键的线网,打造我国区域间、城市群间、省际以及连通国际运输的主动脉。布局过程大致可以分为三个步骤。

一是根据支撑国家战略、服务经济、空间均衡、综合交通等原则,在国家综合立体网节点研究基础上,基于各种运输方式的客货运密度现状,选择关键路段,采用成网技术并参考基础节点形成现状参照网;基于超级网络分配法,结合综合运输量预测,运用多模式广义费用分配模型,形成 2035 年货运量预测方案。对比现状参照网,筛选新增关键路段,与现状参照网合并,形成国家综合立体交通网主骨架基础网络。

二是根据国家国土空间开发保护格局,结合城镇、产业、人口及未来交通运输需求空间分布,以国家明确的"19+2"城市群格局为依托,参考各城市群面积、人口、GDP、客货运发生吸引量等,结合单因素分析,对国家综合立体交通网主骨架基础网络进行形态梳理。

三是进行优化完善,形成国家综合立体交通网主骨架研究方案。

二、国家综合立体交通网主骨架基础网络研究

（一）研究技术路线

国家综合立体交通网主骨架基础网络研究技术路线主要分为以下几个步骤：

（1）确定国家综合立体交通网主骨架基础节点

基于支撑国家战略、服务经济、空间均衡、综合交通等原则，统筹考虑国家未来区域格局及城市群发展，确定国家综合立体交通网主骨架需要连接覆盖的基础节点。

（2）形成骨干网

基于各种运输方式的客货运密度现状，选择关键路段，采用成网技术并参考基础节点形成现状参照网；基于超级交通网络分配法，结合综合运输量预测，运用多模式广义费用分配模型，形成2035年客货运量预测方案。对比现状参照网，筛选新增客货运关键路段，与现状参照网合并，形成骨干网。

（3）形成国家综合立体交通网主骨架基础网络方案

结合国家经济产业布局和国土空间发展格局，结合单因素分析进一步优化方案，并与各行业研究对接，形成国家综合立体交通网主骨架基础网络初步方案。

（二）国家综合立体交通网主骨架基础节点研究

依据国家综合立体交通网主骨架的功能性要求，优先考虑运输需求大、运输效率高的节点，同时重点考虑国土空间发展需要重点开发和保护的节点，统筹结合国家政治与战略意义重要的节点，确定需要网络覆盖及高效联通的节点。从"五位一体"总体布局中的政治、经济、社会、生态文明的总体要求出发，按照支撑战略、服务经济、以人为本、全域服务、空间均衡、整合交通的原则，以"19+2"城市产业集群为基础考虑未来国土空间发展变化，以全国2457个县级行政区及中心市辖区为基础单元，构建"4个目标层18个指标"的指标体系（表12-1），应用GIS分析、层次分析、多维魔方等方法，定量整合多种因素，提炼国家综合立体交通网主骨架的基础节点，并按照重要度将其分为3个层次。

基础节点指标体系　　　　　　　　　　　　　　表 12-1

目 标 层	准 则 层	指 标 层
政治战略	行政地位	行政等级
	战略地位	战略重要度
社会经济	人口	户籍人口
	经济	GDP
交通运输	公路	国家高速公路密度
		普通国道密度
	民航	机场等级
		离最近机场距离
	铁路	高铁密度
		普通铁路密度
	水运	港口等级
	管道	原油管道密度
		成品油管道密度
		天然气管道密度
国土空间	资源禀赋	面积
	空间均衡	距离接壤县的平均距离
		起伏度
	生态保护	国家重点生态功能区

针对全国县级行政区及中心市辖区，按照 4 个目标层 18 个指标制定相应标准，进行赋值计算，按低、较低、中、较高、高 5 个分级，参照自然资源部资源环境承载力分析的多维魔方法（更加突出分级较高的方面），对 5 级分别赋值计算，再将四类指标叠加后测算分值，可划分为一级节点、二级节点和三级节点 3 个层次。结合行政等级进行优化调整，确定基础节点 687 个，其中：一级节点 48 个、二级节点 184 个、三级节点 455 个。

基础节点对社会经济的服务水平体现为：覆盖全国 660 个城市的 67%，覆盖全国户籍人口的 43%，覆盖全国 GDP 的 67%。

（三）交通运输需求预测

基于 TransCAD 软件，构建超级交通网络分配模型，在各行业研究初步方案叠加的基础上，采用全国统一交通小区 OD 分析，将各种运输方式纳入统一预测分析框架，对各交通小区交通发生吸引量进行预测，在此基础上构建充分反映各种运输方式技术经济特征的多模式广义费用分配模型进行全口径 OD 分配，形成对初步方案的优化完善建议，再与各种运输方式规划研究组进行衔接。

1. 超级交通网络地理信息模型构建

超级交通网络是综合交通网络模型化形态，由相互影响的各行业基础设施及属性信息组成，具有多层次、多级别、多属性特征，各种运输方式既可独立成网，也可通过综合枢纽、港站相互连接形成嵌套网络，基于 GIS 构建形成多方式一体衔接的超级交通网络。

第一步：创建各行业基础设施地理信息网络。分别创建铁路路段 17525 条、高速公路路段 60596 条、普通国道路段 2854 条、内河航道和沿海航道 512 条、民航运输机场之间的航线 3539 条。

第二步：识别各行业基础设施网络相互连通的节点。包括 450 个民用运输机场、149 个港口、8684 个高速公路和普通国道收费站、2547 个铁路客货运站等节点。

第三步：连通各行业基础设施地理信息网络。在枢纽节点处将各行业基础设施网络，通过创建 17218 条连接线联通成网，其中交通小区与高速公路形成 5850 条连接线，交通小区与普通国道形成 2854 条连接线，高速公路与普通国道形成 5743 条连接线，铁路与高速公路或普通国道形成 2547 条连接线，民用机场与铁路、高速公路、普通国道形成 224 条连接线。再将 2457 个交通小区与上述交通网络连接起来，从而建立由铁路、公路、民航等国家级线网组成的跨区域联通、枢纽节点融合、数据流量可分配的"一张网"地理信息模型。

2. 建立超级交通网络需求预测模型

超级交通网络需求预测技术是在统一的客货运输需求框架下，根据研究的对象和精度划分综合交通小区，预测目标年综合交通小区客货发生吸引量，并对其 OD 分布进行预测，应用多模式广义费用分配模型，将预测的综合交通小区客货运 OD 需求在超级交通网络上进行分配，实现超级交通网络中各种运输方式路段、综合枢纽、港站等设施客货运量预测。

第一步：建立综合交通小区。在全国范围内，充分考虑各种运输方式线网特点，以县级行政区划为基础单元，将联系紧密的城区进行合并，建立2457个综合交通小区。

第二步：以综合交通小区为基础归并各运输方式 OD。根据 2018 年高速公路收费 OD 数据、普通国道交通调查数据、铁路客货运输 OD 数据，将 8775 个高速公路收费站、5327 个国道交通调查点、580 个铁路小区根据地理位置归并到已建立的 2457 个综合交通小区中。

第三步：提取现状 OD 分布矩阵。将各运输方式的客货运输原始 OD 数据进行聚合、分离得到 2457 个综合交通小区之间共 645 万条现状客货运 OD 分布情况，再参考手机信令数据，对 OD 进行校核修正。

3. 客货运输需求 OD 预测

第一步：需求生成预测。考虑到交通需求是经济社会活动的伴生产物，在需求生成预测中主要采用弹性系数、多元回归等分析方法，通过经济社会活动指标的影响分析预测未来客货运输的发生和吸引量。利用已经整理出的现状年的客货运输发生量和吸引量数据，统计得到的现状年经济社会活动变量（包括小区经济产值、人口数量、交通用地等），基于国家发展改革委、自然资源部等部门对未来经济社会数据的权威预测，得到 2035 年 2457 个综合交通小区的发生吸引量，并借助专家优化法，对模型和结果进行校核和优化。

第二步：需求分布预测。采用福莱特法（Fratar）对未来出行分布进行预测。以现状 OD 矩阵为基础，以第一步得到的未来出行的发生和吸引量为约束，对一些现状为零的 OD 量，采用人工核对、专家分析等方法进行补充，得到 2035 年 2457 个综合交通小区之间的 OD 分布情况。

4. 客货运输需求 OD 特征

从运输空间距离来看，全国客货运输以省内 OD 为主，跨省 OD 占比为 15%~20%。其中客运方面，省内、市内出行 OD 占比约为 85%。货运方面，省内、市内运输 OD 占比约为 80%。从运输组织形态来看，全国客货运输"轴辐"结构特征凸显，形成了由中短途密集 OD 拼接组成的，多中心、网络化的空间形态。

从客运需求特征来看，在空间上集中于胡焕庸线以东地区。19+2城市群（圈）之间的出行期望线构成了我国未来跨区域、省际出行的骨架网络。呈现以四大城市群为中心向周边区域多方向放射的需求态势。

一是依托京津冀城市群，联系东北、西北与华北以南地区，形成我国北方出行组织中心。以京津冀为OD的跨区域、省际、城际出行占全国总出行量的30.22%。

二是依托长三角城市群，北上京津冀，南下粤港澳，沿长江向中西部内陆辐射，形成我国东部沿海出行组织中心。以长三角为OD的跨区域、省际、城际出行占全国总出行量的32.32%。

三是依托粤港澳大湾区，呈伞状覆盖中国南部，向北方、西南、东南区域辐射，形成我国南部沿海出行组织中心。以粤港澳大湾区为OD的跨区域、省际、城际出行占全国总出行量的29.58%。

四是依托成渝城市群，承东启西、沟通西南西北，连接青藏高原与内地，形成我国西部地区出行组织中心。以成渝城市群为OD的跨区域、省际、城际出行占全国总出行量的10.77%。

同时，长江中游、关中平原、中原地区、海峡西岸、北部湾和黔中等城市群分别形成了联系周边的区域交通组织中心。

从货运需求特征来看，在空间上主要集中于重要的资源、产业集中区和消费地、沿海以及内河主要港口之间。与客运需求相比，货运OD长距离、跨区域特征突出。省际货运交流主要发生在京津冀、长三角、粤港澳、成渝、长江中游、关中地区、山东半岛城市群等区域之间。

一是长江以北和东部地区货运交流需求占比较高。长江以北货运交流需求占比超过南方。东部地区货运交流需求占比超过西部。

二是联系中西部资源、产业集中区与东部沿海地区的横向OD较客运OD更为集中。形成的吉林—内蒙古、辽宁—北京—内蒙古—新疆、山东—山西—宁夏、江苏—河南—山西—甘肃、上海—安徽—湖北—重庆—四川、上海—浙江—江西—湖南—贵州—云南、广东—广西—云南7条横向省际OD链货运需求占比较高。

三是沟通京津冀与成渝、长三角、粤港澳之间的南北纵向货运OD较客运 OD 更为集中。形成的北京—辽宁—吉林—黑龙江、北京—河北—山西—四川—云南、北京—河北—河南—湖北—湖南—广东、北京—山东—江苏—上海—浙江—福建—广东、宁夏—山西—湖北—江西 5 条纵向省际 OD 链货运需求占比较高。

同时，随着"一带一路"倡议的深入实施，沟通中东部产业、消费集中区与西北、东北、西南方向主要陆路口岸的货运需求将显著增长。

5. 基于多模式广义费用分配模型的超级交通网络需求分配

多模式广义费用分配模型是相对于单一交通方式的广义费用分配模型而言的，在构建的超级交通网络上面，实现客货运 OD 多种交通方式、多种运输方式联运的多路径选择，全面体现"宜公则公、宜铁则铁"的综合交通规划理念。

基于不同运输方式条件，建立客货运运输量与广义费用互动的交通运输量分配模型，预测不同运输方式网络的运输量分布情况，测算规划条件下远景年运输情况变化，根据预测结果评估各种运输方式规划方案的合理性。

第一步：建立广义费用模型与参数标定。以各种运输方式技术经济特征、线网交通距离、运输时间价值、衔接转换效率等参数为重点，建立多模式广义费用模型，基于该模型对现状交通量在超级网络中进行分配，将现有各种运输方式分配量与现状统计交通量进行对比分析，校核模型的精度及合理性，调整模型的参数。

第二步：基于广义费用的超级网络预测分配。利用校核完毕的广义费用模型，对预测出行分布在 2035 年规划超级交通网络地理信息模型上进行分配。用户均衡（UE）模型假设出行者拥有完备的交通信息，而且能够依据这些信息作出正确的决策。而现实中，出行者在不拥有完备的交通信息下对路段阻抗（费用）有着不同的估计，该阻抗可被视为随机变量，因此，选用随机用户均衡（SUE）模型进行分配。当每个出行者不可能单方面地通过改变路径来减少自己的期望路径阻抗时，即达到随机用户均衡状态。SUE 模型的分配结果更接近现实，吸引力小的路径具有较低的利用率。采用逐次平均算法（MSA）对 SUE 模型进行求解，在每次迭代中更新路段阻抗，在路段阻抗值的基础上执行一次随机网络加载，得到新的增广路段流量，进而计算新的路段流量。MSA 的优点是使用一个预先确定好的步长序列，故不必在每次迭代中计算目标函数的值，只要搜索方向在平均意义上是下降方向，就能收敛得到最优解。

6. 客运需求分配预测

分配预测结果如下：

一是全国的高速铁路客运密度整体较高。具体来看，东部地区、中部地区的高速铁路货运密度整体较高，东北地区的大连—沈阳—长春—哈尔滨高速铁路主通道的客运密度较高；西部地区除成渝地区的高速铁路客运密度相对较高外，其他地区的高速铁路客运密度相对较低。从城市群来看，京津冀城市群、长三角城市群、粤港澳城市群、成渝城市群、长江中游城市群的高速铁路客运密度较高；兰西城市群、滇中城市群的高速铁路客运密度次之，拉萨城市圈的高速铁路客运密度最低。京津冀—长三角通道的客运密度比较高，其中有几条比较明显的通道线路，如传统的京沪高速铁路线路，以及沿海的北京—天津—潍坊线路、连云港—南通—上海的线路的客运密度较高，其中京沪高速铁路的客运密度高。京津冀经中原城市群、长江中游城市群到粤港澳的客运密度较高，尤其是京广高速铁路的客运密度明显。

二是与高速铁路客运密度相比，全国的普速铁路客运密度整体不高。具体来看，东部地区、中部地区的普速铁路客运密度相对较高，东北地区的普速铁路主通道的客运密度较高；西部地区除成渝地区和兰新铁路的客运密度相对较高外，其他地区的普速铁路客运密度较低。从城市群来看，京津冀城市群、长三角城市群、粤港澳城市群、成渝城市群的普速铁路客运密度较高；海峡西岸城市群、滇中城市群、黔中城市群、北部湾城市群、喀什城市圈、拉萨城市圈的普速铁路客运密度较低。

三是高速公路出行需求主要集中于城市群周边和重要城际客运走廊。东部地区、中部地区的高速公路客运密度整体较高，东北地区的高速公路的客运密度一般；西部地区除成渝地区的高速公路客运密度相对较高外，其他地区的高速公路客运密度相对较低。从城市群来看，京津冀城市群、长三角城市群、粤港澳城市群、成渝城市群、中原城市群、兰西城市群、长江中游城市群等城市群周围的高速公路客运密度较高。京津冀城市群与长三角城市群之间的路线如 G2 高速公路的客运密度较高，京津冀城市群与中原城市群之间的路线如 G4 高速公路的客运密度较高，说明它们之间通过高速公路联系较为紧密。

四是东部地区、中部地区的民航客运密度整体最高。东北地区的民航的客运密度较高；西部地区除成渝地区的民航客运密度相对较高外，其他地区的民航客运密度相对较低。从城市群来看，京津冀城市群、长三角城市群、粤港澳城市群、成渝城市群的民航客运密度最高；辽中南城市群、哈长城市群、兰西城市群、黔中城市群、滇中城市群的民航客运密度较高，喀什城市圈、拉萨城市圈的民航客运密度较低。京津冀—长三角、京津冀—粤港澳、京津冀—成渝、长三角—粤港澳、长三角—成渝、粤港澳—成渝等通道的民航客运密度较高。

7. 货运需求分配预测

货运主要由高速公路、普速铁路、水运和管道等方式承担。水运和管道由于专业性较强，运输 OD 较为集中，因此不参与分配，两种方式占比分别为 9.2%、2.6%。

一是东部、中部地区和重要线路的铁路货运密度整体较高，其次是东北地区；西部地区的兰新铁路货运密度较高，其他地区的货运密度相对较低。宁夏沿黄城市群、呼包鄂榆城市群、山西中部城市群、京津冀城市群、山东半岛城市群的货运密度较高。大秦线、朔黄线、石德线、北同蒲线、石太线等线路的货运密度较高。津霸线、汉丹线、鹰厦线、青藏线、滨绥线、宝中线、长白线、沟海线、巴准线的货运密度较低。

二是全国的高速公路货运密度整体较高。具体来看，东部地区、中部地区的高速公路货运密度整体较高；东北地区的大连—沈阳—长春—哈尔滨高速公路主通道的货运密度较高，延边的货运密度相对较低；西部地区的高速公路货运密度差异较大，成渝地区的高速公路货运密度较高，新疆、西藏等地区的高速公路货运密度相对较低。从城市群来看，京津冀城市群、长三角城市群、粤港澳城市群、成渝城市群、长江中游城市群、关中平原城市群、山西中部城市群的高速公路货运密度较高；兰西城市群、滇中城市群的高速公路货运密度一般，喀什城市圈、拉萨城市圈的高速公路货运密度较低。京津冀—长三角、京津冀—粤港澳、京津冀—成渝等通道的高速公路货运密度较大，高速公路货运联系紧密。

三是全国的普通国道的整体货运密度不高，分布较为分散。东部地区的货运密度相对高些，京津冀城市群、山西中部城市群、山东半岛城市群、长三角城市群货运密度相对较高。

(四) 货运功能骨干网方案研究

1. 货运功能现状参照网方案

货运功能现状参照网的组成主要由普速铁路、公路等组成（民航机场货运量占比较小，作为参考依据）。经过多次试算，选取东部地区货运密度达到年3000万吨公里/公里以上的铁路、公路路段，西部地区货运密度达到年1000万吨公里/公里以上的路段，连接成网后，对当前国家级设施、骨干节点，匹配较好。

第一步：识别铁路货运关键路段。运用路段重要度分析法，以普速铁路为研究范围。通过对东部地区和西部地区铁路货运密度的试算分析，选取东部地区铁路货运密度达到年3000万吨公里/公里以上、西部地区铁路货运密度达到年1000万吨公里/公里以上的标准，共识别出铁路货运关键路段4835段，连接形成的铁路网能够更好地体现路段的覆盖面和对重要节点的覆盖程度，货运周转量占比达到79.6%。

第二步：识别公路货运关键路段。运用路段重要度分析法，以高速公路为主，参考普通国道。通过对东部地区和西部地区公路货运密度的试算分析，选取东部地区公路货运密度达到年3000万吨公里/公里以上、西部地区公路货运密度达到年1000万吨公里/公里以上的标准，共识别出公路关键路段34955段，连接形成的公路网能够更好地体现路段的覆盖面和对重要节点的覆盖程度，货运周转量的占比达到80.5%。

第三步：根据水运规划研究组提供的方案，结合内河航道等级，梳理出内河高等级航道1.9万公里。根据管道行业组提供的方案叠加管道货运关键路段，运用路段重要度分析法，以干线、支干线成品油、原油和天然气管道为主，叠加管道货运关键线网1.90万公里。

最终筛选出货运关键路段为：普速铁路4835段，高速公路32405段，普通国道2550段，以及相应的内河高等级航道和油气管道，见表12-2。

货运功能关键路段筛选情况表 表12-2

类　　型	数量（段/个）	里程（公里）
普速铁路	4835	36260
高速公路	32405	113736
普通国道	2550	24427
内河航道	160	19000
油气管网	6370	10900

第四步：形成货运功能现状参照网。运用综合立体交通网骨干网络成网技术，将识别出的关键路段连接形成网络；考察形成的网络对于687个中心节点的连接情况，对未连接的节点，结合不同运输方式具体路由，沿货流密度最高的路线连接到已形成的网络，形成货运功能现状参照网。

铁路货运参照网由多条普速铁路组成，呈现东密西疏的特点。大部分货运线路在胡焕庸线以东，大秦线、同蒲线、新石线是主要的以煤炭为主的能源运输通道。南北向铁路包括京沪线、京九线、京广线、焦柳线、宝成—成昆线等铁路，主要承担北煤南运等任务。

公路货运现状参照网，同样呈现东密西疏的特点，大部分公路货运线路在胡焕庸线以东，西部主要以G5、G6、G7和G30等国家高速公路线路为主。京津冀、长三角、粤港澳、成渝四大城市群之间的公路货运通道较为明显。

水路货运现状参照网主要以长江高等级航道、珠江高等级航道、京杭运河高等级航道等高等级内河航道为主，沿海航道在水路货运中也承担着重要作用。

2. 形成货运功能骨干网方案

第一步：根据2035年货运需求分配方案，识别铁路货运新增关键路段。运用路段重要度分析法，以普速铁路规划方案为研究范围。识别东部地区铁路货运密度达到年3000万吨公里/公里以上，西部地区铁路货运密度达到年1000万吨公里/公里的新增关键路段356条，涉及24条普速线路。

第二步：识别公路货运新增调整关键路段。运用路段重要度分析法，以高速公路规划方案为基础,参考普通国道规划方案,识别东部地区公路货运密度达到年 3000 万吨公里/公里以上、西部地区公路货运密度达到年 1000 万吨公里/公里以上的新增关键路段 231 条,调整普通国道 14 条。

第三步:识别水路货运新增关键路段。运用路段重要度分析法,以内河航道规划方案为基础,识别出新规划的高等级航道作为新增关键路段,共 1.32 万公里。

第四步:叠加管道货运新增关键路段。运用路段重要度分析法,以成品油、原油和天然气管道规划方案为基础,识别出新增的干线、支干线管道,计算叠加里程 6.3 万公里。

第五步:识别货运机场。运用路段重要度分析法,以专项规划民用运输机场布局方案为基础,识别出重要货运机场 24 个。

第六步:参照 2035 年货运量预测方案,将筛选的货运功能新增关键路段与货运功能现状参照网合并成为货运功能骨干基础网。

(五)客运功能骨干网方案研究

1. 客运功能现状参照网方案

由于普通国道的客运功能主要体现在城市群及周边地区,总量大但运距多为中短途,水上客运功能较弱。客运功能现状参照网以铁路、高速公路和民航机场为主。识别标准为东部地区铁路、高速公路客运密度达到年 3000 万人公里/公里以上的路段,西部地区达到年 1000 万人公里/公里以上的路段,旅客吞吐量达到 1000 万人次/年以上的机场。

第一步:识别铁路客运关键路段。运用路段重要度分析法,以高速铁路、普速铁路、城际铁路为研究范围。参考中国国家铁路集团有限公司对铁路的分类,将设计时速为 200 公里及以上的铁路作为高速铁路,时速 200 公里以下的铁路作为普速铁路。根据城际铁路的设计速度将各城际铁路归为高速铁路或普速铁路。在线状网筛选过程中,将高速铁路全部纳入现状参照网。另外,通过对东部地区和西部地区普速铁路客运密度的试算分析,选取东部地区普速铁路客运密度达到年 3000 万人公里/公里以上、西部地区普速铁路客运密度达到年均 1000 万人公里/公里以上,共识别出关键路段 701 条,连接成网后,能够更好地体现铁路覆盖度和对重要节点的覆盖程度,旅客周转量占比为84.3%。

第二步：识别高速公路客运关键路段。运用路段重要度分析法，以高速公路为研究范围。通过对东部地区和西部地区高速公路客运密度的试算分析，选取东部地区高速公路客运密度达到年3000万人公里/公里以上，西部地区高速公路客运密度达到年1000万人公里/公里以上，共识别出关键路段30330段，连接成网后，能够更好地覆盖路段和重要节点，客运周转量占比达到79.6%。

第三步：识别民航关键客运机场。以全国运输机场为研究范围，考察主要民航客运流量与流向，按2018年全国运输机场客运吞吐量进行高低排序，识别累积总量占90%的67个机场作为关键机场。结合国际航线，识别运输量大于50万人次/年（约占主要航段运量的80%）的276条线路作为关键空中链路。

第四步：形成客运功能现状参照网。运用综合立体交通网骨干网络成网技术，将识别出的关键路段连接形成网络；考察687个中心节点的连接情况，对未连接的节点，首先使用高速铁路进行连接，结合具体路由，沿客运密度较高的路线连接到已形成的网络（原则上只要有一个层次的铁路与基础节点连接即视为联通）。对于铁路不能覆盖到的基础节点，通过补充民航运输机场进行覆盖。

最终形成由8.4万公里铁路、10.9万公里高速公路、73个民航机场、276条民航航线组成的公共客运现状参照网，见表12-3。

客运功能关键路段筛选情况表 表12-3

类　　型	数量（条/个）	里程（公里）
高速铁路	1901	61269
普速铁路	701	22911
高速公路	30330	108786
民航机场	73	—
民航航线	276	349834

2. 形成客运功能骨干网方案

第一步：根据客运需求分配方案，识别铁路客运新增关键路段。运用路段重要度分析法，以高速铁路、普速铁路、城际铁路规划方案为研究范围。识别2035年东部地区铁路客运密度达到3000万人公里/公里以上，西部地区铁路客运密度达到1000万人公里/公里以上的新增关键路段210条，涉及60条铁路。

第二步：识别公路客运新增关键路段。运用路段重要度分析法，以高速公路规划方案为研究范围。识别2035年东部地区客运密度达到3000万人公里/公里以上，西部地区客运密度达到1000万人公里/公里以上的新增关键路段210条。

第三步：识别民航新增关键客运机场。以全国运输机场规划方案为研究范围，识别新增关键客运机场5个（武汉第二机场、重庆第二机场、西安第二机场、杭州第二机场、郑州第二机场）。结合国际航线，识别运输量大于50万人次/年的965条线路作为新增关键空中链路。

第四步：参照2035年客运量预测方案，将筛选的客运功能新增关键路段与客运功能现状参照网合并成为客运功能骨干基础网。

（六）国家综合立体交通网主骨架基础网络初步方案

将客运功能骨干网与货运功能骨干网叠加、优化，形成国家综合立体交通网主骨架基础网络初步方案。

三、国家综合立体交通网主骨架布局的考虑因素

（一）对国土空间总体格局形态的考虑

以客货运输活动的密集程度为基础，按照国家对"19+2"城市群（圈）的发展定位，将"19+2"城市群（圈）划分为三个层次。选取交通发生吸引量最为密集的世界级城市群作为"极"，包括京津冀城市群、长江三角洲城市群、粤港澳大湾区城市群和成渝城市群4个城市群；选取交通发生吸引量较为密集、由两个及以上中心城市为主组成的城市群作为"总体群"，包括长江中游城市群、山东半岛城市群、海峡西岸城市群、中原地区城市群、哈长城市群、辽中南城市群、北部湾城市群和关中平原8个城市群；选取单中心城市为主的城市群（圈）作为"组团"，包括呼包鄂榆城市群、黔中城市群、滇中城市群、山西中部城市群、天山北坡城市群、兰西城市群、宁夏沿黄城

市群、拉萨城市圈和喀什 9 个城市群（圈）。

（二）对沿边沿海主要节点覆盖的考虑

截至 2019 年，全国共有经国务院批准的对外开放口岸 308 个，着眼加强与周边国家互联互通，充分考虑国家综合立体交通网主骨架对主要沿边、沿海节点的覆盖，构建面向全球的运输网络。

（三）对支撑国家安全的考虑

包括政治安全、国土安全、军事安全以及重要能源、粮食等物资贸易安全。强化连接各省级行政区首府、重要区域，衔接中俄、中国—中亚、中巴、孟中印缅、中南半岛以及海上丝绸之路等门户与枢纽城市。

（四）对支撑区域空间发展战略的考虑

支撑"一带一路""京津冀协同发展""长江经济带"等，连通主要经济区；落实国家主体功能区战略，支撑和引导新型城镇化战略，综合考虑"两横三纵"城市群发展格局，强化城市群、中心城市的辐射作用。

（五）对支撑现代产业体系和对外开放格局的考虑

高效覆盖国家主要经济区域，沟通重要城镇产业组团，与主要物流通道格局匹配，支撑"一带一路"背景下六大对外经济贸易走廊。

综合考虑上述因素，在全国客货运输 OD 分布和国家综合立体交通网主骨架基础网络基础上，提出国家综合立体交通网主骨架研究方案。

四、国家综合立体交通网主骨架的研究方案

依据国家区域发展战略和国土空间开发保护格局，结合未来交通运输发展需求和空间分布特点，按照"极""群"和"组团"之间交通联系强度，打造"6 轴、7 廊、8 通道"国家综合立体交通网主骨架，实体线网里程约 40 万公里，其中高速铁路约 5.6 万公里、普速铁路约 7.1 万公里；国家高速公路约 6.1 万公里、普通国道约 7.2 万公里；高等级航道约 2.5 万公里；原油管道约 2.0 万公里、成品油管道约 2.2 万公里、天然气管道约 7.0 万公里。

构建 6 条主轴。加强京津冀、长三角、粤港澳、成渝 4 极之间的联系，建设京津冀—长三角、京津冀—粤港澳、京津冀—成渝、长三角—粤港澳、长三角—成渝、粤港澳—成渝 6 条综合性、多通道、立体化、大容量、快速

化的交通主轴，拓展4极辐射空间和交通资源配置能力，充分发挥促进全国区域发展南北互动、东西交融的重要作用。

京津冀—长三角主轴。路径1：北京经天津、沧州、青岛至杭州。路径2：北京经天津、沧州、济南、蚌埠至上海。路径3：北京经天津、潍坊、淮安至上海。路径4：天津港至上海港沿海海上路径。

京津冀—粤港澳主轴。路径1：北京经雄安、衡水、阜阳、九江、赣州至香港（澳门）。支线：阜阳经黄山、福州至台北。路径2：北京经石家庄、郑州、武汉、长沙、广州至深圳。

京津冀—成渝主轴。路径1：北京经石家庄、太原、西安至成都。路径2：北京经太原、延安、西安至重庆。

长三角—粤港澳主轴。路径1：上海经宁波、福州至深圳。路径2：上海经杭州、南平至广州。路径3：上海港至湛江港沿海海上路径。

长三角—成渝主轴。路径1：上海经南京、合肥、武汉、万州至重庆。路径2：上海经九江、武汉、重庆至成都。

粤港澳—成渝主轴。路径1：广州经桂林、贵阳至成都。路径2：广州经永州、怀化至重庆。

构建7条走廊。强化京津冀、长三角、粤港澳、成渝4极的辐射作用，加强极与组群和组团之间联系，建设京哈、京藏、大陆桥、西部陆海、沪昆、成渝昆、广昆7条多方式、多通道、便捷化的交通走廊，优化完善多中心、网络化的主骨架结构。

京哈走廊。路径1：北京经沈阳、长春至哈尔滨。路径2：北京经承德、沈阳、长春至哈尔滨。支线1：沈阳经大连至青岛。支线2：沈阳至丹东。

京藏走廊。路径1：北京经呼和浩特、包头、银川、兰州、格尔木、拉萨至亚东。支线：秦皇岛经大同至鄂尔多斯。路径2：青岛经济南、石家庄、太原、银川、西宁至拉萨。支线：黄骅经忻州至包头。

大陆桥走廊。路径1：连云港经郑州、西安、西宁、乌鲁木齐至霍尔果斯/阿拉山口。路径2：上海经南京、合肥、南阳至西安。支线：南京经平顶山至洛阳。

西部陆海走廊。路径1：西宁经兰州、成都/重庆、贵阳、南宁、湛江至三亚。路径 2：甘其毛都经银川、宝鸡、重庆、毕节、百色至南宁。

沪昆走廊。路径 1：上海经杭州、上饶、南昌、长沙、怀化、贵阳、昆明至瑞丽。路径 2：上海经杭州、景德镇、南昌、长沙、吉首、遵义至昆明。

成渝昆走廊。路径 1：成都经攀枝花、昆明至磨憨/河口。路径 2：重庆经昭通至昆明。

广昆走廊。路径 1：深圳经广州、梧州、南宁、兴义、昆明至瑞丽。路径 2：深圳经湛江、南宁、文山至昆明。

构建 8 条通道。强化主轴与走廊之间的衔接协调，加强群与组团之间、组团与组团之间联系，加强资源产业集聚地、重要口岸的连接覆盖，建设绥满、京延、沿边、二湛、川藏、湘桂、厦蓉 8 条交通通道，促进内外连通、通边达海，扩大中西部和东北地区网络覆盖。

绥满通道。绥芬河经哈尔滨至满洲里。支线 1：哈尔滨至同江。支线 2：哈尔滨至黑河。

京延通道。北京经承德、通辽、长春至珲春。

沿边通道。黑河经齐齐哈尔、乌兰浩特、呼和浩特、临河、哈密、乌鲁木齐、库尔勒、喀什、阿里至拉萨。支线 1：喀什至红其拉甫。支线 2：喀什至吐尔尕特。

福银通道。福州经南昌、武汉、西安至银川。支线：西安经延安至包头。

二湛通道。二连浩特经大同、太原、洛阳、南阳、宜昌、怀化、桂林至湛江。

川藏通道。成都经林芝至樟木。

湘桂通道。长沙经桂林、南宁至凭祥。

厦蓉通道。厦门经赣州、长沙、黔江、重庆至成都。

课题组长：

陈胜营（组长）、金敬东（副组长）、聂向军（副组长）、王忠刚（副组长）、胡华清（副组长）、赵忠德（副组长）、曾军山（副组长）、张小文（副组长）

主要执笔人：

蒋斌、张男、马衍军、袁春毅、刘东、李继学、王晖军、马俊、冯宏琳、王达川、陈文来、李育天、兰艳丽、金冰峰、田时沫、刘建军、饶宗浩、牛耀栋、王婧

主要承担单位：

交通运输部规划研究院、国家铁路局规划与标准研究院、中国民航科学技术研究院、中国石油规划总院、国家邮政局发展研究中心

本章参考文献

[1] 傅志寰,孙永福.交通强国战略研究[M].北京:人民交通出版社股份有限公司,2019.

[2]《中共中央国务院关于建立国土空间规划体系并监督实施的若干意见》正式印发[J].现代城市研究,2019(7):131-131.

[3] 中共中央　国务院.交通强国建设纲要[Z].[2019-09-19].北京:新华社.

第十三章
国家综合交通枢纽系统布局方案研究

本章主要介绍了综合交通枢纽的基本概念，阐释了国家综合交通枢纽系统的构成与功能，研究了布局方案，提出了总体要求与近期建设重点。

一、概念与布局基础

（一）基本概念

综合交通枢纽是综合交通网络的关键节点，是各种运输方式高效衔接和一体化组织的主要载体。在地理位置上，枢纽地处两种及以上运输方式衔接地区或客货流的重要集散地；在运输网络上，枢纽是多条交通干线通过或连接的交汇点，是运输网络的重要组成部分，连接不同方向上的客货流，对综合交通网络的畅通起着重要的作用；在运输组织上，枢纽承担着各种运输方式的客货到发、同种运输方式的客货中转及不同运输方式的客货联运等运输作业。

综合交通枢纽的形成依赖于大量客货运输需求来源，而客货流产生的基础是较大的人口和产业规模。因此，综合交通枢纽有着与城市群、城市共生的特性。从功能空间尺度看，综合交通枢纽呈现为枢纽集群、枢纽城市、枢纽港站三种形态。综合交通枢纽与综合运输大通道（走廊）有机结合、相辅相成，共同构成综合交通网络骨架。

（二）发展基础

我国综合交通枢纽近年来快速发展，布局逐步完善，功能不断拓展，运行效率及服务水平稳步提高，在综合交通运输体系建设中的重要作用日益凸显。

发展基础条件进一步夯实。综合运输大通道基本贯通，高速铁路覆盖92%的城区人口50万以上城市，高速公路覆盖98%的城区人口20万以上城市，民用运输机场覆盖92%的地级市，为国家综合交通枢纽系统建设创造了良好条件。

集聚辐射能力进一步增强。国际性综合交通枢纽城市机场国际旅客吞吐量超过1.2亿人次/年，港口外贸货物吞吐量超过17.5亿吨/年，分别占全国总量的87%、41%，门户功能不断增强。国际性、全国性综合交通枢纽城市承担的客、货运量分别占全国总量的63%、68%，开行中欧班列通达欧洲22个国家，辐射能力持续提高。

服务品质效率进一步提升。新建综合客运枢纽换乘距离进一步缩短，80%基本实现了200米内便捷换乘。国家多式联运示范工程中的重点综合货运枢纽多式联运1小时换装完成率超过87%。枢纽机场轨道交通接入率约68%，港口铁路进港率明显提升。枢纽与城市发展、关联产业逐步融合，形成了一批城市综合体、临空经济区、临港经济区等。

运营管理水平进一步提高。部分具备条件的综合客运枢纽实现了铁路与城市轨道交通安检流程优化。综合货运枢纽建设运行管理模式不断创新。综合交通枢纽技术标准体系框架初步建立，促进了枢纽规范化管理。

新冠肺炎疫情期间，综合交通枢纽在保障国家防疫物资和城市生活物资中转、人员返岗、复工复产、供应链安全稳定中发挥了重要作用。但与加快建设交通强国和满足人民日益增长的美好生活需要相比，仍存在一些突出短板和薄弱环节，主要体现在以下方面：

功能布局系统性有待增强。综合交通枢纽体系尚不完善，国际性、全国性、区域性等不同层级枢纽城市协同效应不明显，枢纽城市辐射能级有待提升。从区域、城市整体视角及战略定位出发，统筹考虑设施布局、线网衔接、功能配套、运输组织、服务供给不足，影响了枢纽系统整体效能的发挥。

设施建设一体化水平不高。综合客运枢纽中实现一体化衔接项目占比不足30%，全天候、便捷换乘环境亟待进一步改善。综合货运枢纽发展滞后，具备多式联运功能的项目占比不足30%。部分主要港口尚未通铁路，集疏运体系"邻而不接、接而不畅"现象仍然存在。

网络化服务能力有待提升。综合交通枢纽间有效协同运作水平较低，设施共享共用程度不够，信息互联互通水平不高，多元化、专业化服务功能还不完善，支撑联程联运、旅游客运、冷链物流、多式联运、国际物流供应链等发展的网络化综合服务能力有待进一步提升。

创新驱动与融合发展不足。新技术、新模式在综合交通枢纽中的推广应用有待加强，枢纽数字化、智能化发展水平不高。枢纽与城市功能结构的协调性、与产业空间布局的动态适应性不足，与周边区域发展的融合联动仍需加强。枢纽发展方式还较为粗放，土地资源集约节约利用程度不够。

（三）规划基础

在国家层面，既有规划对综合交通枢纽的布局主要有如下方面。

1.《综合交通网中长期发展规划》

该规划在综合考虑枢纽所处区位、功能和作用，衔接的交通运输线路的数量，吸引和辐射的服务范围大小，以及承担的客货运量和增长潜力基础上，将综合交通枢纽分为全国性综合交通枢纽、区域性综合交通枢纽和地区性综合交通枢纽三个层次。

根据三个层次的综合交通枢纽在综合交通网络体系中的功能定位，规划提出了42个全国性综合交通枢纽（节点城市）的布局方案，具体是：北京、天津、哈尔滨、长春、沈阳、大连、石家庄、秦皇岛、唐山、青岛、济南、上海、南京、连云港、徐州、合肥、杭州、宁波、福州、厦门、广州、深圳、湛江、海口、太原、大同、郑州、武汉、长沙、南昌、重庆、成都、昆明、贵阳、南宁、西安、兰州、乌鲁木齐、呼和浩特、银川、西宁、拉萨。

规划还提出了各种运输方式客货枢纽的衔接要求，具体包括：

——铁路、公路、水运和民航客货枢纽，应纳入城市发展规划，与城市空间布局相协调，并与城市交通体系有机衔接。

——铁路、公路和机场客运枢纽，应建立与其吞吐能力相适应的旅客集散和中转系统，与城市轨道交通、常规公交、出租汽车、私人交通等各种交通方式合理接驳和换乘，实现交通一体化；对于特大型城市的客运枢纽，与城市之间的联系应以快速公共交通或轨道交通为主。

——大型铁路货运站应与公路、水运的货运设施有机衔接并建立运营管理上的协调机制，减少换装和倒运环节。

——主要港口枢纽，其后方集疏运手段应以铁路、高速公路和管道为主，并要与铁路干线和高速公路网络相联系。具备条件的，应积极发展内河集疏运体系。

2.《"十三五"现代综合交通运输体系发展规划》

随着国家对外开放水平不断提升，部分全国性综合交通枢纽国际性服务功能凸显，此规划将综合交通枢纽进一步细分为国际性、全国性、区域性、地区性四个层次，并提出了国际性、全国性综合交通枢纽的布局方案。

（1）国际性综合交通枢纽

重点打造北京—天津、上海、广州—深圳、成都—重庆国际性综合交通枢纽，建设昆明、乌鲁木齐、哈尔滨、西安、郑州、武汉、大连、厦门等国际性综合交通枢纽，强化国际人员往来、物流集散、中转服务等综合服务功能，打造通达全球、衔接高效、功能完善的交通中枢。

（2）全国性综合交通枢纽

全面提升长春、沈阳、石家庄、青岛、济南、南京、合肥、杭州、宁波、福州、海口、太原、长沙、南昌—九江、贵阳、南宁、兰州、呼和浩特、银川、西宁、拉萨、秦皇岛—唐山、连云港、徐州、湛江、大同等综合交通枢纽功能，提升部分重要枢纽的国际服务功能。推进烟台、潍坊、齐齐哈尔、吉林、营口、邯郸、包头、通辽、榆林、宝鸡、泉州、喀什、库尔勒、赣州、上饶、蚌埠、芜湖、洛阳、商丘、无锡、温州、金华—义乌、宜昌、襄阳、岳阳、怀化、泸州—宜宾、攀枝花、酒泉—嘉峪关、格尔木、大理、曲靖、遵义、桂林、柳州、汕头、三亚等综合交通枢纽建设，优化中转设施和集疏运网络，促进各种运输方式协调高效，扩大辐射范围。

（3）区域性综合交通枢纽

推进一批区域性综合交通枢纽建设，提升对周边的辐射带动能力，加强对综合运输大通道和全国性综合交通枢纽的支撑。

以上规划及布局方案是国家综合交通枢纽系统布局的重要基础。

二、系统构成与功能

（一）系统构成

国家综合交通枢纽系统作为国家综合立体交通网的组成部分，是实现各种运输方式之间以及城市交通与对外交通之间一体衔接、高效运转的重要支撑。

按照综合交通枢纽的功能定位、空间形态及层级划分，国家综合交通枢纽系统由国际性综合交通枢纽集群、国家综合交通枢纽城市、国家综合交通枢纽港站等共同构成。

1. 国际性综合交通枢纽集群

国际性综合交通枢纽集群是依托超大型城市群内高度发达的多方式一体化综合立体交通网，以国际性综合交通枢纽城市为核心，联动多个不同层级的枢纽城市，形成空间分布相对集中、枢纽功能融合互补、运行组织协同高效的多中心、多层级、网络化的交通枢纽集群。

2. 国家综合交通枢纽城市

国家综合交通枢纽城市是国家综合立体交通网实现一体融合的空间载体，是枢纽功能建设和发挥的基本依托，包括国际性、全国性综合交通枢纽城市两类，是国家综合交通枢纽系统布局的重点。

国际性综合交通枢纽城市是链接国家综合立体交通网主骨架及国际运输通道的核心节点，在国际人员交往、物流中转集散、全球资源配置等服务功能上发挥重要的组织支撑作用。

全国性综合交通枢纽城市是国家综合立体交通网关键节点，主要依托区域经济、文化和政治中心城市，在跨区域人员交流和国家战略物资的中转集散中发挥重要组织作用，对提升国家应急救援、系统运输组织、货物快速投递和国家物流发展等方面服务能力具有重要支撑作用。

3. 国家综合交通枢纽港站

国家综合交通枢纽港站是国家综合交通枢纽系统运输组织功能具体落地的重要设施。

国际性综合交通枢纽港站是支撑枢纽集群、枢纽城市实现其国际性服务功能的重要载体，主要包括国际功能突出的国际铁路枢纽和场站、国际枢纽海港、国际航空（货运）枢纽、国际邮政快递处理中心等。

全国性综合交通枢纽港站主要包括在我国境内大区域间运输组织中起到重要作用的枢纽港站，如重要的铁路场站、港口、区域航空枢纽机场，以及国家物流枢纽与全国性邮政快递处理中心。

（二）功能特征

国家综合交通枢纽系统的建设对于国家综合立体交通网的合理布局、顺畅衔接和高效运行具有重要作用，是国家综合立体交通网的重要因素。

国家综合交通枢纽系统包括如下核心功能。

1. 支撑国家战略实施

提升枢纽集群、枢纽城市的集聚辐射能力和在区域发展中的带动辐射作用，促进国家战略的推进实施、国土集聚开发、区域协调发展。

2. 服务公众便捷出行

依托枢纽港站，为枢纽集群、枢纽城市提供便利的公众出行与换乘服务，提升一体化组织水平，为公众提供便捷、安全、可靠的出行条件。

3. 保障国家运输安全

加强综合运输组织协调能力，保障国家重点物资和紧急物资的调配运输，保障客流高峰期旅客的中转换乘组织，确保社会稳定，维护经济安全。

4. 提升资源利用效率

合理组织联程联运、多式联运等服务，有效提高换乘、换装运输装备的利用效率，集约利用土地，降低能源消耗，促进交通与环境的和谐发展。

三、布局思路

（一）布局原则

1. 战略指引，统筹规划

国家综合交通枢纽系统布局应体现对国家战略的支撑，与我国经济社会发展战略、新型城镇化发展战略、综合交通运输中长期发展战略布局相适应，统筹考虑经济布局、人口分布、国土集聚开发、区域协调发展等对枢纽布局的要求。

2. 功能导向，突出重点

国家综合交通枢纽系统布局应体现功能导向，优先考虑位于交通区位条件好且在我国当前综合交通运输体系中承担着重要客货运输中转作用的枢纽，培育一批辐射力和社会影响力较大的枢纽。

3. 强化衔接，协调规划

国家综合交通枢纽系统布局应体现无缝衔接理念，做到与综合立体交通网中的各行业布局相协调，成为构建国家综合立体交通网的重要支点。

4. 继承开放，协同联动

国家综合交通枢纽系统布局应注重对既有规划的继承和创新，并注意结合新时代城市群主体发展导向和区域战略格局要求，优化调整枢纽层级与功能，注重同一城市群内枢纽间的功能互补、协同联动，打造组合型综合交通枢纽。同时，也要给未来枢纽城市的定位升级预留空间。

（二）基本条件

国家综合交通枢纽系统布局的重点是按照一定基本遴选标准，量化分析我国各节点城市的交通区位条件、城市承载条件、枢纽功能条件等要素，依次遴选确定国家综合交通枢纽城市的布局方案。

1. 交通区位条件

交通区位反映了节点城市的交通资源状况及与其他地区的交通关联程度，是枢纽功能的基础支撑条件。国家综合交通枢纽城市必须位于国家综合立体交通网的骨架通道上，具备多种运输方式相交汇的交通区位，原则上应至少满足两条交通主干道交汇的条件。

2. 城市承载条件

国家综合交通枢纽城市应是我国各大区域的政治、经济、文化交流中心城市，是构建跨区域、省际快速客货运输组织系统的核心节点，直辖市、省会、自治区首府、计划单列市、特别行政区、国家中心城市、城区500万人口以上特大城市，根据功能直接入选。

同时，从满足国土空间开发与区域协调发展战略要求出发，国家综合交通枢纽城市必须在所处经济板块中具备较大的节点经济容量或集聚辐射能力，原则上应属于四大经济板块（东、中、西、东北）中的经济中心城市、次中心城市，具备较强的经济集聚辐射作用。

3. 枢纽功能条件

国家综合交通枢纽城市必须在全国或所处经济板块中具备较大的节点经济容量或辐射能力，且发挥着重要的集聚辐射与运输组织作用，具备区域性交通中转、集散中心的地位。原则上以各节点城市内不同交通运输方式客货运量占比作为基本判据。

（三）影响因素

国家综合交通枢纽城市的布局除了上述基本条件外，还重点考虑以下因素。

1. 保障国家安全

保障政治安全、国土安全、国防安全以及重要能源、粮食等战略物资运输安全。其中，保障重点物资运输安全方面，重点考虑覆盖粮食、原油、煤炭、钢铁（铁矿石）等主要产区和流通关键节点。

2. 支撑国家开发开放要求

遵循国土开发总体要求，发挥国家级城市群、中心城市的战略辐射作用，重点考虑支撑国家级新区战略平台建设的节点。重点考虑连通主要经济区，符合国土开发轴带发展方向，支撑国家高水平开放的节点城市，在我国经济贸易格局中具有战略地位的节点城市，包括区域性经济中心等。

3. 支撑新型城镇化战略实施

根据国家城镇化发展相关规划，重点考虑支撑"两横三纵"城镇化战略格局的节点城市。"两横"指陆桥通道、沿长江通道两条横轴，"三纵"指沿海通道、京哈京广通道、包昆通道三条纵轴。

重点考虑京津冀、长三角、珠三角、成渝、长江中游、山东半岛、粤闽浙沿海、中原、关中平原、北部湾、哈长、辽南、山西中部、黔中、滇中、呼包鄂榆、兰州—西宁、宁夏沿黄、天山北坡等城市群中转集散作用突出的节点城市。

(四) 布局过程

国家综合交通枢纽城市布局按照"基准判定集—概念方案—基础方案—布局方案"四个步骤开展,具体如下:

第一步:叠加国家综合立体交通网布局研究方案,识别其中的交通主通道(即涵盖两种及以上运输方式并行的线路地带),将衔接了两条及以上交通主通道的交汇节点城市作为国家综合交通枢纽城市的基准判定集。

第二步:依据国防与政治安全、国土开发与城镇化、经济贸易发展与能源战略发展等影响因素分析,判定在国家发展战略中起重要作用的节点城市,选择既符合交通主通道交汇条件,又在国家战略范畴内的交集城市,确定为国家综合交通枢纽概念方案。

第三步:从提高综合立体交通网转换效率角度分析,筛选出在我国综合立体交通网中起到重要中转、集散作用的枢纽节点城市,作为国家综合交通枢纽的基础方案。

参考欧盟等国际经验,结合我国实际,以节点城市中各种运输方式运输量占同类方式全国总运量比重来判定节点城市的枢纽辐射、中转强度与影响力。

第四步:结合国家区域协调发展战略要求,补充纳入在四大经济板块中国家战略定位突出、综合运输集聚辐射作用较强的区域中心城市,作为培育型国家综合交通枢纽节点城市,从而确定国家综合交通枢纽的布局方案。

同时,还要考虑节点城市的合理辐射半径与服务范围,城市群一体化、都市圈同城化发展趋势,以及与综合运输通道的匹配性。对于位于同一城市群且1小时陆路交通时间内存在功能互补的枢纽予以功能整合,采用组合方式鼓励共建共治;对于地域相邻、同城化趋势明显且承担不同运输方式国家级枢纽功能的地区,围绕原有枢纽城市予以功能拓展、协同共建。

国家综合交通枢纽城市布局思路如图13-1所示。

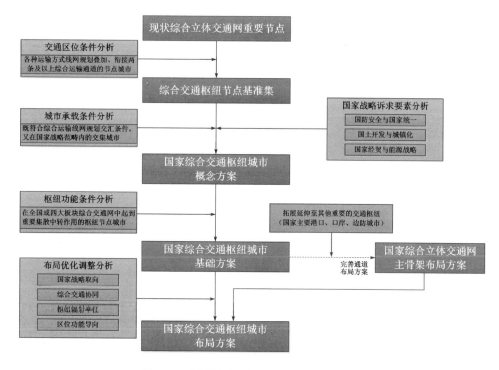

图 13-1 国家综合交通枢纽城市布局思路示意图

四、布局方案

1. 国家综合交通枢纽城市布局

根据以上布局原则、布局思路，在影响因素分析基础上，依次确定国家综合交通枢纽城市的基准方案、概念方案、基础方案、布局优化方案。

为突出国际服务功能的建设和培育，依据综合交通枢纽城市性质、交通辐射范围、国际服务能力，将国家综合交通枢纽城市划分为国际性综合交通枢纽城市、全国性综合交通枢纽城市两类。其中，国际性综合交通枢纽城市应满足以下条件：一是必须位于国家综合交通枢纽城市范围内；二是至少应当具备国际航空枢纽机场、国际枢纽海港、国际铁路枢纽场站等功能，且具有较大的国际客、货运输需求。

按照尊重继承的原则，对照分析《"十三五"现代综合交通运输体系发展规划》中确定的75个国家综合交通枢纽（含82个城市），本次综合确定国家综合交通枢纽城市布局方案，共计 79 个国家综合交通枢纽（含 105 个城市）。

（1）国际性综合交通枢纽城市

重点依托北京、天津、上海、杭州、南京、广州、深圳、成都、重庆、沈阳、大连、哈尔滨、青岛、厦门、郑州、武汉、海口、昆明、西安、乌鲁木齐等城市，培育和打造国际性综合交通枢纽城市。

（2）全国性综合交通枢纽城市

加快建设石家庄、唐山—秦皇岛、雄安、邯郸、太原、大同、呼和浩特、包头、通辽、营口、长春、吉林、齐齐哈尔、连云港—徐州—淮安、苏州—无锡—南通、宁波、温州、金华（义乌）、合肥、芜湖、蚌埠、福州、泉州、南昌—九江、赣州、上饶、济南、烟台、潍坊、临沂、洛阳、商丘、南阳、襄阳、宜昌、黄冈—鄂州—黄石、长沙、岳阳、怀化、衡阳、珠海、汕头—揭阳—潮州、湛江、南宁、柳州、桂林、钦州—北海—防城港、三亚、万州—达州—开州、泸州—宜宾、广元、攀枝花、贵阳、遵义、曲靖、大理、拉萨、宝鸡、榆林、安康、兰州、酒泉—嘉峪关、西宁、格尔木、银川、中卫、库尔勒、喀什、伊宁等一批全国性综合交通枢纽城市，完善和提升国家综合交通枢纽系统功能。

2. 国际性综合交通枢纽集群布局

依托 4 大城市群，建设面向世界的京津冀、长三角、粤港澳大湾区、成渝地区双城经济圈 4 大国际性综合交通枢纽集群。

具体建设形成以北京、天津为中心联动石家庄、雄安等城市的京津冀枢纽集群，以上海、杭州、南京为中心联动合肥、宁波等城市的长三角枢纽集群，以广州、深圳、香港为核心联动珠海、澳门等城市的粤港澳大湾区枢纽集群，以成都、重庆为中心的成渝地区双城经济圈枢纽集群。

3. 国家综合交通枢纽港站布局

综合交通枢纽港站是实现综合交通枢纽系统功能的重要支撑和载体。结合各种运输方式的布局规划，统筹确定国家综合交通枢纽港站布局。

（1）国际性枢纽港站布局

——国际铁路枢纽和场站：在北京、上海、广州、重庆、成都、西安、郑州、武汉、长沙、乌鲁木齐、义乌、苏州、哈尔滨等城市以及满洲里、绥芬河、二连浩特、阿拉山口、霍尔果斯等口岸建设具有较强国际运输服务功能的铁路枢纽场站。

——国际枢纽海港：发挥上海港、大连港、天津港、青岛港、连云港港、宁波—舟山港、厦门港、深圳港、广州港、北部湾港、洋浦港等国际枢纽海港作用，巩固提升上海国际航运中心地位，加快建设辐射全球的航运枢纽，推进天津北方、厦门东南、大连东北亚等国际航运中心建设。

——国际航空（货运）枢纽：巩固北京、上海、广州、成都、昆明、深圳、重庆、西安、乌鲁木齐、哈尔滨等国际航空枢纽地位，推进郑州、天津、合肥、鄂州等国际航空货运枢纽建设。

——国际邮政快递处理中心：在国际邮政快递枢纽城市和口岸城市，依托国际航空枢纽、国际铁路枢纽、国际枢纽海港、公路口岸等建设40个左右国际邮政快递处理中心。

（2）全国性枢纽港站布局

——以铁路客站为核心的综合客运枢纽90个左右，以铁路物流基地为核心的综合货运枢纽40个左右。

——沿海主要港口（不含国际枢纽海港）18个、内河主要港口36个。

——区域航空枢纽40个左右。

——港口、空港、陆港、口岸型国家物流枢纽100个左右。

——依托全国性和部分区域性航空、铁路、水运、公路等运输站场建设300个左右国内公共性邮政快递处理中心。

五、建设要求

（一）总体要求

围绕"三位一体"国家综合交通枢纽系统的总体架构，统筹综合交通枢纽集群、枢纽城市、枢纽港站的建设与发展，以优化资源配置为重点，补齐枢纽设施短板，提升枢纽体系整体效能。

加快打造综合交通枢纽集群。建设京津冀、长三角、粤港澳大湾区、成渝地区双城经济圈等国际性综合交通枢纽集群，提升全球互联互通水平和辐射能级。培育一批辐射区域、连通全国的综合交通枢纽集群，合理组织集群服务网络，提高集群内枢纽城市协同效率。

着力优化综合交通枢纽城市功能。提升国际性综合交通枢纽的全球联通水平和资源要素配置能力，增强部分枢纽国际门户功能。优化全国性综合交通枢纽客货中转设施、集疏运网络及客运场站间快速连接系统。增强区域性综合交通枢纽的衔接转运能力，发展口岸枢纽。强化不同层级综合交通枢纽城市之间功能互补、设施连通、运行协同。

推进综合交通枢纽及邮政快递枢纽统一规划、统一设计、统一建设、协同管理。推动新建综合客运枢纽各种运输方式集中布局，实现空间共享、立体或同台换乘，打造全天候、一体化换乘环境。推动既有综合客运枢纽整合交通设施、共享服务功能空间。加快综合货运枢纽多式联运换装设施与集疏运体系建设，统筹转运、口岸、保税、邮政快递等功能，提升多式联运效率与物流综合服务水平。按照站城一体、产城融合、开放共享原则，做好枢纽发展空间预留、用地功能管控、开发时序协调。

（二）近期建设重点

1. 推进综合交通枢纽集群开放协同

（1）推进世界一流的京津冀枢纽集群设施网络建设

推进北京国际航空枢纽建设，加强北京首都国际机场与北京大兴国际机场在轨道交通设施、航空班次等方面的衔接，提升航空枢纽货运功能。推进天津国际航空货运枢纽和天津北方国际航运中心建设，依托国际寄递及外贸集装箱运输网络，打造国际物流基地。加强石家庄、雄安与北京国际航空枢纽、天津国际枢纽海港等高效连通。推进北京、天津、雄安全球性国际邮政快递枢纽集群建设。

（2）提高长三角枢纽集群国际辐射能级，打造高质量发展先行区

强化上海国际航空枢纽功能，促进铁路上海东站与上海浦东国际机场的无缝衔接。打造以上海港和宁波—舟山港为核心的世界级港口群，巩固提升上海国际航运中心地位，加快建设辐射全球的航运枢纽。加快建设虹桥国际开放枢纽，提升联通国际的能力。强化上海、杭州、南京、合肥、宁波等城市联动发展，加强上海国际航空枢纽、国际枢纽海港与周边城市地面交通高效联通。积极推进上海、南京、杭州全球性国际邮政快递枢纽集群建设。

（3）推动粤港澳大湾区枢纽集群更高水平互联互通，建设具有全球影响力的枢纽集群

打造广州、深圳国际航空枢纽，加强与香港、澳门机场的协同发展，促进铁路广州北站与广州白云国际机场等枢纽港站间有效衔接，规划建设珠三角枢纽（广州新）机场。重点依托香港、广州、深圳集装箱干线港，提升枢纽集群的国际航运服务水平。强化广州、深圳、香港、珠海、澳门等城市间交通联系，加快推进与横琴粤澳深度合作区、前海深港现代服务业合作区的基础设施互联互通，实施陆海空全方位联动，共同打造国际贸易枢纽港。推动广州、深圳全球性国际邮政快递枢纽集群建设。

（4）提升成渝地区双城经济圈枢纽集群对外连通水平

完善重庆、成都国际航空枢纽服务功能，实施成都双流国际机场提质增效改造，推进成都大府国际机场及双流国际机场之间的轨道交通建设，开展重庆新机场建设前期工作。加快完善重庆果园港、成都国际铁路港等的集疏运体系，增强对外集聚辐射能力。打造中欧班列集结中心，提高货源集结效率与班列运行质量。增强成都、重庆与其他城市之间的有机联系。完善成都、重庆快递枢纽设施，强化与西安协同联动，共同建设全球性国际邮政快递枢纽集群。

（5）培育一批辐射带动能力强的综合交通枢纽集群

依托重点城市群，发展辐射区域、联通全国的综合交通枢纽集群，强化城市间协作与快速联系，提高区域协同发展水平。织密区际、城际等多层次设施网络，强化内外联通，提升集群中转集散组织作用及辐射能级。

2. 强化综合交通枢纽城市内畅外联

（1）强化国际性综合交通枢纽城市门户功能

加快建设国际枢纽机场、国际枢纽海港、国际铁路枢纽场站、国际邮政快递处理中心，完善国际旅客、跨境物流中转设施，强化与境外枢纽节点的战略合作和业务联系。支持国际性综合交通枢纽城市拓展连接世界重要机场、港口的航线网络，扩大国际铁路班列服务半径。鼓励建设全球转运分拨中心、国际交易中心、国际结算中心，提升全球资源要素配置能力。加强枢纽城市与周边产业基地、货源地、口岸节点之间的联系，为实现周边区域快速接入

国际运输网络创造条件。

（2）提升全国性综合交通枢纽城市中转组织能力

以服务区域重大战略和区域协调发展战略为重点，完善全国性综合交通枢纽城市运输组织功能，推进与国际性、区域性枢纽城市协同发展。加强全国性综合交通枢纽城市间的有机联系，完善国际、区际、城际等不同层次有效衔接的设施及服务网络，提高运输整体效率与服务水平。鼓励组合型综合交通枢纽城市协同联动与互联互通，发挥各自比较优势，共商、共建、共享重大枢纽设施，提升整体效益。以枢纽机场、枢纽海港、铁路枢纽场站等为重点，完善换乘换装功能设施和配套服务网络，增强跨区域人员交往和物资中转组织功能。

（3）提高区域性、地区性综合交通枢纽城市衔接服务水平

综合考虑经济、人口、交通条件和发展潜力等因素，完善区域性、地区性综合交通枢纽城市布局。加强与国际性、全国性综合交通枢纽城市的交通联系，承接本区域内运输需求，做好"最后一公里"服务，形成错位发展格局。提升城际、城乡服务功能及区域衔接转运能力，加强与服务腹地的对接和末端辐射，更好融入国家综合立体交通网。因地制宜发挥枢纽城市区位优势，增强跨区域辐射能力，为提升枢纽城市层级创造条件。

3. 促进综合交通枢纽港站一体化建设

（1）提升新建综合客运枢纽换乘衔接水平

新建综合客运枢纽要强化铁路、水运、民航与公路、城市轨道、城市公共汽电车等功能区集中布设，按照功能空间共享、设施设备共用和便捷高效换乘要求，优化流动线路设计，打造全天候、多场景、一体化换乘环境。合理配置无障碍设施设备和便民设施，提高特殊人群出行便利程度，创造适老化、无障碍出行环境。航空主导型综合客运枢纽应统一设置交通中心，同步规划、同场建设轨道交通、公路客运、城市公交等设施，实现陆空运输无缝衔接。水运主导型综合客运枢纽应实现水运与公路客运等共享共用服务功能空间。铁路主导型综合客运枢纽应紧凑布设轨道交通、公路客运、城市公交以及旅客换乘空间，促进不同运输方式客运站房主体建筑贴临建设、内部功能空间直接贯通，推动具备条件的枢纽实现各种运输方式主体功能空间在同

一建筑体内共建共享。推动枢纽交通导向标识统一、连续、一致、明晰。

（2）推动新建综合货运枢纽集约高效发展

新建综合货运枢纽要强化铁路、公路、水运、航空、邮政等有效衔接，加强不同运输方式间转换设施设备配置，提升设施设备现代化水平，优化不同运输方式间货物流转安检流程，推动安检互认，实现货物集中快速转运，打造高效的多式联运作业平台。航空主导型综合货运枢纽应集中布局货机站坪、货运库、航空快件处理中心、邮政快递处理中心等设施，优化作业流线，扩大货运区域进深尺度，预留拓展空间。铁路主导型、水运主导型综合货运枢纽应注重统筹布局专业化的集装箱联运转运、装卸堆存、短驳等设施设备，提高多式联运效率。完善高速铁路站货运配套设施及综合功能，推进高速铁路货运发展。促进邮政快递处理中心与综合货运枢纽统一布局建设，提升枢纽寄递配套能力。推动国家物流枢纽与综合货运枢纽统筹规划建设，加大存量资源整合优化力度，补齐铁路专用线、联运转运等设施短板。

（3）加大存量资源的改造提升力度

推动铁路客站、机场、客运码头向换乘更便捷的综合客运枢纽转型。推进既有综合客运枢纽完善换乘接驳设施，优化换乘、候车、售取票、停车等功能空间布局和管理流程，强化旅客直通和中转换乘功能，有效缩短换乘距离。鼓励配置专用候车座椅、双向电梯、自动扶梯、楼梯升降机、盲道等无障碍设施设备，以及盲文标志等无障碍标识，实现简便连续地引导特殊人群进出枢纽主要区域。改善驾驶员等人员从业环境，推进"司机之家"建设。推动港口、机场、铁路货站、公路货运站向具备现代物流功能的综合货运枢纽转变，通过整合物流资源、应用先进技术、拓展服务功能、完善集疏运体系等方式，提升联运转运效率。

（4）加强枢纽集疏运体系及连接系统建设

推动大型综合客运枢纽通过专用通道、高架匝道等形式便捷接入高速公路、快速路，优化枢纽出入站及周边交通组织。推动国际及区域枢纽机场、大型铁路客站等与轨道交通高效联通，强化多向衔接。鼓励通过城市轨道交通、快速公交等方式，强化主要客运站间便捷衔接。加快大型综合客运枢纽间直达轨道交通建设。推动完善港口、机场、铁路货站、公路货运站等集疏运铁路和公路系统建设，提升综合货运枢纽集疏运能力。根据货运物流需求，完善综合货运枢纽等各类物流设施之间的线路连接，优化枢纽周边车辆通行管控等措施，提升设施间衔接联动水平。

课题组长：
李鹏林（组长）、朱苍晖（副组长）
主要执笔人：
李鹏林、朱苍晖、李可、张立彬、金敬东、肖春阳、倪潇、马晓茜、杨伯、谢典
主要承担单位：
交通运输部规划研究院

本章参考文献

[1]《国家综合立体交通网规划纲要学习读本》编写组.国家综合立体交通网规划纲要学习读本[M].北京：人民交通出版社股份有限公司,2021.

[2] 交通运输部规划研究院课题组.综合客运枢纽项目可行性研究指南[M].北京：人民交通出版社股份有限公司,2014.

[3]《综合客运枢纽设计指南》课题组.综合客运枢纽设计指南[M].北京：人民交通出版社股份有限公司,2015.

[4] 交通运输部规划研究院课题组.综合客运枢纽规划建设政策理论与实践探索[M].北京：人民交通出版社股份有限公司,2017.

[5] 交通运输部规划研究院课题组.货运枢纽(物流园区)可行性研究方法与关键技术[M].北京：人民交通出版社股份有限公司,2017.

[6]《城市客运枢纽布局规划及功能优化技术指南》编委会.[M].北京：人民交通出版社股份有限公司,2018.

第十四章
城市群交通布局思路研究

城市群是我国进入新型城镇化高质量发展阶段的主体承载空间，城市群交通系统布局既是引导国土空间有序开发的重要抓手，更是交通强国建设的重要内容。本章从我国城镇化发展态势和城市群发展特征入手，剖析了我国城市群体系结构、交通联系和交通系统供给的差异性，提出了东中西部城市群交通的差异化布局思路，讨论了不同规模中心城市交通发展的关键策略。

一、我国城市群发展特征差异性分析

城市群是指由特定的地域范围内具有相当数量的不同性质、类型和等级规模的城市，以一个或两个超大、特大城市为中心，依托于发达的交通和信息等基础设施网络，形成空间组织紧凑、经济联系紧密的城市群体。城市群形成发育的过程是一个由竞争转向竞争—合作的一体化过程，是一个开放的复杂巨系统和近远程要素交互作用的灰箱系统。城市群发展的关键在于一体化，依托区域内基础设施和制度的衔接，促进资源要素在更大区域范围内快速流动、优化配置和制度衔接，提高整体生产率和均衡发展水平。

（一）城市群功能体系

城市群的形成是一个空间发展的演变过程。城市是一个区域的中心，通过极化效应集中了大量产业和人口，获得快速发展。随着城市规模扩大，实力增强，对周边区域产生辐射带动效应。伴随着城市规模扩大和城际之间交通条件改善尤其是高速公路的出现，相邻城市辐射的区域不断接近并有部分重合。城市群内有多个中心城市与周边的中小城市形成各自的都市圈。多个都市圈之间的经济活动相互作用，形成一种高效、扁平的网络化组织形式，由此带来城市群内城镇结构由传统的中心辐射向网络化、多层次转变。城市及其形成的都市圈之间的经济联系越来越密切，相互影响越来越大，就可以认为形成了城市群。

世界级城市群是城镇化发展高级阶段的地域空间形态（图14-1），是人口高度聚集、经济功能与设施高度密集、城乡功能高度一体的大城市聚集区（Megalopolis），一般认为人口规模达到2500万人为基本门槛，是国家的核心区域和国际交往的门户地区。目前公认的世界级城市群的功能由全球决策控制中心、全球科技创新中心、全球贸易与门户、国际文化旅游中心和具有竞争力的先进制造业集群五部分组成。

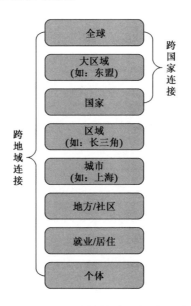

图14-1 世界级城市群的多尺度空间形态

（二）我国城市群结构体系

伴随着我国在全球经济发展中占据更高份额，构建具有世界影响力和创新带动作用的现代城市群，最大限度地整合区域和全球创新资源，以进一步提升国家竞争力，成为新的战略需求。结合我国城镇化进程、城市群发展能级和国家空间规划等综合因素，我国19个城市群可以被划分为4个等级

(图 14-2): 世界级城市群 (3 个)、国家级城市群 (2 个)、区域级城市群 (8 个) 和地区性城市群 (6 个)。等级差异体现了功能体系差异,也决定着交通体系的差异性。

世界级城市群	长三角		粤港澳大湾区		京津冀		
国家级城市群	长江中游				成渝城市群		
区域级城市群	哈长	山东半岛	辽中南	海峡西岸	关中平原	北部湾	天山北坡	中原
地区性城市群	晋中	宁夏沿黄	兰西	滇中	呼包鄂	黔中		

图 14-2 我国城市群功能等级❶

当前,我国城市群空间结构正处在由中心城市聚集发展向都市圈结构形成和城市群紧密联系的发展进程中(图 14-3)。我国 19 个城市群所对应的空间发育阶段划分见表 14-1。

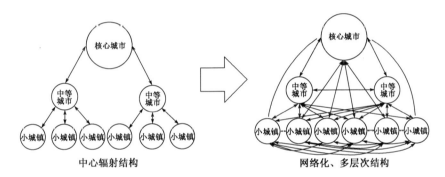

图 14-3 从城市向城市群演变的网络结构关系

我国城市群发展阶段划分　　　　表 14-1

城市群发展阶段	名　　称
单节点主导阶段	晋中、宁夏沿黄、滇中、黔中、天山北坡、兰西
节点膨胀性增长阶段	哈长、辽中南、呼包鄂、关中平原、北部湾、中原
城市群形成的初级阶段	长江中游、成渝、山东半岛、海峡西岸
城市群形成与发育的高级阶段(正在发展中)	长三角、粤港澳大湾区、京津冀

---

❶ 该功能划分由研究团队参考各方资料整理提出,不代表官方正式划分。研究团队所参考的资料包括:《全国主体功能区规划》(2010 年)、《国家新型城镇化规划(2014—2020 年)》《中华人民共和国国民经济和社会发展第十三个五年规划纲要》、已批复的各城市群规划等。

(三) 我国城市群发展特征分析

习近平总书记在 2020 年第 21 期《求是》杂志刊发的《若干重大问题》文章中指出"我国各地情况千差万别,要因地制宜推进城市空间布局形态多元化"。城市群在我国经济发展中发挥着举足轻重的作用,重点建设的 19 个城市群以 25% 土地集聚了 77% 人口,创造了 88% 的全国 GDP。但我国城市群人口、经济、空间联系、发展水平和协调发展进程都存在显著差异性,充分认识这种差异性是合理布局城市群交通系统的前提条件。以 19 个城市群各项指标中最小值为 1.0,相对最大值如图 14-4 所示。GDP 总量的极值差距是 66.0 倍,人均 GDP 极值相差 3.5 倍;人口规模极值差距为 38.7 倍,面积差距为 51.5 倍,建成区面积差距为 20.1 倍。粤港澳大湾区城市群人均 GDP 已经超过 2 万美元,是全国平均水平的 228%;兰西城市群人均 GDP 仅为 6000~7000 美元,为全国平均水平的 64%。

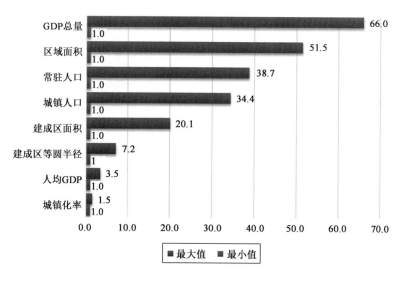

图 14-4 我国城市群发展指标差异性(设最小值=1.0)

1. 人口规模差异性

我国城市群人口规模和城市节点规模数量差异显著,这也必然带来交通系统在结构、容量和布局的差别化应对和引导。按常住人口,长三角城市群人口超过 1.5 亿,而天山北坡城市群仅为 400 万人(图 14-5),表明我国城市群交通系统容量应差别化布局。按城市群内的城市节点数量，长江中游城市群、中原城市群、长三角城市群内包含的地级市及以上等级的城市节点数量超过了20个，也有7个城市群内的地级市及以上等级的城市节点数量不超过5个（图14-6），这表示我国城市群交通网络布局应体现差别化。

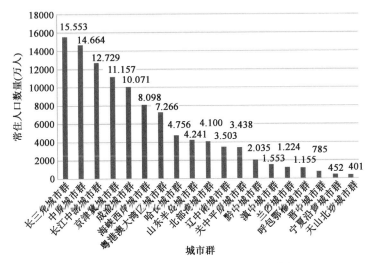

图14-5 我国城市群常住人口数量（2019年数据）

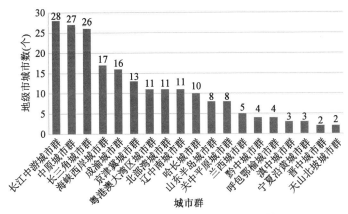

图14-6 我国城市群内的地级市及以上城市数量

按城市群内不同人口规模的城市数量来看，我国城市群等级结构差异显著（图14-7）。以长三角为代表的东部沿海城市群，包含了所有的城市等级，充分体现了强核心、多中心和网络化的发展态势。以成渝城市群为代表的中西部新兴发展城市群，仍以中心城市的强核心发展为主。而兰西城市群为代表的起步初期城市群仍处于中心城市的扩张阶段,并不支持强核心和多中心的发展态势。

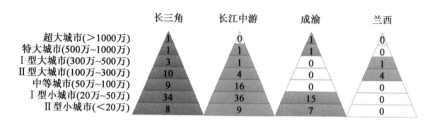

图 14-7 我国典型城市群的人口规模等级结构

2. 经济发展差异性

经济发展水平和产业结构决定着客流和货流的强度和对时效性要求的差别化。我国城市群经济发展差别性显著（图 14-8），按照人均生产总值来看，最高的粤港澳大湾区人均生产总值已经超过 2 万美元，而西部的兰西城市群仅为 6600 美元左右。需要说明的是，呼包鄂榆城市群和天山北坡城市群的人均生产总值排名靠前的主要原因是石油、煤炭能源行业的高产值贡献和总人口规模较小，并不能完全体现经济发展活跃度。从城市及城市群发展一般规律来看，更高的经济发展水平对应着更频繁的人流和物流的交换，对交通系统的便捷性和时效性要求更高，对多尺度空间的交通系统衔接和转换的一体化程度也要求更高。

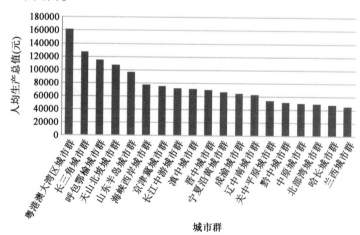

图 14-8 我国城市群人均生产总值水平

从产业结构来看（图14-9），我国城市群经济发展呈现两个特征。其一，经济发达的沿海城市群（京津冀城市群除外）第二产业占比大多超过40%，表明工业是我国经济增长重要驱动力，城市群层面提供送达高效、成本可控的货流和物流服务是我国社会经济发展的关键要求之一。其二，宁夏沿黄、天山北坡等地区性城市群的第二产业主要来自能源、煤炭、化工等生产行业，由此带来的大宗物资运输问题应得到关注。

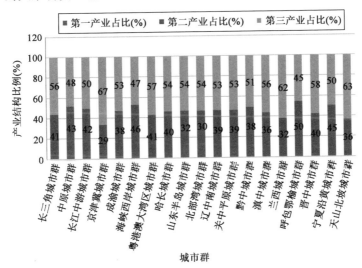

图14-9 我国城市群产业结构比例

3. 空间联系差异性

如前文所述，我国城市群在发展进程、人口规模和城市节点数量的级差结构所带来空间布局和空间联系上存在显著差异。按照城市联系强度分析（图14-10），我国东部沿海省（区、市）地级及以上城市间已经形成了强轴、强核、多节点和网络化格局。中部省（区、市）城市网络是围绕省会城市的强吸引向心发展，同时沿京广线已经出现中部城市集群的空间发展态势。西部省（区、市）以成—渝—昆—乌—西等核心城市吸引周边城市发展。

我国城市群地理区域面积级差大。哈长、成渝、长三角、京津冀等城市群面积都超过5万平方公里；而7个西部地区城市群面积不超过2万平方公里（图14-11）。时间地理学中的出行时间预算约束（Travel Time Budget，TTB）是引导人们活动安排、活动空间的核心因素。根据地理学者Donald G Janelle提出的时空收敛（Time-space Convergence）概念（图 14-12），为了满足出行时间预算约束（TTB），越大的空间尺度需要更快的交通系统支持联系活动。

a) 东部115个地级市及以上　　b) 中部118个地级市及以上　　c) 西部97个地级市及以上

图 14-10　我国城市网络联系的区域差异

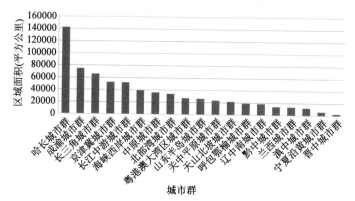

图 14-11　我国城市群所包含的地理面积

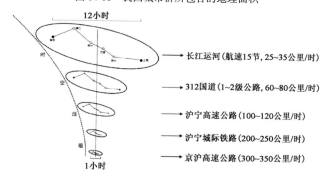

长三角交通时空收敛

图 14-12　交通技术升级带来的时空收敛现象

4. 发展进程差异性

城市群的形成发育是一个漫长过程，各城市之间的相互作用和博弈过程推进城市群迈向高级发展阶段。我国城市群发展起步不一、已取得的成效差异大，大部分城市群发展仍处于起步阶段或初期阶段，发展提升的潜力空间大。城市群在我国并不是新理念，20 世纪 80 年代初期就曾推出过城市群或经济区协同发展的雏形举措。但囿于城镇化、工业化发展规律和阶段性，至2000年以后，大力发展城市群才达成各界共识和进入实质性议程。长三角、珠三角和京津冀是我国城市群发展的先行代表，均在1980—1990年提出或启动过经济区、城市群等发展规划和实践探索（表14-2），但后续都因种种原因而中途停滞。2000年以后，在城镇化、工业化、经济全球化和生态环境压力等多重因素共同作用下，三大城市群加速推进协同发展，其中战略规划制定、基础设施互联互通、一体化市场建设和合作协商机制是重点内容。

我国三大城市群发展推进的重要节点 表14-2

时期	区域		
	长三角	粤港澳大湾区	京津冀
1990年以前	1982年，国务院提出建立上海经济区，包括10个市及其所辖的55个县，国务院37个部委参与组成上海经济区规划委员会。1988年6月，国务院上海经济区规划办公室撤销，一体化进程中断	1989年，《珠三角城镇体系规划》印发	1982—1985年，京津唐地区国土规划纲要研究。1987—1990年，环渤海经济区经济发展规划纲要研究
1990—2000年	1992年，长三角15个城市的协作办主任联席会议制度在自发倡议下成立	1994年，《珠三角经济区城市群规划》印发	1991—1995年，京津冀城市协调发展研讨会。1994年，《建议组织编制京津冀区域建设发展规划》印发
2000—2010年	2005年，长三角地区主要领导的定期会晤机制——座谈会建立。2008年9月，《关于进一步推进长江三角洲地区改革开放与经济社会发展的指导意见》印发	2004年，《珠三角城镇群协调发展规划》印发。2008年，《珠三角改革发展规划纲要》印发。2009年，《大珠江三角洲城镇群协调发展规划研究》印发	2005年，天津滨海新区开发开放加速。2008年，京津城际列车开通，京津同城化进入新阶段。2009年5月，《京津冀交通一体化合作备忘录》印发
2010年以后	《长江三角洲地区区域规划》（2010年6月）、《长三角城市合作（镇江）协议》（2011年）等印发。2018年，《长三角地区一体化发展三年行动计划（2018—2020年）》《关于支持和保障长三角地区更高质量一体化发展的决定》印发。2019年12月，《长江三角洲区域一体化发展规划纲要》印发	2014年，《珠三角全域规划》印发。2019年，《粤港澳大湾区发展规划纲要》印发	2010年5月，《关于建立京津冀两市一省城乡规划协调机制框架协议》印发。2015年4月底，《京津冀协同发展规划纲要》印发

我国中西部城市群仍处于初期起步阶段。以西部经济实力最强的成渝城市群为例，2001—2005 年成渝城市群被正式提出，2015 年 12 月成渝高速铁路通车，2016 年 4 月《成渝城市群发展规划》获国务院批复，2020 年 10 月中共中央政治局审议《成渝地区双城经济圈建设规划纲要》，会议要求"处理好中心和区域的关系，着力提升重庆主城和成都的发展能级和综合竞争力，推动城市发展由外延扩张向内涵提升转变，以点带面、均衡发展，同周边市县形成一体化发展的都市圈"。相比东部沿海三大城市群，中西部城市群的起步时点迟了 10~15 年。但进入 20 世纪 10 年代之后，随着我国工业化向内陆地区的梯度转移和"一带一路"倡议实施带动的内陆经济的国际化发展，中西部地区城市群的一体化发展态势要快于东部沿海城市群的早期进展。新时期全球化格局深度调整，中共中央提出加快构建以国内大循环为主体、国内国际双循环相互促进的新发展格局的重大战略部署，这将加速推动我国内陆地区城市群的一体化发展进程。

二、我国典型城市群空间特征和交通供给特征

（一）城市群交通系统供给特征分析

1. 交通设施水平的梯度分布特征

我国国土开发强度和城镇节点聚集呈现由沿海至内地的梯度降低特征，交通设施水平整体与之相适应。以高速公路网和铁路网的密度指标为例，东部沿海地区的京津冀、长三角、粤港澳大湾区三大城市群代表着全国最高水平，高速公路网密度分别是全国平均水平的 2.8 倍、2.6 倍和 5.4 倍，营业铁路网密度分别是全国平均水平的 3.2 倍、2.1 倍、3.0 倍。具有代表性的中部地区湖北省的高速公路网密度和营业铁路网密度分别为全国平均水平的 2.1 倍和 1.8 倍。西部地区的青海省、甘肃省对应指标分别为全国平均水平的 30% 和 70%（图 14-13）。

2. 交通布局与"大密大疏"的国土空间特征需协调优化

我国国土空间差异巨大，京津冀、山东半岛、长三角、河南组成的平原地区，面积 88 万平方公里，占全国 9.2%，人口 5.3 亿，占全国的 38.3%，

人口密度达到 602 人/平方公里，高于韩国（527 人/平方公里）、日本（347 人/平方公里），是英国（272 人/平方公里）、德国（237 人/平方公里）的两倍多；内蒙古、新疆、青海、西藏则以近 50% 的面积，仅承载了全国 4.3% 的人口。

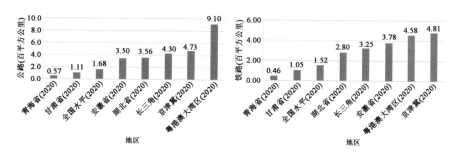

图 14-13　我国不同地区高速公路网络、铁路网密度指标

从人口密度与交通网密度关系看（图 14-14），我国重要城市群所在的江苏、山东、广东、河南、浙江等人口高密度省（区、市），经济生产活动最发达、最繁忙的沿海地区长期以来靠一条京沪通道支撑，真正的沿海复合型通道现在还没有形成。沿海地区除部分重要城市外，很多中小城市交通条件甚至滞后于部分内陆城市，例如江苏北部地区。从经济发展水平与出行频率关系看，江苏、浙江、福建、广东、山东等沿海省（区、市），人均旅行次数相对经济发展水平而言不高，呈现出一定程度的交通需求受抑制特征。

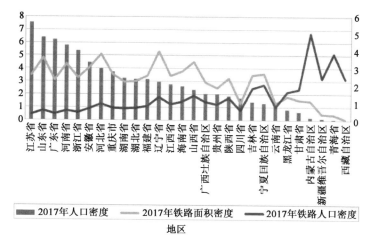

图 14-14　各省（区、市）人口密度与铁路网密度关系

从中观层面看，以高速公路、高速铁路为主导的干线交通体系建设，尤其是高速铁路影响了区域发展格局的调整。与公路、普速铁路相比，高速铁路追求高速度，往往优先串联省会及大城市。国家中长期铁路网规划和各省（区、市）铁路网规划中，省会城市是最大的受益者，郑州、武汉、合肥、西安等多个省会城市都致力于打造"米字形"高速铁路。

3. 城市群空间与交通系统协调程度差异大

以长三角、京津冀、粤港澳为代表的沿海三大城市群，在空间拓展和功能互补的一体化过程中，城际铁路（例如沪宁城际铁路、京津高速铁路、广深城际）、区域高速公路的建设与高频商务、探亲旅游休闲等客流在时间节点上衔接较好，交通基础设施能力获得较充分利用，系统的可持续发展财务能力得到保障。与此同时，对城市群及都市圈发展阶段、出行总量和出行特征要求的预计偏差也带来了中西部城际铁路的发展困境。以中部城市群的武汉大都市圈为例，四条城际铁路每日运营班列仅有8~13对，发班间隔时间约1小时，除节假日外，平日上座率不超过60%，长株潭、郑州、贵阳、兰州等已建成的城际铁路均存在能力利用不足的问题（图14-15）。

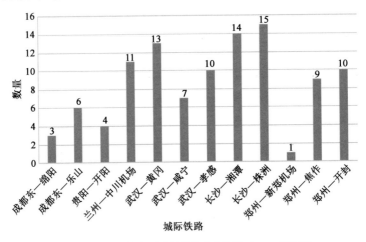

图14-15 中西部主要城际铁路班次数量（2018年数据）

4. 中心城市交通设施建设取得显著进步

中心城市交通系统是城市群交通系统的重要构成和基础。我国19个重点建设城市群的中心城市交通体系建设取得显著进展（图14-16）。建成区道路网络平均密度超过了 4 公里/平方公里。截至 2019 年底，除天山北坡城市群、晋中城市群、宁夏沿黄城市群、兰西城市群、呼包鄂榆城市群之外，其他 14 个城市群均建成城市轨道交通投入运营，京津冀、粤港澳大湾区三大城市群的城市轨道交通网络里程均接近 1000 公里，长三角城市群的城市轨道交通网络里程达到 1678 公里，排名世界前列。

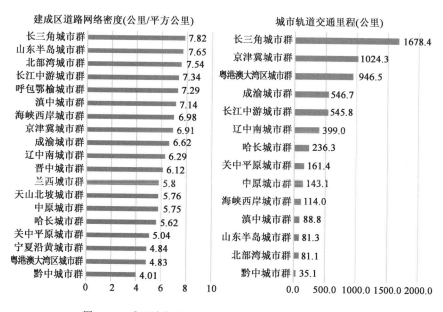

图 14-16 我国城市群中心城市交通设施水平（2019 年数据）

（二）典型城市群联系特征分析

限于研究周期、数据获取和城市群数量三方面因素，课题难以对"19+2"城市群逐一开展定量分析，选取长三角、成渝、中部地区的长株潭大都市区和西部地区的关中平原城市群为典型案例进行分析。

1. 关联度分析方法

以城市间网络关联度表征一定区域内城市之间相互联系的强度。网络关联度用城市之间的人口流动数量度量。T_{ij} 是人口由城市 i 迁向城市 j 的数量，T_{ji} 是人口由城市 j 迁向城市 i 的数量，则城市 i 和城市 j 之间的网络关联度可以定义为：

$$V_{ij} = T_{ij} + T_{ji} \tag{14-1}$$

两座城市间网络关联度越高，表明其网络距离越小，相互（经济）联系越紧密。按照网络关联度对每个城市的关联城市进行排序，进而划分城市子群。那些网络关联度较强的"城市对"构成了城市网络腹地。

通常将网络关联度最大值定义为100，其他城市的网络关联度以最大值的百分比进行标准化处理。通过设定一定的门槛值，来确定与城市 i 联系最密切的城市，这些城市构成了城市 i 的网络腹地。如果将城市 i 与区域内所有其他城市（$j = 1, 2, \cdots, n$）的关联度相加，就可以得到城市 i 的总关联度 N_i，用以表征城市 i 在区域城市网络中的影响力。一座城市的总关联度越强，说明该城市与区域内其他城市保持着更为紧密的联系，因而在区域城市网络中具有更大的影响力，也越处于核心地位。

2. 长三角城市群联系特征

基于腾讯人口迁移数据，对长三角城市群（2019年某工作日人口迁移数据）城市间关联度分别进行了定量分析。以各城市群总关联度最大的空间单元（上海）为100，对数据做标准化处理（表14-3）。结果显示，长三角城市群各空间单元的总关联度呈现明显的梯度格局，即强核、强轴、多中心、网络化城市群空间格局已经形成。上海作为长三角强核心无可争议，但南京、杭州、苏州、合肥作为次级中心也具有较强关联度，形成了多中心的"之"字形城市集群走廊。

长三角城市群关联度一览表　　　　　　　　　　表14-3

层级	空间单元（总关联度）		
	直辖市	省会城市	地级市
强关联度	上海（100）	—	—
较强关联度	—	—	苏州（66）
中等关联度	—	南京（59），杭州（52）	—
较弱关联度	—	合肥（36）	无锡（26）
弱关联度	—	—	宁波（17），嘉兴（15），绍兴（13），常州（12），镇江（9），泰州（8），芜湖（7），湖州（6），扬州（5），盐城（4），金华（4），台州（4），安庆（3），南通（2），滁州（1），宣城（1），马鞍山（1），舟山（⋯），池州（⋯），铜陵（⋯）

运用网络关联度法，计算长三角地区各个空间单元之间的网络关联度，然后对空间单元 i 与其他空间单元的网络关联度进行层次聚类，将第一层级、第二层级的单元定义为空间单元 i 的网络腹地。进一步挑选具有代表性的空间单元进行分析比较。区域内主要空间单元（总关联度前三层级）包括上海、苏州、无锡、杭州、嘉兴，除上海强核心对群内其他城市均有较大的活动关联（表14-4）外，还形成了苏州、南京、杭州三个次一级的活动关联中心，且各关联强度层级均由城市依次衔接下一层级，网络体系较为完整（图14-17）。

长三角区域城市网络的关联城市对一览表　　　　　表 14-4

层级	关联城市对（网络关联度）
强关联度	苏州—上海（100），上海—苏州（88）
较强关联度	—
中等关联度	无锡—苏州（46），苏州—无锡（44），嘉兴—杭州（40），杭州—嘉兴（40）

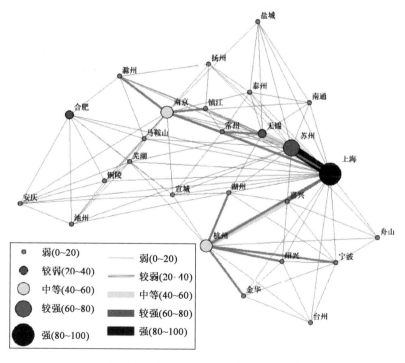

图 14-17　长三角城市群的城市网络关联度

3. 成渝城市群联系特征

应用前文所述方法，对成渝城市群开展类似量化分析（2017年数据）。以总关联度最大的空间单元（成都）为100，对数据做标准化处理，各空间单元的总关联度呈现明显的梯度格局（表14-5）。总关联度最高的是成都（100）；没有第二、三层级的城市；处于第四层级的仅有重庆（38），其余的为第五层级空间单元。

成渝地区各空间单元总关联度一览表　　　　表14-5

层级	空间单元（总关联度）		
	直辖市	省会城市	地级市
强关联度	—	成都（100）	—
较强关联度	—	—	—
中等关联度	—	—	—
较弱关联度	重庆（38）	—	—
弱关联度	—	—	德阳（14），眉山（13），资阳（10），绵阳（4），内江（4），宜宾（3），乐山（3），泸州（3），自贡（2），南充（2），遂宁（2），达州（1），广安（1），雅安（…）

成渝城市群虽为双核心，通过人口日迁入强度可见，两个核心城市中，成都的关联度力压重庆，两者之间形成了单一强关联通道，网络关联较为单一。成渝城市群仍围绕双核心发展，双核心之间的强轴正在形成中，网络化格局尚未形成。成都与周边城市的联系更为密切，处于外溢发展的起步阶段（图14-18）。

4. 长株潭城市群都市区联系特征

长株潭大都市区与武汉城市群、南昌城市群共同组成了长江中游城市群。长株潭大都市区面积2.81万平方公里，常住人口1507万，人均生产总值10万元。长沙作为地区级门户城市，在GaWC的网络关联度排名全国第14位，全球122位，在中部地区仅次于武汉，高于西安和郑州。大都市区中的长沙—株洲—湘潭三个核心城市之间的距离不大于70公里，空间布局十分紧凑。

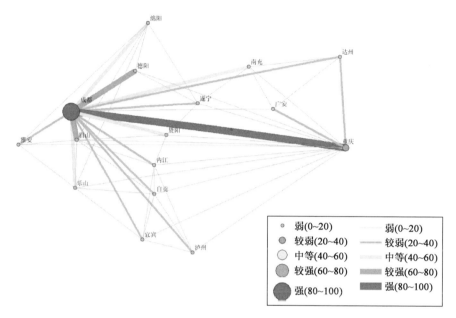

图 14-18 成渝地区城市网络关联度

尽管在地理上长株潭大都市区间隔紧凑，也有较为通达和紧密的道路网络连接，但联系网络并不紧密。在都市区层面仍然呈现各自城市节点的单中心发展，围绕各自城市内部形成职住平衡。国际上公认的成熟都市圈则是以通勤圈同城化为表征指标，我国目前都市圈发展的态势还尚有距离，这也提示我国都市圈的大容量交通系统建设（尤其是轨道交通）需要相对审慎，在长期规划的基础上，需要对实施计划差别化决策，不加差别的建设可能导致供给过于超前。

5. 关中平原城市群联系特征

如前文所述，我国地区性城市群仍处于中心城市扩张阶段，并且城市能级不足，经济辐射范围小，人口规模也与沿海城市群差距甚远，面向中长期的设施体系和网络布局必须要适应差异性。关中平原城市群地处我国西部地区，是具有代表性的地区级城市群。关中平原城市群横跨陕西和山西两省，包括1个省会城市、10个地级市，常住人口3374万人，人均生产总值3.7万元，是全国水平的62%。

关中城市群仍然体现为围绕省会城市（西安）的核心发展，其他城市节点之间的联系较弱。在都市区层面，体现了中心-外围结构，西安—咸阳—渭南—宝鸡的轴线结构已初步显现，都市区层面的轴线交通联系需求预计将有可观增长，但网络化的大客流联系需求并未出现，长期趋势来看也难以形成。

（三）典型城市群交通系统瓶颈与制约分析

1. 东部沿海城市群

我国沿海三大城市群以世界城市群为发展目标，国际门户和国际枢纽功能是必然要求。我国的国际交通体系是"两头在外"的外向型经济快速发展下形成和发展的，呈现两个特征。一是"大进大出"的外向型产业特征；二是沿海与内陆不平衡，75%以上的外向型产业和对外贸易在沿海地区集聚（表14-6）。"两头在外"经济背景下，交通发展侧重于沿海枢纽规模扩张，而且国际枢纽服务以满足大宗物资运输为主，侧重于设施规模、装卸能力等基础运输服务，对枢纽高端服务功能发展不足，制造业与国际贸易中心的协同发展程度较低。

进出口贸易额及占比　　　　　　　　　　　　　表14-6

省（区、市）	2000年		2010年		2021年	
	进出口贸易总额（亿美元）	占全国比重（%）	进出口贸易总额（亿美元）	占全国比重（%）	进出口贸易总额（亿美元）	占全国比重（%）
江苏、浙江、上海	1354.2	28.6	11514.8	38.7	20759.9	34.3
广东	1754.9	37.0	8340.1	28.0	12793.0	21.1
沿海地区合计	4743.0	86.1	29740.0	87.4	45446.5	75.1

国际性枢纽门户不足。国际性旅客排名全球前25位的机场中，我国大陆最靠前的是上海浦东国际机场，但也只排在23位。国际旅客运量不高的同时，机场连接度也有较大差距。2018年，在全球连接度最大50个枢纽机场中，香港机场排名第13，上海浦东国际机场排名第24，广州白云国际机场排名第31，北京首都国际机场排名第32（图14-19）。

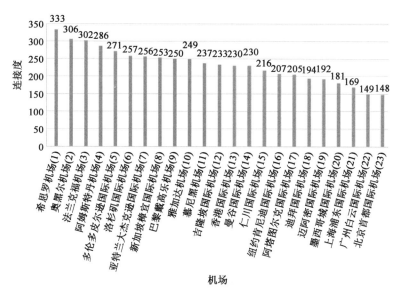

图 14-19 2018 年全球机场连接度排名

国际航运中心现代港航服务功能有待提升。我国自 2013 年就已成为世界第一大货物贸易国,也早已成为世界第一大规模航运国,但全球航运中心地位仍需进一步提升。我国港口虽然具备了世界领先的装卸效率,但现代港航服务仍较为薄弱。港口航运经纪、商贸展示、金融保险、海事仲裁等现代港航服务功能有待提升。以上海港为例,高级服务类占比不足 5%。国内航运中心的建设仍处于要素集聚阶段,只对少数地区形成了一定服务辐射能力,而且这种服务辐射力也多数集中在对国内市场的影响。由于缺乏综合高效的国际中转集拼业务,大量中转箱量和高附加值的集拼业务移至我国香港港、韩国釜山港和新加坡港等港口。

东部沿海城市群交通系统已显现通道容量不足。以长三角城市群为例,沿京沪线即使建设了京沪铁路(普线)、京沪高速铁路、沪宁城际、京沪高速公路等高等级交通设施。但沪宁之间的铁路和公路一直都处于饱和运行状态,迫切需要开辟新的通道。

高速铁路枢纽与城市交通衔接不畅。新一轮高速铁路建设过程中,高速铁路枢纽大多位于城市边缘,与城市交通尤其是城市轨道交通衔接过远,导致市内至枢纽的集散时间甚至超过了城际之间的旅行时间。以上海为例,虹桥枢纽至浦东机场的市内出行时间超过 1 小时，缺少市域内的快线轨道衔接。

围绕核心城市的都市圈交通建设发展滞后。北京、上海等已经与近邻省（区、市）形成了日常通勤的都市圈联系需求，但交通系统建设滞后。以北京为例，北京至燕郊的日常通勤超过 30 万人次/天，但仍没有轨道交通连接（据最新规划，连接燕郊与北京市中心的轨道交通线路 22 号线已列入北京市新一轮轨道交通通勤走廊建设计划），以小汽车和地面公交为主，造成城市道路运行拥堵、乘客出行时间长。上海目前与邻近地区也已经形成了跨城通勤出行需求，有一条城市轨道连接，但运行速度不高，乘客出行时间超过 1.5 小时非常普遍。此外，东部城市群中的核心城市自身就是大都市区，但既有交通体系按照城市道路＋市区轨道交通模式建设，缺少多层级的轨道交通体系引导都市圈空间发展。

港口物流和货运交通与城市发展的冲突。我国沿海城市群拥有 7 个全世界集装箱吞吐量排名前 10 的港口，同时绝大部分依赖公路运输集散，与城市空间发展之间的冲突日益显现。港口作为运输的一环，承担着转运集散物资、促进产业发展的职能；城市作为居民生活工作共同体，目标是不断提高市民的福利和生活质量，因此，城市关心的是环境价值和居民期望。港口和城市之间存在着显著差异。以上海为例，围绕中心城的外环线是上海港集装箱运输的主要集散通道，给城市环境、空间品质和土地价值都带来了一定影响。

2. 中西部地区的区域级城市群

内陆城市群门户城市国际化启动发展。内陆地区国际化快速增长，但呈现高补贴依赖特征。2017 年，内陆承担全国 16% 的对外贸易，较 2012 年增长约 2%。2018 年共开行中欧班列 6300 列，国内开行城市 56 个。根据亚太航空研究中心（CAPA）数据，2007—2013 年中国航空公司开通洲际航线 24 条，但在 2014—2018 年，短短 5 年时间，中国航空公司开通的洲际航线数量达到 78 条，数量翻了两倍多。成都机场以年均 10 条以上的国际航线增长，跃升为内地第四大国际航站。但也必须看到，快速增长背后是地方政府的高额补贴，中欧班列前五位城市（重庆、成都、西安、郑州、武汉）合计 5433 列，占 86%，大部分城市需依靠财政补贴维持。

中心城市向外扩张，城区既有的高速公路、国省干线公路与城市发展出现部分冲突。随着城市群的中心城市向外扩张，原本处于城市外围的高速公路、国省干线公路成为城市中心区域，与城市发展存在冲突。中部地区经过长沙市区的京港澳高速公路，已经成为城市中心地区，完全封闭的高速公路和大流量货车运输对城市空间和环境品质都带来了不利影响，未来应考虑既有国家干线功能的迁移和既有设施的城市道路化改造。

围绕中心城市的都市区多层次的轨道交通体系需结合城市交通系统建设统筹布局。目前，以武汉、成都等为代表的数个中西部特大中心城市正在快速推进数百公里乃至上千公里的城市轨道交通系统建设，在建设形式和技术标准上仍大多沿用了城市轨道交通模式，尤其是在站点建设形式上缺少多层级轨道交通网络衔接的预先安排，可能会对未来都市区内多层级轨道交通体系建设带来不利局面。应以千万人口的大都市区标准整体布局多层次轨道交通系统，尤其需要关注多层次轨道网络的衔接和多层次枢纽衔接。

3. 西部的地区级城市群

城市群中的核心城市交通系统建设应是一段时期内的重点工作。西部地区中心城市的轨道交通建设处于初期，城市骨架道路网络还未完善（图14-20、图14-21），但私人小汽车拥有水平通常却不低于中东部地区的核心城市，城市交通网络供给能力不足，交通运行状况有恶化趋势。

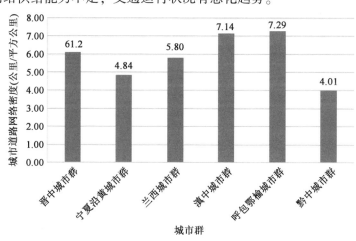

图14-20 西部地区级城市群城市道路网密度（2019年数据）

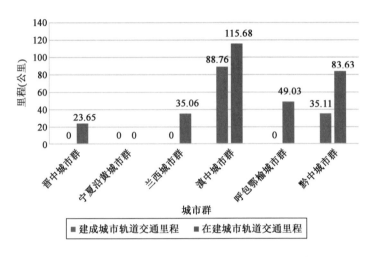

图 14-21 西部地区级城市群城市轨道交通里程（2019 年数据）

地区性城市群中的中小城市重点是提升地方交通网络技术等级和通行可靠性，对接国家干线网络，围绕国家网络枢纽打造高效、便捷的集散服务体系，扩大国家骨干网络对地区交通的辐射范围和服务效率。

三、我国城市群交通布局思路

（一）东部世界级城市群交通布局思路

1. 打造国际门户网络体系

东部沿海城市群是我国经济参与全球化合作-竞争的最高平台载体。发达的国际航运服务市场、层次分明的枢纽体系和完善的集疏运网络是全球城市的共同特征。沿海城市群要强化门户和国际枢纽地位，并构建网络，支撑对内和对外两个扇面功能辐射（图 14-22）。以长三角城市群的核心城市上海为例，继续提升上海航空枢纽能级，推动空域结构优化，持续改进航空网络通达性。2040 年设计年吞吐能力应达到 1.6 亿～1.8 亿人次，旅客中转率、国际客流比例提高至 20%～25% 和 40% 以上。加强区域航空机场群联动。保持浦东、虹桥"一市两场"大型公共运输机场基本格局，与周边城市共同构建以上海为核心的长三角机场群，预留与邻近机场之间的快速交通通道。通过上海东站、机场快线等提高区域连接度。充分利用低空空域资源，发展通用航空业务。考虑至 2040 年公务机起降将接近 5 万架次，于 2028 年超过"两场"公务机设施 1.5 万架次的总能力。

交通层次	空间联系模式	交通运输方式	服务目标
国际间城市群	通道—枢纽—园区的连接	海运	1日可达 高效、畅通
		航空	
		国际公路或铁路	
		多式联运	
国家级城市群间	通道—枢纽—多中心的连接	高速公路	3小时可达 (高效)
		高速铁路	
		航空	
城市群内部	通道、多中心、网络化的连接	城际铁路、轨道快线	2小时可达 (快捷、方便、覆盖)
		高速公路、快速路	

图 14-22 我国世界级城市群交通联系目标

转变航运中心发展方式，优化集疏运结构。提升我国长江、珠江等黄金水道的水运能力，突出江海联运，提高水-水中转比例。加快邮轮母港建设，拓展国际邮轮航线，发展邮轮经济产业。加强沿海港口的分工合作，共同打造城市群的核心港口群，发挥组合效应，支撑"一带一路"倡议，长江经济带、粤港澳大湾区和长三角一体化等国家战略发展。

2. 增强综合交通廊道辐射能力

完善国家综合运输通道布局，拓展服务扇面。以长三角为例，在"五横四纵"区域交通网络基础上，注重沿江、沿海发展，强化南北联系，以铁路交通为重点，形成南京、杭州、南通、宁波、湖州 5 个主要联系方向，着力打通沿海通道＋中部通道，完善国家铁路干线及高速公路通道。

沿海通道资源紧缺，预见性谋划和预留控制，并紧密跟踪新交通系统技术发展，确保交通系统技术先进性和未来适应能力。我国东部沿海衔接京津冀经济区、环渤海经济圈、长三角经济圈、海峡西岸经济区、珠三角经济圈，其聚集人口占全国人口总数的 30% 以上，地区生产总值占全国总量的 50% 以上。首都—长三角经济圈、长三角—珠三角经济圈之间距离大多在 1000 公里以上，未来三小时快速旅行、商务旅客一日往返需求将会随着经济发展而增长。现有的沿海客运通道（例如京沪通道）能力已经饱和，需要预见性地制定通道资源控制规划,并且沿途节点城市的交通枢纽用地和布局更需要提前谋划。结合高速公路、高速铁路乃至下一代高速陆地有轨系统技术发展(例如 600 公里/时的磁浮交通系统),适时推进通道布局、枢纽选址等前期工作。

3. 推进大都市区多层次轨道体系建设

打造世界级的可支撑 50~70 公里活动半径的通勤圈一体化的多层次轨道交通体系(图 14-23)。既有城市轨道交通体系以 15~30 公里为服务目标,难以支撑 50~70 公里的紧密联系的大都市区。以 1 小时商务圈、1 小时通勤圈为交通可达性目标,建设多层次的轨道交通体系。

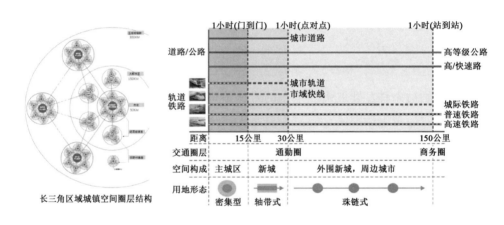

图 14-23 世界级城市群空间结构和多层次轨道交通体系

建立多模式交通网络,注重系统效率和服务品质,适应多样化需求。坚持并强化公共交通主导模式,建立由城际铁路/市域铁路(设计时速 160~250 公里)、市域轨道快线(设计时速 120~160 公里)、城市轨道(设计时速 60~80 公里)、中低运量轨道、常规公交等构成的多模式公共交通系统(图 14-24)。

4. 加强中心城市的绿色交通体系建设

继续推进城市交通能源绿色化体系建设。城市交通绿色化是交通节能减排和城市品质提升的重要手段,继续推进新能源车辆在公共交通、城市物流、公共事务用车中的应用,至 2030 年力争实现 100% 覆盖。关注氢能源技术进展,研究和加速试点布局加氢站建设,做好国家干线道路沿线既有高速服务区、加油站的功能转型规划工作。

范围	空间圈层		轨道制式	运行速度（公里/时）	站间距（公里）	长度（公里）	联通形态
	服务目标	上海					
城市之间	可达	上海⇔全国	高速铁路	200~350	35~100	>100	点
	商务1小时	上海⇔长三角半径150公里	普速铁路	120~200	10~40	50~200	
			城际轨道		5~20		
城市内部	非通勤交互1小时	上海市域半径50公里	市郊铁路城市快轨	100~160 55~65	5~7 3~5	30~60	轴
	通勤1小时	上海中心城及周边集中化城区半径30公里	城市快轨、城市轨道轻轨	30~45	外围：2~3 中心：1~1.5	15~30	网
		上海外环内半径15公里	城市轨道	20~30	0.5~0.8	5~15	
		上海内环内	中运量轨道				

图 14-24　大都市区多模式交通网络体系布局（以上海为例）

强化公共交通+慢行交通体系建设。 科学规划、调整城市公交线网，优化发车频率和运营时间，扩大公共交通服务广度和深度，提升公共交通出行的无障碍通行条件。开展出行平台的合作治理，鼓励和规范交通运输新业态发展，完善城市公共交通服务衔接便利性和覆盖可达性，提升基本公共交通服务的准时性。

提升城市交通智慧化治理能力。 依托信息技术，优化城市道路交通控制管理水平，提升信息服务对满足交通需求的管理调控能力。应用车联网等新技术，创新城市交通调控方式，推动港口、园区等特定场景的高级别自动驾驶应用，探索城市交通专用车道使用关系。推动居民绿色出行引导工作，推动私人小汽车使用的时空动态管理和出行预约计划应用。

（二）中西部的区域性城市群交通布局思路

1. 提升客运枢纽的国际连接能力

提升城市群中心城市航空枢纽的国际连接能力。对标国际城市群发展，中西部区域性城市群应进一步提升航空枢纽的国际连接能力。结合国家铁路网络和城际客运网络，打造空铁一体化枢纽，提升航空枢纽 2 小时直接辐射能力。根据城镇密集程度和产业发展需求，推动通用机场建设。优化航空业务模式，推动干支结合的国际航线市场。

2. 协同布局大都市区多层次轨道交通体系

成都、武汉、重庆等代表性中心城市及其邻近地区具备日常活动人口

1000万的发展需求，大都市区内多层次轨道交通体系建设有必要性。统筹布局兼顾直接覆盖人口和1小时通勤圈、2小时可达圈的多层次轨道系统。

3. 提升中小城市围绕枢纽的出行可达性

中小城市围绕国家枢纽、城市群枢纽和大都市区枢纽开展衔接交通体系建设。推动围绕大枢纽开展公共交通服务体系建设、城市活动开发和居住开发等规划布局。打造中小城市内部交通绿色高效、外部交通便捷经济的服务体系。

（三）西部的地区性城市群交通布局思路

1. 借助国家骨干通道，提升中心城市的集聚能级

西部地区性城市群仍处于发展的早期阶段，需借力"一带一路"倡议，长江经济带、中巴经济走廊、RCEP等国家级战略发展机遇，依托国家级骨干交通网络支撑城市群发展，重点是强化中心城市的集聚能级，包括完善、织密、提升中心城市对外连接的骨干道路网络，改善道路网络的安全性和通行效能。

西部城市群整体上空间尺度大、人口聚集规模较小，普遍性、网络化建设城际或都市圈铁路存在规模不经济，更多应发展航空运输，提升中心城市对外航空运输能力和改善中心城市对远距离城市节点的通达能力和辐射能力。喀什、拉萨两个城市圈肩负面向南亚、西亚等毗邻国家次区域合作功能，但地理环境敏感和社会环境复杂，高密度的陆路交通网络建设成本高、维护难度大，对外联通体系中应扩大区域内枢纽机场的航权，大力发展经济型航空和通用航空。

推动中心城市自身的综合交通系统服务能力。补强城市对外骨架路网，建设中心城市至辐射城市的高等级道路网络，提升中心城市的集聚能力。完善城市道路网络体系，为慢行、公共交通等交通发展提供良好基础设施条件。推动城市交通精细化管理工作，建设公共交通专用车道和中运量公共交通系统。

2. 提升中小城市的网络接入能力

围绕国家干线、国家枢纽等交通设施资源，建设连接线工程和枢纽衔接交通体系，以扩大对外交通服务的辐射范围，推动既有衔接通道的升级改造和加密接入。

(四) 中心城市交通发展关键策略

1. 我国城市规模的分类

按照城区常住人口规模，我国城市分为 5 类（7 档），见表 14-7。因不同规模城市的客流规模和强度、交通系统供需结构、民众支付能力和公共财政能力等方面存在差异，应采取不同的主导交通系统模式，保障城市高效运行，满足居民出行选择和良好的经济成本可持续性。

我国城市规模分类 表 14-7

类	档	城区常住人口（万人）
小城市	Ⅰ型小城市	[20，50)
	Ⅱ型小城市	(0，20)
中等城市	中等城市	[50，100)
大城市	Ⅰ型大城市	[300，500)
	Ⅱ型大城市	[100，300)
特大城市	特大城市	[500，1000)
超大城市	超大城市	1000 以上

注：1. 城区是指在市辖区和不设区的市，区、市政府驻地的实际建设连接到的居民委员会所辖区域和其他区域。
　　2. 常住人口包括：居住在本乡镇街道，且户口在本乡镇街道或户口待定的人；居住在本乡镇街道，且离开户口登记地所在的乡镇街道半年以上的人；户口在本乡镇街道，但外出不满半年或在境外工作学习的人。

2. 不同规模城市的交通结构目标

城市交通运行良好与否，核心表征指标之一是出行方式结构，尤其是公共交通和绿色交通的出行方式比例。根据《城市综合交通体系规划标准》（GB/T 51328—2018），给出了导向性出行方式结构目标，见表 14-8。面向 2030—2050 年，我国城镇人口将超过 10 亿，特大及超大城市的数量和平均城市人口聚集密度都是人类历史上所未曾出现的。一方面，大城市及以上规模的城市数量和所聚集的城市人口规模是独一无二的，必须发展大容量公共交通系统以适应大规模和高密度的集聚发展；另一方面，我国仍有相当规模人口将居住在中小城市和城镇，在适应的空间范围内应鼓励和优化步行、自行车等绿色交通方式发展，交通环境友好发展的同时能切实降低居民交通出行的经济成本和公共财政压力。

不同规模城市的出行方式结构目标　　　　　　　　　表14-8

城市规模分类	规划人口规模（万）	步行、自行车比例	公共交通出行占机动化出行的比例	轨道交通出行占公共交通出行的比例
特大城市及超大城市	500以上	—	70%	50%
Ⅰ型大城市	[300, 500)	—	>60%	30%~40%
Ⅱ型大城市	[100, 300)	—	>50%	—
中等城市	[50, 100)	>60%	—	—
小城市	(0, 50)	>70%	—	—

3. 不同规模中心城市轨道交通供给水平

面向2030—2050年，道路网络和轨道交通的供给水平是城市交通长期战略规划的核心议题。城市道路网络供给指标在相关技术规范中已有阐述，研究不做进一步讨论，报告重点讨论不同人口规模城市的轨道交通网络供给水平。我国中央—地方的行政关系中，城市交通是属于地方事务，其建设投资、运营服务和资金支出都属于地方政府责任，具体规划布局是由城市地方政府主导的决策事务，国家行业主管部门制定的战略规划宜以整体供给水平的引导为主。

分析城镇化水平已达到稳定的国际大都市轨道交通供给水平指标，见表14-9。人口规模超过800万的国际大都市每万人轨道交通线路里程均超过0.9公里；人口500万左右的大都市区每万人轨道交通系统大多超过0.6公里（如马德里），而柏林作为公共交通发展非常出色的代表性国际都市，其万人轨道交通线路里程达到了1.14公里。

国际大都市轨道交通网络发展水平　　　　　　　　　表14-9

国际案例	面积（平方公里）	人口（万人）	轨道线路里程（公里）	万人里程（公里/万人）
东京都市圈	13555	3567	3500	0.98
纽约都市区	6317	1302	1212	0.93
大巴黎地区	12012	1185	1940	1.64
大伦敦地区	1579	831	1225	1.47
马德里	607	452	283	0.63
柏林	892	354	403	1.14

值得指出的是，国际大都市的轨道交通系统模式多样化，并不局限于大运量的城市地铁模式，还包括市郊/通勤铁路、有轨电车、轻轨等多种模式。以柏林为例，除去国家范围内铁路系统，其轨道交通网络由257公里的市郊铁路（S-bahn系统）和146公里的城市地铁（U-bahn系统）共同构成；其中S-bahn线路站点间距2~3公里，而U-bahn线路站点间距一般不超过1公里。

在城镇化和机动化发展的综合背景下，我国代表性大城市新一轮轨道交通网络规划中的万人轨道交通线路里程也有了大幅提升（表14-10）。分析结果显示，人口超过1000万的城市万人轨道交通线路里程在0.7公里左右；500万~1000万人口的城市在0.55~0.65公里之间；人口在300万~500万之间的城市约为0.5公里。对国内外案例城市分析，可以发现万人轨道交通线路里程与人口规模大致具有对数关系（图14-25）。

我国典型城市轨道交通规划发展水平　　　　表14-10

城　　市	远期市区人口（万人）	远期规划里程（公里）	万人里程（公里/万人）
北京	2300	1200	0.52
上海	2800	2000	0.71
广州	1500	1047	0.70
重庆	1200	820	0.68
南京	700	433	0.62
武汉	1300	880	0.68
苏州	700	383	0.55
郑州	500	277	0.55
合肥	360	181	0.50

基于以上对国内外典型不同规模城市的轨道交通发展水平分析，对我国远期轨道交通系统发展需求进行分析（表14-11）。按照市区人口规模进行分组，认为市区人口数量小于150万的城市不考虑发展轨道交通，而是以快速巴士公交（Bus Rapid Transit，BRT）和常规公交作为公共交通系统的主要构成。对市区人口数量大于150万的城市，进一步细分为150万~300万、300万~500万、500万~1000万、大于1000万四类城市。综合上述分析，四类城市的万人轨道交通线路里程分别取值0.4、0.5、0.6、0.7公里/万人，计

算得到远景（2050年为远景）四类城市的轨道交通里程规模需求大约为0.78万公里、0.65万公里、1.44万公里、1.14万公里，合计约4.0万公里。即我国远期（2050年）城市轨道交通系统（各类技术制式合计）里程需求大约在4.0万公里左右。按照2020年能够建成7700公里计算（2019年末已有各类轨道交通线路6736公里，预计2020年新增里程1000公里），2020—2050年还需要建设3.2万~3.3万公里。

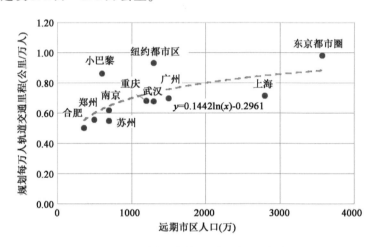

图 14-25　万人轨道交通线路里程与城市人口规模的关系

远期我国城市轨道交通里程规模需求　　表 14-11

城市人口规模 （万人）	远期城市人口总数 （万人）	远期万人轨道交通 线路里程 （公里/万人）	远期系统规模 （公里）
（0，50]	12480	0.0	0
（50，150]	10560	0.0	0
（150，300]	19640	0.4	7856
（300，500]	13000	0.5	6500
（500，1000]	24000	0.6	14400
1000以上	16320	0.7	11424
合计	96000	—	40180

进一步考虑不同模式的轨道交通系统发展需求。以国际城市为例（图14-26），城市地铁模式一般仅占1/3左右，剩下的2/3大多采用中运量系

统（轻轨、有轨电车、单轨、中低速磁浮等模式）和市郊铁路等技术模式。

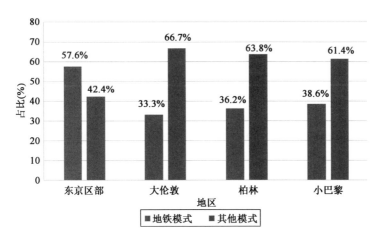

图 14-26　国际城市轨道交通技术模式所占里程比例

根据以上经验数据，分析我国远期不同模式城市轨道交通系统里程需求（表 14-12）。即 2020—2050 年我国城市地铁模式还存在大约 5200 公里的建设需求，还将有 2.6 万~2.7 万公里的其他模式轨道交通系统建设需求，主要是市郊/通勤铁路、轻轨、有轨电车、中低速磁浮等中运量轨道交通制式。

远期我国城市轨道交通里程规模需求估计（单位：公里）　表 14-12

技术模式	远期需求规模	2020 年累计建成规模	2020—2050 年新增规模
地铁模式	12960	7700	5260
其他模式	27040	<1000	>26000

课题组长：

陈小鸿（组长）

主要执笔人：

张华、王宇沁、叶建红、吴娇蓉

主要承担单位：

同济大学交通运输工程学院、同济大学国家磁浮交通工程技术研究中心

本章参考文献

[1] 姚士谋,朱英明,等.中国城市群[M].2版.合肥：中国科学技术大学出版社,2001.

[2] 方创琳.如何定义和界定城市群[J].区域经济评论,2017(5)：5-6.

[3] 中国发展研究基金会.中国城市群一体化报告[R/OL].[2019-03].https：//www.cdrf.org.cn/jjhdt/4898.htm.

[4] 国务院.中华人民共和国国民经济和社会发展第十三个五年规划纲要[EB/OL].[2016-03-17].http：//www.gov.cn/xinwen/2016-03/17/content_5054992.htm.

[5] 胡光宇.2009年世界发展报告：重塑世界经济地理[M].北京：清华大学出版社,2009.

[6] ATKearney.2019 Global Cities Report[R/OL].[2019].https：//www.atkearney.com/global-cities/2019.

[7] 方创琳.改革开放40年来中国城镇化与城市群取得的重要进展与展望[J].经济地理：2018,38(09)：1-9.

[8] 恒大研究院.2019：中国城市群发展潜力排名[R].北京：恒大研究院,2019.

[9] 吕文静.我国城市群协调发展的政策演变、规律总结及发展趋势[J].开发研究,2019(03)：33-39.

[10] 清华大学中国新型城镇化研究院,北京清华同衡规划设计研究院有限公司.中国都市圈发展报告2018[M].北京：清华大学出版社,2019.

[11] 腾讯人口迁移数据[EB/OL].https：//heat.qq.com/qianxi.php.

[12] 陈浩,权东计,赵新正,等.基于交通流的关中城市群空间联系网络研究[J].资源开发与市场,2019,35(2)：236-243.

[13] John Grant. London Heathrow is #1 International Megahub[EB/OL].[2018-09-18].https：//www.oag.com/blog/london-heathrow-international-megahub.

[14] 国务院.国务院关于调整城市规模划分标准的通知[EB/OL].(2014-11-20).[2022-07-14].http://www.gov.cn/zhengce/content/2014-11/20/content_9225.htm.

[15] 中国城市规划设计研究院.城市综合交通体系规划标准:GB/T 51328—2018[S].北京:中国建筑工业出版社,2018.

[16] McKinsey Global Institute. Preparing for China's urban billion[R]. 2009.

第十五章
开发性铁路布局思路研究

开发性铁路是指为推动经济发展相对滞后或矿产、旅游等资源相对富集地区经济社会发展而建设的铁路。开发性铁路立足于促进国土开发、资源开发和区域经济开发,同时兼具维护政治稳定、国土安全、民族团结以及社会公平等重要责任。开发性铁路多位于经济欠发达、各类资源相对富集地区或位于干线铁路之间,多数为支线或干线连接线性质。本研究旨在强化国土开发利用,聚焦资源富集和人口相对密集经济发展相对滞后地区,以满足区域人民群众出行需求和地区资源集约开发需要为目标,在统筹考虑区域内工业、农业及产业布局发展的基础上,深度挖掘区域内的自然资源、文化资源,分析人口分布情况,规划研究以支线型铁路项目为主的铁路网方案布局。

一、铁路与其他运输方式技术经济特性分析

现代运输方式主要由铁路、公路、水路、航空、管道等五种运输方式构成,由于各方式在技术装备、运营方式、管理体制等方面各不相同,所以不同的运输方式之间存在一定的可替代性,也存在着一定的竞争关系。近年来,为更好地服务经济社会发展,各方式间的协同合作、优势互补不断加强。鉴于各种运输方式的技术经济特征有所不同,在社会生产生活活动中有其合理的适用范围,本章重点对铁路与民航、公路的技术经济特征进行比较,进一步明确铁路在区域资源开发和经济开发中的定位,支撑开发性铁路的布局研究。

（一）运距优势分析

1. 铁路与民航

近年来我国民航业发展实现了新的突破，中国已成为全球增长最快、最重要的民航市场之一。民航运输具有其他运输方式无可比拟的速度优势，通过优化地面服务流程、实行代码共享、加大发班密度等多种方式，可缩短两端的接驳时间与等待时间，进一步提高民航运输的旅行速度。长期以来，航空在中长途高端运输市场一直处于主导地位，但在高速铁路出现后，这种格局被逐渐打破，见表15-1。

2019年中国各交通方式客运量完成情况 表15-1

客运方式	客运总量（亿人次）	客运周转量（亿人公里）	平均运输距离（公里）	客运量市场分担率（%）
铁路	36.6	14707	402	20.8
公路	130.1	8857	68	73.9
水路	2.7	80	30	1.5
民航	6.6	10705	1622	3.8

综合分析研究，与民航比较，铁路在中长途运距的客运市场中具有明显的优势：①在出行距离500~1000公里的客运市场中，铁路约占57.3%以上，民航约占14.7%；②在出行距离1000~2000公里客运市场中，铁路约占39.3%，民航约占44.7%；③在出行距离2000公里以上客运市场中，铁路约占56.7%，民航约占41.3%。可以看出，在出行距离1000公里以上的长途客运市场中，铁路与民航间的竞争和互补态势较为突出。

2019年各运输方式货运量完成情况 表15-2

货运方式	货运总量（亿吨）	货运周转量（亿吨公里）	平均运输距离（公里）	货运量市场分担率（%）
铁路	43.9	30182	688	9.3
公路	343.6	59636	174	72.9
水路	74.7	103963	1391	15.8
民航	0.075	263	3507	0.016
管道	9.13	5349.8	586	1.9

就货运市场而言，由表 15-2[1]分析可知，2019 年民航完成的货物运输量仅占总量为约 0.016%，但平均运距超过 3500 公里，主要承担外贸货物与高附加值小运量远途货物的运输。铁路完成货运量占总量的 9.3%，且以中长途大宗物资运输为主。可见，在中长途货物运输中，民航与铁路均发挥着重要作用。

2. 铁路与公路

近年来，随着我国经济的快速发展，公路通车里程和路网密度都有了显著的提升，截至 2019 年底，全国公路总里程突破 501 万公里，全国公路密度已达到 52.21 公里/百平方公里。其中，国家高速公路达 10.86 万公里，居世界第一位；等级公路里程 469.87 万公里，占公路总里程的比例高达 93.7%。随着公路基础设施建设的不断加快，公路平均客运距离不断增长，从 2000 年的 49 公里增加到 2019 年的 68 公里，且高速公路旅客平均行程有进一步增加的趋势。在客运市场上，中短途公铁可竞争的运距范围进一步扩大。研究表明，在 100 公里以下运距的客运市场中公路具有绝对优势，在 100 公里左右运距的客运市场中铁路与公路竞争非常激烈，在运距 100～500 公里之间（城际旅客运输）的市场中，铁路具有一定的优势。

货运方面，铁路和公路完成货物量超过总量的 80%，占据货物运输市场的主要份额。通过研究分析，铁路的绝对优势运距为 477～1168 公里，相对优势运距为 526～1004 公里，公路的绝对优势运距为 50～477 公里，相对优势运距为 50～303 公里[2]。由此可见，公路在短途运输方面优势明显，铁路在 500 公里以上中长途货物运输中更具有经济优势。

（二）运输速度比较

各种运输方式中，民航运输速度最快，当前飞机飞行速度可达 800～1000 公里/时，单次航程最高可达到 10000 公里以上，在旅客的出行过程中，飞机本身的速度优势是无法比拟的，但由于民航机场一般都距离市区较远，在旅客往返机场的路途会占用相对较长的时间，同时机场所需旅客办理的程序又较为复杂，都会影响整体旅行速度。其次为铁路运输，铁路运输的技术速度较高，目前我国铁路一般列车的旅行速度在 120～350 公里/时之间，但在列车运行过程中，需要进行会让（单线）、越行（复线）及其他技术作业，因而会影响营运速度。公路运输在短距离的运送速度相对较高，整体营运时速为80~120公里。水运的技术速度相对较慢，其中海运船舶时速约为50公里，内河船舶时速为13~28公里。管道运输速度的受限相对较多，受到管径、运输对象、管道工艺等因素的影响。

（三）运输能力分析

运输能力是运输业为完成旅客和货物运输所拥有的运输生产力，运输能力可分为以下几种：

一是通过能力，指在运输线路、方向和区段上，在一定运输组织方法条件下，拥有的以车或列数所表示的运输固定设备的能力。

二是输送能力，指在运输线路、方向和区段上，在配备一定职工条件下，交通方式以客货运量表示的能力。

由于技术和经济的原因，各种运输方式的运载工具都有其适当的容量范围，从而决定了运输能力的大小。

在五种运输方式中，就运载工具而言，水运的运输能力最大，海运船舶载重量可达数百吨至数十万吨。一艘万吨级船舶的装运量相当于铁路货车200~300节车皮的运量，等于5~6列火车，内河航运有几十吨至几万吨的轮船。其次为铁路运输，长编组"复兴号"动车组可载旅客1200人左右，一列货车可装3000吨左右货物，重载列车可装载20000吨以上货物，铁路单线单向年最大货物运输能力达1800万吨，复线达5500万吨，运行组织较优的线路单线单向年最大货物运输能力可达4000万吨，复线单向年最大货物运输能力超过1亿吨。再次是管道运输，如一条直径720毫米的输煤管道，一年即可输送煤炭2000万吨，几乎相当于一条单线铁路的单方向的输送能力；564毫米的管道，一年的输送量为1000万吨。飞机的载运量很小，即使是大型的波音747货机，如波音747-8货机的总装载能力也仅有140公吨（154吨），而空客A-380采用最高密度座位安排时只可承载850名乘客。公路运载工具的容量最小，通常载重量为5~10吨。

（四）运输成本

运输企业在一定时间内完成一定客货运输量的全部费用支出，称为运输总成本。单位运输产品分摊的运输费用支出，也被称作单位运输产品成本。

运输成本是一个综合性指标，反映了劳动生产率的高低、燃料的节约与浪费、设备利用率的高低、运输组织工作的改进。

运输成本包括如下几类：

一是固定设施成本，如铁路、公路、停车场、机场、管道等基础设施的建设成本，管道本身就是固定设备且是唯一仅使用固定设施的运输方式；

二是移动设备拥有成本，如铁路机车车辆、货车、公共汽车、各类客货船舶和飞机等购买成本；

三是运营成本，在运营成本中有两类是直接与运输量相关的变动成本：一类是直接运营人员的工资；另一类是运输工具消耗的燃料，运输工作量越大导致直接的运营成本数量也会越大。

其中，铁路运输成本一般可分为两个部分：一是与行车量有关支出部分，包括机车运行消耗的燃料费和机车修理费等；另一部分是与行车量无关的其他支出，其中包括线路、通信设备、大型建筑物、技术建筑物的运用、维护费用，以及管理人员工资等。铁路营运成本计算对象是旅客运输和货物运输两大类产品，而铁路的单位成本又因类别差异而不同，见表15-3。

铁路运输单位成本表 表15-3

成　　本	双线电力	单线电力	双线内燃	单线内燃
无关成本（万元/正线公里）	80	53	67	45
客运有关成本（元/万人公里）	1000	1000	1250	1250
货运有关成本（元/万吨公里）	600	600	750	750

铁路运营收入取决于线路的运输双向密度和运价率，铁路客货流在方向上的不平衡对运营成本和收入都有较大影响。因为线路上下行方向货流量不平衡，必然产生空车走行和单机走行，会引起一系列有关费用的增加，从而影响到运营成本的提高。

同时，铁路成本与货物运输距离关系较大，因为铁路始发和终到作业费用约占运输成本的18%，所以只有当货物运距较长时，铁路货运的成本才能大幅下降。从能耗比来看，铁路运输明显低于除水运外的其他交通运输方式，以内燃机车为例，每百吨公里消耗标准燃料为汽车旅客运输的1/6~1/4，货运的1/27~1/19，为民航运输的1/165，如采用电力机车，能耗还可以降低一半[3]，但两种指标略高于沿海和内河运输。

铁路运输固定成本中的设施成本，目前一般普速单线铁路平均每公里造价为1000万~3000万元之间，复线造价在4000万~5000万元之间。

水运的基本成本由可变成本和固定成本构成，其中可变成本在构成中占比相对较高，固定成本占比相对较低。由于海运平均运距较长，海运货运成本远低于其他运输方式。水运运输成本为铁路运输的40%~70%。

航空运输的成本结构可分为运营成本和期间费用两大部分。航空运输的运营成本是指航班在生产过程中发生的各种费用，由直接运营成本和间接运营成本构成。其中，直接运营成本包括燃油、航材、机场起降费、空地勤人员工资奖金津贴及补贴、福利费、制服费、飞机发动机折旧费、飞机发动机修理费、飞机发动机保险费、经营租赁费、国内外餐饮供应品费、客舱服务费等；间接运营成本主要是保证飞机安全正常飞行及维修管理部门发生的费用。期间费用是指本期发生的、不能直接归入某种航线产品的各项费用，包括管理费用、销售费用、财务费用、主营业务税金及附加和民航基础设施建设基金。运输成本方面航空约为铁路运输费用的9.3倍。

公路货运的成本结构包括占比较高的可变成本和占比相对较低的固定成本，运输成本方面公路约为铁路运输费用的6.4倍。与铁路运输业相似，管道运输业的固定成本比较高，而可变成本所占比例低。

通过对单位运输成本的研究分析，从线路建设投资看，从大到小依次是：铁路、管道、公路、内河、航空和海运；从运输工具投资看，从大到小依次是：飞机、轮船、火车、汽车；从运营成本看，从大到小依次是：航空、公路、铁路、水路和管道。

（五）运输灵活性

运输灵活性是指一种运输方式在任意给定的两点间的服务便捷度。各种运输方式中，公路运输机动灵活、迅速，便于实行"门到门"直达运输，其送达速度快，对不同的自然条件适应性强，空间活动的灵活性很大，特别是在短途和某些货物的中距离运输中有明显优势，同时公路运输可以直接深入城市和农村，减少中转环节，加速货物的运送，提高货运质量，加快资金的周转。航空运输机动性较强，飞机在空中运行，受地理因素的影响较小，只需在航线两端配备必要的设施就可以实现航空运输，适用于紧急少量的运输需要，如救灾、军事、警务等，航空运输更能显示出灵活机动的特点，但航空运输受到气候和航空管制等因素的影响较大。水运灵活性相对较差，由于是水上航行，不可避免会受到天气的干扰，而且航道等级和港口水深差别较大，也使得水运的灵活性和直达性变差，一般需要地面其他运输方式的配合才能将货物送达目的地，完成运输全过程。铁路适合大批量的中长途货物运输，受气候和自然条件影响较小，安全可靠性高，承运商品几乎可以不受重量和容积的限制。

从开发性角度出发，受限于地区经济发展水平以及地形条件，尤其是对于资源丰富、人口相对密集但经济发展相对滞后地区，需要优先利用的是一种拥有大运能、低成本、全天候、对时效性要求较小的运输方式。同时需要与其他多种交通方式相互配合，充分发挥各自技术特征优势。

二、开发性铁路布局思路

（一）指导思想

以习近平新时代中国特色社会主义思想为指导，深入贯彻党的十九大和十九届历次全会精神，紧紧围绕统筹推进"五位一体"总体布局和协调推进"四个全面"战略布局。立足新发展阶段，完整、准确、全面贯彻新发展理念，服务构建新发展格局，坚持以人民为中心的发展思想，以推动铁路高质量发展为主题，以深化供给侧结构性改革为主线，坚持发展第一要务，坚持优势资源转化战略，坚持资源开发与乡村振兴相结合，深入贯彻落实《交通强国建设纲要》，积极推动资源丰富和人口相对密集贫困地区开发性铁路建设，着力补齐我国经济发展相对滞后地区的铁路建设短板，巩固拓展脱贫攻坚成果。

（二）布局原则

1. 资源开发性铁路布局原则

（1）资源开发优先。充分考虑经济欠发达地区的矿产资源和旅游资源优势情况，以满足区域内资源开发运输需求为主，适当弱化项目区域内经济、人口对全国路网规划中的影响程度，统筹开展方案布局研究。

（2）适度超前布局。立足于区域社会经济快速、健康和可持续发展的需要，满足区域客货发展要求，规划布局具有全局性和前瞻性，系统谋划并分期实施。

（3）方式综合协调。坚持铁路与公路、民航、水运等运输方式协调发展，在深入分析区域内公路等其他方式现状及规划的前提下，认真研究铁路与其他运输方式间布局关系，充分发挥铁路应力优势，以满足我国矿产资源、旅游资源等开发需要为根本，深化铁路方案布局方案。

（4）坚持绿色发展。充分结合地区资源的富集情况，深入分析研究项目区域的运输需求。多方式复合通道综合考虑用地节约集约，避免浪费。结合项目区域相关运输方式能力分析和铁路项目的经济性及可持续发展情况，综合进行铁路项目布局。

2. 区域经济开发性铁路布局原则

（1）坚持以人民为中心。顺应人民群众对美好生活的向往，不断实现好、维护好最广大人民的根本利益，着力满足人民群众基本出行需求，让铁路发展成果人人共享。

（2）坚持精准有效。精准聚焦"盲点""堵点"，着力破解基础设施瓶颈制约，合理规划布局，向经济发展相对滞后地区延伸，有效补齐区域交通短板。

（3）坚持因地制宜。结合经济发展相对滞后地区的发展基础，依据地方优势特色深挖运输潜能，合理确定布局，引导区域空间布局、产业结构调整、加快城镇化进程。

（4）坚持绿色发展。充分考虑经济发展相对滞后连片地区自然条件特点，把生态建设和环境保护作为铁路规划布局的前提，充分发挥铁路绿色环保的比较优势，与其他交通方式高效衔接、深度融合，开展铁路布局方案研究。

（二）研究方法

1. 基于重要度联合区位布局法的技术路线

节点重要度与交通区位分析相结合的方法即"重要度-交通区位"联合布局法，通过节点重要度布局由已存在的节点各项指标分析出节点重要度大小，布设出一种基于现状经济社会条件的客观均衡性路网。整体技术路线如图 15-1 所示。

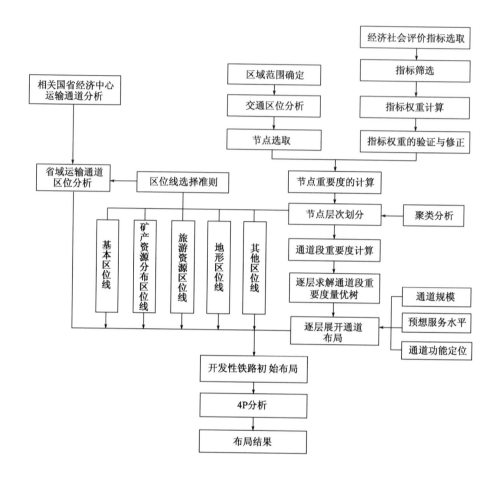

图 15-1 重要度联合区位布局法技术路线图

2. 区域综合开发性铁路的节点重要度研究

（1）开发性铁路节点的选取

①节点的概念。

在进行区域综合开发性铁路布局时，为了方便研究和图上作业，也为了方便直观地描述和信息存储，通常要将实际的错综复杂的区域抽象为可识别的网络。根据区域内交通流的分布特点，将整个网络划分为若干个子区域，每个子区域都抽象为一个具有经济实体意义的点，且一般具有明显的交通流起源特性和交通流高通过性，这样的点称为节点。节点在开发性铁路中的地位至关重要，它既决定着开发性铁路线路的走向，也决定着开发性铁路的功能和定位，是开发性铁路中的线路控制点。

②节点的选取原则。

将节点定义为一定空间范围内交通流生成源或交通流通过高发区的空间构成。在布局研究中，首先确定交通源的分布，这也是至关重要的环节。准确地定位交通源，并将相应的节点连接，就构成了区域范围内的开发性铁路，多条线路的集合便形成了区域综合开发性铁路的交通流线路网。在进行节点选取时，应先根据所要研究的开发性铁路的特征、地位、全局重要性以及层次、作用、发展战略目标，结合区域经济、社会、政治、国防、文化等发展的需要，选择合理范围的节点作为开发性铁路布局的控制点。

（2）开发性铁路节点的重要度计算

在开发性铁路布局研究中，节点是布局控制点。不同地位、功能的节点对于开发性铁路的走向、功能、地位的控制力影响各不相同。反应节点功能、地位特征的指标称之为节点重要度。

本研究计算节点重要度的方法如下：

①确定初始评价指标，搜集原始数据。

节点重要度是一个综合性指标，为了更加准确地描述某一节点的重要性程度，要尽可能多地罗列每一个可能的评价指标，涵盖所有可能起到影响作用的信息。以城市为基准，选取以下指标作为评价依据，见表15-4。

②基于主成分分析法的评价指标处理。

研究中，多选取评价指标有助于全面衡量节点重要度，但又因为过多的指标会引起计算量的急剧上升，且指标之间可能会存在一定的相互关系，甚至有一些指标之间会存在一定的重叠性，会导致重要度计算结果偏差，影响准确性，所以要先对指标群进行评价指标的筛选。

经济指标的筛选方法较多，目前应用较多的方法有神经网络指标选取法、极大不相关法、主成分分析法等。本研究中采取主成分分析法进行重要度评价指标的选取。

城市节点重要度评价指标体系 表 15-4

层　　次	二级指标	具体变量
资源储量	矿产资源	各种矿产的储量、开采量
	旅游资源	旅游资源评级
社会实力	人口总量	区域年末人口总量；年末从业人口数量
	生活质量 （弱化指标）	农村居民人均纯收入；城镇人均可支配收入；在岗职工平均工资；人均居住面积；恩格尔系数
开放程度	进出口总量	各地区进出口商品总值
资源条件	资源环境	土地总面积；耕地面积

③节点重要度的计算。

对指标进行主成分分析处理后，将方差分解主成分提取分析表中各指标的贡献率作为指标权重，即可计算各个经济指标对于节点综合经济社会发展水平的重要度。定义区域综合开发性铁路的节点相对重要度为所选的几项经济指标加权平均指数。

④节点相对重要度的计算。

本研究基于主成分分析法进行了社会经济指标的主成分分析处理，指标重要度的加权计算结果能反映出节点之间的相对重要程度，以指标重要度的加权计算结果为基础进行节点重要度排序，作为下一步节点层次划分的修正参考依据。

（3）开发性铁路节点重要度的聚类分析

区域综合开发性铁路的节点连接必须先保证重要节点之间的连接互通性，再考虑较重要节点、一般节点与其他重要节点的连接结构关系以及自身之间的连接，体现出不同层次节点的功能强弱，因此，要对已经选定的节点进行层次划分，亦即进行聚类分析。本研究暂定将所有节点划分为三类：重要节点、较重要节点、一般节点，并采用基于相似系数法的模糊聚类分析法。

(4) 交通区位线的重要度计算

本研究在对各相关区域分析的基础上，已完成对区域内节点进行层次划分，在此基础上依据层次划分状况对节点进行连线，以形成区域综合开发性铁路布局的初始方案，并采用重力模型的方法对于通道备选线的重要度进行计算。

①通道段重要度的计算。

将连接开发性铁路两节点间线位功能地位的指标称为通道段重要度。通道段重要度反映了两节点间的相互吸引程度大小。

②开发性铁路线重要度的计算。

区域综合开发性铁路由多个不同的通道段所组成，通道段重要度由组成开发性铁路线的若干个路线的加权平均组成。

(5) 基于图论的初始通道布局确定

合理的区域综合开发性铁路布局应当是保证有效连通、运输效益最大的通道网络。得到区域综合开发性铁路最合理布局的过程是一个逐步优化的过程。通过分层布局，在获得开发性铁路网的基本骨架后，加边展开，逐层优化，使开发性铁路网络由树状向网状扩展，最终得到较为合理的区域综合开发性铁路布局。

本研究初始通道布局方法分为两步：

①基于节点间地理距离的初始方案。

以节点间地理距离为基础进行初始方案确定，可以保证各节点之间以最短路径相连通，在地理空间上实现最优化，从而为后文基于节点之间通道段重要度确定的初始方案提供有效的参考依据。

②基于节点之间通道段重要度确定的初始方案。

运用节点重要度确定初始方案的优点在于将节点的经济情况反映在方案之中，使布局方案更加符合地方社会经济发展需要。但由于节点经济发展水平的不均衡，会导致通道布局方案呈星状分布，可能对方案的整体效果有负面影响。

为简化计算，以运筹学中的图论为基础，确定对以上两种初始方案的布局方法如下：

①在区域内对第一层很重要的节点进行加边连通，形成区域综合开发性铁路第一层次网络，采用破圈法对该网络进行破圈，得到区域综合开发性铁路网络第一层最优树，此即区域综合开发性铁路的基本骨架。

②在区域综合开发性铁路网络第一层最优树的基础上对区域内第二层次重要节点进行加边连线，形成区域综合开发性铁路的第二层次网络，采用破圈法对该网络进行破圈，得到区域综合开发性铁路网络的第二层次最优树，将第二层次最优树作为区域综合开发性铁路的主骨架雏形。

③在区域网络第二层最优树的基础上，对区域内第三层次较重要节点进行区域内相互连通，形成区域综合开发性铁路第三层次网络，采用破圈法对网络进行破圈，得到区域综合开发性铁路第三层次最优树，在第三层次最优树和区域综合开发性铁路网络的主骨架基础上可以得到区域综合开发性铁路的主骨架系统。

破圈及运算过程中应注意以下问题：

①进行层次节点间加变连线时应注意上下层节点连通照应，对节点间连线采用就近连通原则。

②破圈时注意上下层次网络的主次轻重关系，下层破圈时对上层已经形成的边路进行保留，只针对同层次网络进行破圈。

③破圈时应根据区域地理环境将实际不可能连通的边路破掉，将实际连通困难的边路依据层次重要性及路段重要度考虑保留或破掉。

本小节基本研究思路如图 15-2 所示。

3. 区域综合开发性铁路交通区位分析及计算

（1）交通区位基本理论

①交通区位线的概念和特点。

交通区位线是一条将交通线在地理上的高发地带标示出来的原理线。交通区位线理论在进行地域交通线路布局研究中经常被使用，相对于纯粹的地理学线路划分方法，交通区位理论有着显著特点：

一是交通区位线是一条虚拟的线，它只是一条交通发生大概率的原理线，其中没有任何现实存在的工程实物。正是由于它是一条并不真实存在的线，人们可以根据自己的研究或者改造需要随时改动它，人为价值影响着交通区位线的形状和走向。

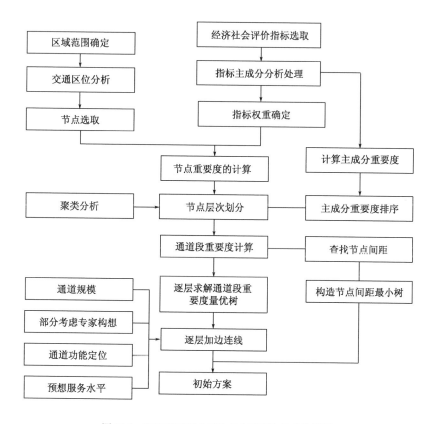

图 15-2　基于重要度分析法的方案研究技术路线图

二是交通区位线并不是地面上弯曲波折的交通线（铁路、公路、河道等），而是由一些联系着相邻的节点（城镇、经济圈等）的直线构成的折线。它受制于人的价值观念，不受微观的地形地貌约束，只受到宏观的地形、地貌影响。

三是交通区位线是一条地理上交通发生概率高的交通运输所在线，其间是否含有具体的铁路、公路或者其他运输线路坐落其上并不能确定。

四是交通区位线能对地理空间范围内的运输线路走向给出有效参考，但是在交通区位线上建设何种交通运输线路线形、制定何种线路等级、应用何种交通运输方式没有给定参考，这些是受社会经济、科技水平、国家政策影响的。

五是交通区位线是运输经济自适应过程产生的结果，其具有极强的稳定性。但随着区域经济的不断发展，交通区位线可能会随之发生微调。

②交通区位线的分类。

一是按照交通区位线的走向分，交通区位线可以分为交通区位径线、交通区位射线和交通区位环线三种。

二是按区域层次划分，交通区位线可以分为区域内部交通区位线和区域对外交通区位线。

(2) 交通区位线选取原则及准则

①促进城市发展，使城市发展成为城市圈，提升规模效应，带动经济发展。

②密切与同等级城市间联系，扩大交流，促进自身的对外开放，以更适应的环境来谋求城市一体化、规模化发展。

③促进旅游产业、矿产资源开发。旅游业可以为地方经济带来巨大的经济效益，也可以提供大量工作岗位，有助于地方稳定。矿产资源开发有助于实现经济快速腾飞。

④实现区域经济的良性循环发展，减少开发性铁路中各运输线路的建造成本，降低城市间运输成本，满足自身发展需求。

⑤打破行政管理界限、地理因素对开发性铁路线位的影响，实现技术层面的成本节约和效益优化。

通过交通区位线法，从宏观上找出区域开发性铁路可能的走向，可包含以下几大部分：

①开发性铁路基本区位线（最短路径区位线）。首先选定区域中的节点，在重要节点即通道布局备选起讫点确定之后，在各个端点之间形成多种连接线位，这些线位都是开发性铁路布局的备选线位，其中最便捷的部分可以称为基本区位线。

②开发性铁路城市带区位线。以基本区位线为基础，规划区域内存在与开发性铁路基本区位线相近或平行的一条或几条呈带状分布的城市群，这些城市群带状相连的线位被称为开发性铁路的一条或多条备选路径，也称城市

带区位线。

③开发性铁路产业区位线。可视为通道通过区的产业特征，将与开发性铁路基本区位线相近或平行的一条或几条呈带状分布的通道内的农业主产区中心、工业主产地、主要旅游点或交通枢纽点的连线称为某种产业区位线，是开发性铁路的一条或多条备选路径。

④开发性铁路地形区位线。与开发性铁路基本区位线相近或平行的呈带状分布的通道内平原或草原等的地域中心连线、沿河线、山脊线、山坡线等称为地形区位线，是开发性铁路的一条或多条备选路径。

⑤其他区位线。国家为了实现国防或民族团结等特殊需要，在不符合现有地理经济的基础上划分的特殊交通运输区位线。

（3）交通区位线的重点区位分析

基于重要度法的区域综合开发性铁路布局研究方法的局限性在于将所研究的区域看作一个封闭的系统，所有布局方式的研究都没有考虑到区域外部与之有关的大环境，从而导致了布局结果可能并不能很好地适应社会经济的发展，而运用交通区位法恰恰克服了这一缺点。在进行交通区位分析时应做好以下两点：

①出口路的区位分析。

区域开发性铁路客运线路的出口路，就是通往区域外主要的经济中心、交通中心和重要线路的"连接线"，通过这些"连接线"可以实现区域社会经济系统对外开放的要求。就区域综合开发性铁路布局来说，不仅要研究单纯区域内部交通运输体系，更要研究周边地区综合运输网络对区域综合开发性铁路布局的影响，并使区域综合开发性铁路与区域外综合运输网络系统形成有机连接。出口路的类型及区位特征主要有两种，一是区域内重要节点与周边地区主要经济中心、交通中心的联系线，二是内陆省（区、市）的出海口和海港拓展经济腹地后在本规划区的联系线。

②经济路的区位分析。

经济路包括地区的开发、旅游、城镇经济发展轴线等效益明显的线路，其功能是拉动并促进区域经济的发展。区域通道内的一些重要干线，使区域的主要交通节点之间形成有机衔接，其不可忽略的吸引特性，以较低的成本带动了地区经济的发展。因此，经济路在区位论上的根源主要是经济需求。

交通区位分析中应注意以下三点：

一是如果区域与周边区域未发生不稳定因素事件，区域中就不会出现某些城内区位线拒绝与周边可接口的外部交通区位线相衔接的情况，因为这种衔接是可促进相互发展的。

二是相同性质（包括方位、类别等）的区域外部交通区位线的重要性要高于区域内部交通区位线。这是由于交通现象是人工事物，即区域与背景组成系统的经济本身为这个系统的经济容量。

三是区域外部交通区位线具有"带动"、加重区域内部交通区位线的能力。外部交通区位线非但不会干涉内部交通区位线的格局，还会由于"借道"通过加重被借内部区位线的重要性，并带动其发展。

（4）交通区位线重要度计算

交通区位线重要度的计算与节点重要度的计算方法一致，但要注意在完成基于重要度理论的节点重要度选取和计算之后，才可进行区域范围内的交通区位线选取。在按照交通区位线选取准则进行选取之前，应注意将节点重要度计算时纳入考虑的点（尤其是重要程度较高的点）包括进来，将其放入相应区位线中。

4. 基于重要度联合区位法的区域综合开发性铁路方案确定

（1）区域综合开发性铁路方案确定

在运用重要度法分析某地区的路网布局时，一般不考虑区域外经济交通格局对区域路网布设的影响，也就是说研究的是封闭系统内的交通布设。

在运用交通区位理论分析某地区的干线路网布局时，应将社会需求反映到地区的交通区位线区划之中，就能发现、凸显一些潜藏的重要交通区位线，挖掘出一些被忽视的重要经济干线。所以，要将两种方法结合起来，综合确定最终的区域综合开发性铁路线路布局，基本流程为：

①进行基于重要度分析法的区域综合开发性铁路分析。

②对该区域进行区位分析。确定各种开发性铁路区位线（基本区位线、城市带区位线、产业区位线、地形区位线、其他区位线以及相关出口路区位线）。

③计算备选区位线的重要度。

④把基于节点重要度法与基于交通区位法得出的区域综合开发性铁路布

局网络进行比较，不断分析优化使其合理。

（2）基于4P分析法的方案优化

以上所得方案是在社会经济现有条件下所得出的区域综合开发性铁路的布局网络，对现阶段的区域综合运输是基本可行的。但实际上社会是在不断发展中的，大的社会环境和外部因素都在不停地发生着变化，且开发性铁路一旦建成将难以改动，所以在区域综合开发性铁路的规划中要保留一定的剩余量和提前量，以适应今后社会的发展。为了解决这一问题，本研究提出了"4P"分析法。

所谓"4P"分析法是从图15-3所示的四个方面对区域综合开发性铁路方案进行分析和修正，以提高方案的长期适应性和资源集约性。

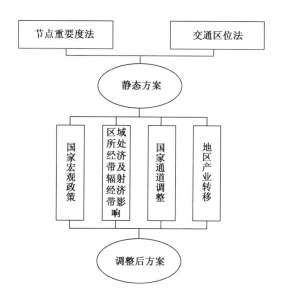

图15-3 "4P"分析法优化示意图

①国家宏观政策（Policy）。

区域综合开发性铁路作为与资源开发生产、人民生活联系极其密切的区位带，必然会受到政策因素的极大影响。一方面国家政策要求开发性铁路经过一些目前运输需求并不明显的地区，因为中央或地方政府对不同地区有各种扶植政策，包括民族、经济、文化、旅游、工业产业等，以促进协调和可持续发展的齐头并进；另一方面，中央或地方政府可能会削弱一些特型经济衰败区的地位，这些地区的特点是目前经济繁荣，但基本完全依赖于有限且不可再生的资源消耗，地理条件苛刻难以开发，在资源消耗殆尽之后很可能会成为无法大规模开发区，对于这种地区，要适当削减其在开发性铁路中的地位。

②区域所处经济带以及辐射经济带影响（Position）。

区域综合开发性铁路主要在市场经济中发挥作用，与开发性铁路相连接的区域经济发展程度直接影响着区域综合开发性铁路的效用发挥。通道为产品在生产地与消费地之间运输的时空距离拉近创造了条件，同时生产点与消费点之间的交通区位也为经济通道产生提供了条件。在进行区域开发性铁路布局研究时，要在考虑当前经济或产业带发展的基础上，充分考虑前瞻性，即就某地当前情况分析，是否有经济带衰退的可能，或者发生落后地区产生经济带崛起的可能性，预留或直接建设区域综合开发性铁路的区位线。

③国家通道调整（Plan of corridor network）。

区域综合开发性铁路的影响因素是多方面的，其中现有通道的变化也会对整体区域综合开发性铁路布局研究产生影响。如受到地区持续性自然灾害的威胁或侵害，会导致部分相邻或贯通开发性铁路进行改线甚至撤线。例如在一些自然灾害明显潜伏性的地区，如结构性山体滑坡高危区、"黄石公园"型地理区域，开发性铁路的布置要前瞻性考虑。

④地区产业转移（Pattern of industry change）。

地区的产业结构影响着区域综合开发性铁路的布局，由于自身的发展，地方产业经济结构发生变化不无可能。受到周边经济带的带动和国际大形势的影响，地方产业经济会向着谋求生存和长远发展的趋势迈进。同时，随着当地社会和经济资源的不断挖掘，会有新的经济带随之产生。在进行区域综合开发性铁路布局研究时，要尽可能地运用现有知识和数据，对地方经济的未来变化作出合理、可靠的预测，区域是否出现经济结构转型，地区是否出现新的经济产业等，都应纳入区域综合开发性铁路布局的研究中。

三、布局方案

在分析我国矿产、旅游资源和经济发展相对滞后地区分布情况的基础上，结合路网布局基本方法理论分析，对开发性铁路布局方案进行布局研究。

开发性铁路共计 78 个项目。其中矿产资源开发性铁路项目 40 个，区域经济开发性铁路项目 25 个，旅游资源开发性铁路项目 13 个，研究规划布局方案详见表 15-5 ~ 表 15-7。

矿产资源开发性铁路研究布局方案　　表 15-5

序号	项目名称	经由省（区、市）	项目概况（简述）
1	滇藏铁路香格里拉—波密段	西藏、云南	线路由香格里拉站向北引出，穿白马雪山至德钦，跨澜沧江，穿梅里雪山，跨怒江，经察隅沿桑曲河谷至然乌，傍帕隆藏布河谷至波密与川藏铁路衔接
2	天水—陇南铁路	甘肃	线路起自陇海铁路天水站，向南经成县至陇南市设陇南站，沿线经由天水、成县、陇南等县市，与天平线、宝中线构成区域纵向铁路
3	遵义—瓮安铁路	贵州	项目为瓮马铁路北延伸线，主要经过瓮安、天文、铁厂、团溪至遵义，是西部陆海新通道辅助通道
4	环县—褚家湾铁路	甘肃、宁夏	线路由银西高速铁路环县站引出，向西连通宝中线的海源站，利用宝中线衔接白银至红会铁路，横跨甘肃、宁夏两省区，行经庆阳、中卫、白银等地市
5	镜铁山—木里铁路	甘肃、青海	项目位于青海省中北部、甘肃省西南部，自柴木铁路木里站接轨向北经央隆接入兰新线镜铁山支线镜铁山站。沿线途经甘肃酒泉市、青海省海西蒙古族藏族自治州，是沿线资源外运的重要通道

续上表

序号	项目名称	经由省（区、市）	项目概况（简述）
6	鄯善—敦煌铁路	甘肃、新疆	项目自兰新铁路鄯善站引出，经由沙尔湖矿区、大南湖矿区接入敦煌铁路敦煌站。沿线经由新疆吐鲁番、哈密与甘肃酒泉
7	陕煤入川渝铁路靖边—汉中段	陕西、甘肃、四川	项目位于陕西、甘肃省境内，线路由靖边向西南引出，途经志丹进入甘肃省经庆阳向南进入陕西省，经陇海铁路宝鸡站至汉中
8	敦煌—红柳河铁路	甘肃	项目位于甘肃省酒泉市，线路自敦煌铁路敦煌站引出，向北行进接入兰新铁路红柳河车站
9	乌审旗—榆林—佳县—吴堡铁路	陕西、内蒙古	项目位于内蒙古自治区和山西省境内，线路自蒙华铁路乌审旗站引出，向东南进入陕西省，经榆林、佳县，向南至太中银铁路吴堡站
10	茶卡—都兰铁路	青海	项目由察汗诺至茶卡铁路的茶卡站引出，沿G109线布线，经南戈泉、夏日哈至都兰，可为干线铁路提供集疏运服务
11	环县—华池铁路	甘肃	项目是对环县至褚家湾至中川铁路的进一步向东延伸，连通庆阳市的华池县，并与已规划的陕煤外运线路衔接
12	攀枝花—昭通—黔江铁路	云南、贵州、四川、重庆	项目起于四川省攀枝花市经云南省昭通市，在贵州省经过毕节、遵义、铜仁三市，东止于重庆市黔江区
13	拉萨—墨竹工卡铁路	西藏	项目位于西藏自治区拉萨市境内，自拉日铁路拉萨南车站引出，向东经达孜至墨竹工卡
14	广安—忠县—黔江铁路	四川、重庆	项目自兰渝广安支线高兴站引出，经四川省广安市邻水县，进入重庆市境内，经垫江、忠县、石柱、黔江，接入渝怀铁路黔江站

续上表

序号	项目名称	经由省（区、市）	项目概况（简述）
15	雅安—甘洛铁路	四川	项目由川藏铁路雅安站引出，经荥经县、汉源县，与成昆铁路相连，利用成昆铁路至甘洛，全长约300公里
16	木里—天峻铁路	青海	项目位于青海省海西蒙古族藏族自治州境内，北起木里县，途经智合乡，南至天峻县
17	临沧—普洱铁路	云南	项目由大理至临沧铁路临沧站引出，向东南跨越澜沧江，经普洱市景谷县、宁洱县，接轨于玉磨铁路宁洱站，利用玉磨铁路终至普洱
18	神木北—准格尔铁路	陕西、内蒙古	项目起于陕西神木止于内蒙古准格尔
19	平凉—庆阳铁路	甘肃	项目线路全长约112公里，自庆阳市引出，经镇原、平凉四十里铺镇引入宝中铁路平凉站
20	新和—拜城铁路	新疆	项目自南疆铁路新和站引出，向西北方向行进，翻越却勒塔格山、跨越木扎提河后，继续向西北行进，到达拜城县
21	上关—兰坪铁路	云南	项目由大丽线上关站引出，经洱源县后向西至兰坪，是连接滇西北与云南省其他地区的铁路通道
22	金阿铁路红阿段	甘肃、内蒙古	项目位于甘肃、内蒙古两省（区）境内，由兰新线金昌站引出，经红沙岗工业集聚区至内蒙古阿拉善盟境内
23	鄂托克前旗—定边铁路	陕西、宁夏、内蒙古	项目纵跨陕西榆林市、宁夏回族自治区吴忠市、内蒙古自治区鄂尔多斯市，自太中银线的定边站引出，向北接入新上铁路鄂托克旗站
24	大通—宁缠铁路	青海	项目位于青海省门源县，与既有铁路宁大支线相接，向东北方向延伸至宁缠矿区

续上表

序号	项目名称	经由省（区、市）	项目概况（简述）
25	一里坪—茫崖铁路	青海	项目是马海——里坪铁路的延伸线，线路沿 G315 线向西行经黄瓜梁、水站至茫崖与格库线接轨
26	准东环线	新疆	项目位于新疆维吾尔自治区昌吉回族自治州境内，包含两条环线：自乌将线将军庙车站，经黑山、芨芨湖、黄草湖至将军庙形成准东小环线；自将军庙经黑山、芨芨湖、奇台、滋泥泉子至准东、将军庙形成大环线
27	都兰—香日德铁路	青海	项目位于西宁省海西蒙古族藏族自治州，线路由都兰引出，沿 G109 线向南至香日德，与规划的格成铁路接轨
28	日喀则—申扎—班戈铁路	西藏	项目连接日喀则、那曲两地，起自拉日线日喀则车站，向北经由南木林县、申扎县至那曲班戈县
29	嘉峰—南陈铺铁路	山西	项目位于山西省晋城市，起于侯月铁路嘉峰站终至太焦铁路南陈铺站
30	墨竹工卡—嘉黎—丁青铁路	西藏	项目位于西藏自治区拉萨市、那曲市、昌都市境内，起自拉萨市墨竹工卡县，向东经由那曲市嘉黎县、边坝县，至昌都市丁青县，与规划的那曲至昌都铁路衔接
31	银川—新上海庙铁路	内蒙古	项目起于银川终至新上海庙
32	冯家川—偏关铁路	山西	项目位于山西省忻州市境内，起于保德县冯家川，终至偏关县

续上表

序号	项目名称	经由省（区、市）	项目概况（简述）
33	东胜东—台格庙铁路	内蒙古	项目起于新上铁路台格庙站终至呼鄂铁路东胜东站，经由主要地区为内蒙古自治区鄂尔多斯市伊金霍洛旗、准格尔旗、东胜区
34	石楼—交口—孝义铁路	山西	项目位于山西省吕梁市境内，起于石楼县经交口县终—孝义市
35	碱柜—三北羊场铁路	内蒙古	项目起于包兰线预留那林站，终至三新铁路新设三北羊场南站。经由内蒙古自治区乌海市、鄂尔多斯市
36	榆林—临县铁路	陕西、山西	项目位于陕西省榆林市、山西省吕梁市境内，起于包西铁路榆林站，经榆林市佳县进入山西省境内，终至吕梁市佳县
37	长子南—嘉峰铁路	山西	项目起于瓦日铁路长子南站，终至侯月铁路嘉峰站
38	柳州—贺州—韶关铁路	广西、广东	项目西起广西壮族自治区柳州市，向东经贺州，终于广东省韶关市，全长约520公里
39	武乡—沁县铁路	山西	项目起于武乡终至沁县，主要经由长治市武乡县、沁县
40	水冶南—安李线联络线	河南	项目位于河南省安阳市境内，起自瓦日铁路水冶南站终—安李线安阳西站

区域经济开发性铁路研究布局方案　　　　表15-6

序号	项目名称	经由省（区、市）	项目概况（简述）
1	涪陵—柳州铁路	贵州、广西、重庆	项目纵跨重庆、贵州、广西三省（区），自渝怀铁路涪陵站引出，向南经重庆市南川区，进入贵州省省境内，经贵州道真、德江、思南、石阡、余庆、黄平、凯里、雷山、榕江、从江，至广西壮族自治区柳州市
2	师宗—丘北铁路	云南	项目位于云南省东部，北起曲靖市师宗县，向南至文山州丘北县
3	和田—日喀则铁路	西藏、新疆	项目起于新疆和田，向南进入西藏，经阿里地区，终至西藏日喀则
4	丘北—文山铁路	云南	项目位于云南省东部，与师宗至丘北铁路衔接，起自丘北，向南延伸至文山
5	徐菏铁路	江苏、山东	项目西起山东省菏泽市定陶区，东至江苏省徐州市丰县，新建正线约88.3公里
6	张家界—衡阳铁路	湖南	项目起于湖南省张家界市，向东南方向经娄底市，南至衡阳市
7	兴义—永安—郴州—赣州铁路	湖南、江西、贵州	项目起于贵州省兴义，向东进入湖南省，经永州后向东南，经郴州后止于江西赣州
8	瑞金—梅州铁路	江西、广东	项目自赣瑞龙铁路瑞金站引出，经赣州市会昌县、安远县、寻乌县，进入广东省，经梅州市平远县，终至梅州市
9	安康—张家界铁路	湖北、湖南、陕西、重庆	项目纵跨陕西、重庆、湖南、湖北四省市，北起陕西省安康市，经重庆市奉节县，至湖北省恩施州，止于张家界市
10	蒙自—文山铁路	云南	项目位于云南省南部，起自红河州蒙自市，止于文山州文山市，与规划的普洱—蒙自铁路、文山—靖西—防城港铁路相连

续上表

序号	项目名称	经由省（区、市）	项目概况（简述）
11	六安—安庆—景德镇铁路	江西、安徽	项目位于安徽省西南部，经六安、安庆两市及下辖的霍山、岳西、潜山等县市，终至江西省景德镇市
12	恩施—黔江铁路	湖北、重庆	项目起于重庆市黔江区，止于湖北省恩施州，线路全长约100公里
13	资溪—黎川铁路	江西	项目位于江西省东南部，起于抚州市资溪县，止于黎川县
14	常德—岳阳—九江铁路	湖北、湖南、江西	项目横跨湖南、湖北、江西三省，起于湖南省常德市，经岳阳市，湖北省南部市县终至江西省九江市
15	随州—麻城—安庆铁路	湖北、安徽	项目起自汉丹线随州站，经湖北省随州市、广水市、孝感市大悟县、黄冈市红安县、麻城市、罗田县、英山县至安徽省安庆市，全长约400公里
16	三洋铁路亳州—宿州段	安徽、河南	项目起自安徽省亳州市，经河南省商丘市永城市、安徽省淮北市至宿州市
17	黄陵—庆阳铁路	陕西、甘肃	项目由银西高速铁路庆阳站引出向东经甘肃省庆阳市宁县、正宁县后进入陕西省境内，经延安市黄陵县接轨于包西铁路秦家川站
18	伊宁—阿克苏铁路	新疆	项目位于新疆伊犁哈萨克自治州、巴音郭楞蒙古自治州和阿克苏地区境内。自精霍铁路伊宁北布列开站引出，经巩留县、新源县、巴音布鲁克后，接入既有库车—俄霍布拉克铁路
19	奎屯—库车—阿拉尔—和田铁路	新疆	项目位于新疆维吾尔自治区西南部，起于伊犁州奎屯市，接入既有库车—俄霍布拉克铁路，利用既有铁路经阿克苏地区库车市、阿拉尔市终至和田市

续上表

序号	项目名称	经由省（区、市）	项目概况（简述）
20	那区—昌都铁路	西藏	项目位于西藏自治区昌都市、那曲市境内，起于那曲市，止于昌都市
21	普洱—蒙自铁路	云南	项目位于云南省南部，西起于普洱市思茅区，沿途经过江城、绿春、元阳、个旧等区县市，接轨于昆玉河铁路蒙自北站
22	文山—靖西—防城港铁路	云南、广西	项目是西南沿边铁路的重要组成部分，起自云南省文山州，进入广西壮族自治区境内，经百色市靖西市、崇左市止于防城港市
23	黄桶—百色铁路	贵州、广西	项目是西部陆海新通道的重要组成部分，起自沪昆铁路黄桶站，向南进入广西壮族自治区，止于百色市
24	保山—泸水铁路	云南	项目位于云南省保山市、大理州、怒江州境内，起自大瑞铁路宝山站，经大理州终至怒江州泸水市，全长约94公里
25	芒市—猴桥铁路	云南	项目位于云南省保山市、德宏州境内，起于芒市，向西北方向经腾冲市至猴桥

旅游资源开发性铁路研究布局方案　　　表15-7

序号	项目名称	经由省（区、市）	项目概况（简述）
1	伊宁—巴伦台（库尔勒）铁路	新疆	项目自精霍铁路布列开站引出，经巩留县至既有库车至俄霍布拉克铁路巴仑台站，利用既有铁路至库尔勒
2	北安—五大连池—嫩江铁路	黑龙江	项目位于黑龙江省黑河市、齐齐哈尔市境内，起自北安市经五大连池市、讷河市终至嫩江市
3	牡丹江—敦化铁路	黑龙江、吉林	项目位于黑龙江、吉林两省区境内，北起黑龙江省牡丹江市，向南进入吉林省，终止于延边州敦化市

续上表

序号	项目名称	经由省（区、市）	项目概况（简述）
4	攀枝花—大理（丽江）铁路	四川、云南	项目位于四川省、云南省境内，起于四川省攀枝花市，进入云南省，经丽江市后向南延伸至大理市
5	雅安—眉山—乐山—自贡—隆昌铁路	四川	项目西起雅安，向东经洪雅、眉山、峨眉山，至乐山、自贡市荣县、自贡，止于隆昌
6	温州—武夷山—吉安铁路	福建、江西、浙江	项目自从京九铁路吉安站引出，途经永丰、乐安、抚州、资溪，福建光泽、邵武、武夷山，浙江龙泉、云和、景宁、泰顺、文成、瑞安，终于温州，全长约690公里
7	满归—古莲铁路	黑龙江	项目位于黑龙江、内蒙古自治区境内，起于既有牙林铁路满归站，向北止于富西铁路古莲站
8	承德—秦皇岛铁路	河北	项目位于河北省承德市、秦皇岛市境内，北起承德市，向东南方向进入秦皇岛市，终止于秦皇岛市区，线路全长约200公里
9	海口—三亚中线高速铁路	海南	项目从海南环岛高速铁路海口站引出，向南接入三亚站，线路全长约260公里
10	柳州—广州铁路	广西、广东	项目位于广西壮族自治区、广东省境内，起自柳州市经梧州市进入广东，止于广州市
11	东宁—珲春铁路	黑龙江、吉林	项目自图珲铁路珲春站引出，向北经珲春市、延边州，进入黑龙江省境内，止于东宁市
12	百色—河池铁路	广西	项目位于广西壮族自治区境内，起于南昆铁路百色站，向北行至黔桂铁路河池站
13	水乡旅游线	上海 江苏 浙江	自示范区客厅站，经江苏吴江，与如通苏湖铁路共线至南浔站，经浙江湖州、嘉兴桐乡乌镇、桐乡城区、海宁盐官古镇至杭州萧山国际机场

453

四、相关建议

由于大部分开发性铁路具有公益性特征，其建设和运营难以盈利，部分开发性铁路地处特殊的地理位置，周边基础设施和产业支撑相对较弱，也推高了项目运营成本，导致经营能力和还贷付息能力相对较弱，大多数项目投产运营后在很长时间会处于亏损状态。较低的项目财务内部收益率难以调动企业和社会投资参与建设和运营的积极性。因此，应从政策及机制方面对开发性铁路的建设和运营制定科学合理的鼓励及激励措施，以推动开发性铁路性的建设和发展。

1. 加大中央预算内资金投入

在继续深化铁路投融资体制改革的基础上，实施差异化投融资政策，建立长效机制，对于实施国家区域发展战略，特别是属于区域经济开发的铁路建设项目，争取中央预算内资金给予更多投入。可参考和借鉴德国投资德铁股份公司与日本投资公益性铁路的经验，提高经济发展相对滞后地区铁路建设的资本金投入比例，必要时可实行100%资本金投入，以提高项目的可持续发展能力。

2. 扩大铁路建设运营资金来源

充分发挥市场在资源配置中的决定性作用，逐步放开铁路建设市场，实施铁路站线土地资源综合开发，通过采取PPP（Public-Private Partnership，政府市企业资本合作）等方式，鼓励和吸引社会资本进入铁路投资、建设和运营领域。发挥政府在规划、投资方面的引领带动作用，努力营造更加公平、开放、健康的投资环境，形成投资主体多元化、投资方式多样化、资金来源多渠道、项目建设市场化的铁路建设发展格局。

3. 制定科学的运营补亏机制

鉴于开发性铁路具有显著的公益性特征，尤其是公益性特征更为明显的区域经济开发性铁路，其项目建设资金需要依靠国家支持，且在建成后相当长的运营期间内，仍需国家对经营中的政策性亏损给予补贴支持。因此，应在理顺铁路运价基础上，建立公益性运输核算制度，建立长效的公益性、政策性补贴机制，保持开发性铁路可持续运营。对其他经济发展相对滞后地区，公益性铁路可比照青藏铁路直接给予运营补贴。

4. 鼓励土地综合开发利用

开发性铁路建成后一般盈利能力较差，高昂的建设成本会进一步增加铁路企业的负担。为缓解压力，应明确铁路用地的使用权、处置权。根据《国务院关于改革铁路投融资体制加快铁路建设的意见》（国发〔2013〕33号）所提出的"支持铁路车站及线路用地综合开发"的精神，允许铁路低价征用沿线土地进行综合开发，给予既有线改线所形成的非运输生产用地置换、新增建设用地等更多经营自主权。参照《国务院关于城市优先发展公共交通的指导意见》（国发〔2012〕64号）有关精神，按照土地利用总体规划和城市规划统筹安排铁路车站及线路周边用地，适度提高开发建设强度。针对经济欠发达地区开发性铁路重点建设项目，可使用国有未利用土地，减征或免征土地补偿费，在耕地占用税上给予铁路建设用地优惠及相关配套的政策。同时，对于"先行用地已批复和征地补偿全面到位"的铁路重点建设项目用地，可采取手续后置政策。

5. 完善铁路运价形成机制

开发性铁路运营后，短期内无法实现收支平衡，而合资项目要承担还本付息，难以吸引建设投资。为适应开发性铁路的营收特点，应进一步完善铁路运价形成机制，给予企业更多灵活自主的经营权、定价权、营收权。首先，对于不同属性的铁路运输在建设、经营和管理等方面等实行差别化政策。对于开发性铁路所承担的社会义务和公益性义务实行价格补贴，从而实现铁路可持续发展。其次，建立适应市场供求关系、铁路运输产品价值的多层次运价形成和调整机制，适时因需调整基本运价。第三，对于一些服务于资源类开发企业的新建铁路，可建立更加灵活或可浮动的运价体系。

6. 实施税收优惠政策

按照中央"结构性减税"要求，为加快资源富集但经济发展相对滞后地区铁路建设发展，减轻运营企业负担，可考虑相关减税政策：一是对相应地区铁路运营企业应缴的增值税、所得税及其他税负实行减免或先缴后返，专项用于铁路建设；二是实行税前还贷政策，提高企业的还本付息能力，帮助企业渡过运营初期的财务风险期与盈利培育期；三是对铁路运输企业实行低税率优惠，特别是对改制上市及收购国铁资产、股权中涉及税费给予优惠；四是实行定期减免税政策。铁路项目建设周期较长，且建成投产后的盈利培育期也较长，应对项目建设及运营期实行定期减免一些税负的优惠政策。

课题组长：

王晖军（组长）、王明喆（副组长）、张小强（副组长）

主要执笔人：

王明喆、王贵平、牛耀栋、宁超、毛钰颖、田先彬、李广路、赵怡、袁世成、陈向华

主要承担单位：

国家铁路局规划与标准研究院、中铁二院工程集团有限责任公司

本章参考文献

[1] 交通运输部.2019年交通运输行业发展统计公报[R].北京:交通运输部,2020.

[2] 项昀,王炜,郑敦勇,等.区域综合网络货运交通方式的优势运距研究[J].交通运输系统工程与信息,2016(6):35-39.

[3] 佟立本.铁道概论[M].8版.北京:中国铁道出版社,2020.

第十六章
通用机场布局思路研究

通用机场是通用航空最重要的基础设施之一,对于保障飞行安全、完善服务网络、提升服务质量具有重要支撑作用。近年来,我国通用机场数量虽然保持了较快增长,但通用机场网络仍然存在体系结构不完善、保障功能有待进一步提升等问题。加快推动通用机场布局建设,是我国通用航空产业发展当前面临的重要任务,也是通用航空实现高质量发展的基础和前提。通用机场布局建设需要综合考虑通用航空业务种类多、区域分布广、作业环境复杂的特点,统筹满足短途运输、应急救援、航空作业、航空消费等不同业务的需求及区域分布,同时需要兼顾通用机场与运输机场、铁路、公路等协同发展,以实现对通航运营飞行的高质量服务保障和行业发展资源的高效集约利用。

一、通用机场发展现状

(一)总体发展情况

截至 2020 年 2 月,全国 A、B 类通用机场总数达到 283 个[1],相比 2018 年底增加 81 个。此外,全国还有其他起降场地 199 个,主要为尚未颁证或备

---

[1] 根据《通用机场管理规定(征求意见稿)》,A 类通用机场(直升机场除外)实行使用许可制度,B 类通用机场和直升机场实行备案管理。因此,目前行业统计的"颁证机场"一般仅指 A 类通用机场。

案的各类起降场地。通用机场数量近年来增长情况如图 16-1 所示，2019 年首次超过运输机场❶。

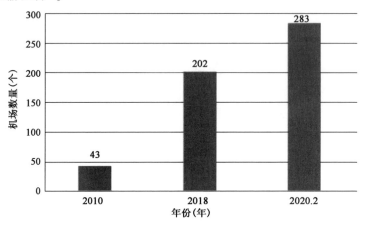

图 16-1　近年来全国通用机场增长情况（A、B 类合计）

专栏　通用机场分类

根据《通用机场分类管理办法》，通用机场根据其是否对公众开放分为 A、B 两类：

A 类通用机场：即对公众开放的通用机场，指允许公众进入以获取飞行服务或自行开展飞行活动的通用机场；

B 类通用机场：即不对公众开放的通用机场，指除 A 类通用机场以外的通用机场。

A 类通用机场分为以下三级：

A1 级通用机场：含有使用乘客座位数在 10 座以上的航空器开展商业载客飞行活动的 A 类通用机场；

A2 级通用机场：含有使用乘客座位数在 5~9 之间的航空器开展商业载客飞行活动的 A 类通用机场；

A3 级通用机场：除 A1、A2 级外的 A 类通用机场。

从区域分布看（表 16-1），东北地区通用机场数量最多，占全国的 37.1%，其中大部分是原来的农林作业机场，以 B 类通用机场为主；其次为

---

❶ 本章有关"全国"的概念表述中均不含港澳台地区。

华东地区，约占21.2%；新疆和西北地区最少，分别占3.5%和4.2%。

各地区通用机场的结构　　　　　　　　　　　表16-1

地区	通用机场总量（A、B类合计）	按跑道类型划分			按机场类型和等级划分			
		跑道型通用机场	直升机场	其他类型通用机场	A1	A2	A3	B
华北	38	31	7	0	20	0	0	18
东北	105	85	20	0	4	2	9	90
华东	60	21	38	1	23	9	0	28
中南	38	19	19	0	10	4	3	21
西南	20	8	12	0	7	5	0	8
西北	12	11	1	0	6	0	0	6
新疆	10	9	1	0	0	0	0	10
合计	283	184	98	1	70	20	12	181

从各省（区、市）通用机场建设和发展情况看（表16-2），黑龙江通用机场数量居全国首位，总数达到98个（含通用机场和其他起降场地）；其次为广东，达到44个；浙江和江苏并列第三位，均为27个通用机场；处于高原地区的青海和西藏尚无通用机场。

全国民用机场分布统计（截至2020年2月）　　　表16-2

地区		通用机场							其他起降场地	运输机场	机场总计	同比增减
		按跑道类型划分			按机场分类划分							
		跑道型通用机场	直升机场	其他类型	A1级通用机场	A2级通用机场	A3级通用机场	B类通用机场	通用机场合计				
华北地区	北京	4	3		5			2	7	17	2	26	1
	天津	3	1		3			1	4	3	1	8	0
	河北	13	3		4			12	16	5	6	27	9
	内蒙古	9			7			2	9	4	19	32	2
	山西	2			1			1	2	2	7	11	0

续上表

地区		通用机场							其他起降场地	运输机场	机场总计	同比增减
		按跑道类型划分			按机场分类划分							
		跑道型通用机场	直升机场	其他类型	A1级通用机场	A2级通用机场	A3级通用机场	B类通用机场	通用机场合计				
东北地区	黑龙江	76	18		3	1	6	84	94	4	13	111	11
	吉林	4	1		1		1	3	5	3	4	12	3
	辽宁	5	1			1	2	3	6	9	10	25	-1
华东地区	浙江	5	7		10	1		1	12	15	7	34	1
	山东	8	4		2	2		8	12	12	9	33	7
	江苏	5	12		5	4		8	17	10	9	36	9
	福建		3		1	1		1	3	9	6	18	0
	江西	2	5		4			3	7		7	14	2
	安徽	1	1		1			1	2	4	5	11	0
	上海		6	1		1		6	7	12	2	21	3
中南地区	河南	6			1			5	6		11	17	7
	湖北	3	2		2			3	5	6	6	17	3
	湖南	3	1			2		2	4	8	8	20	5
	广东	6	12		6	1		11	18	26	8	52	8
	广西		2				2		2	2	7	11	0
	海南	1	2		1	1	1		3	6	4	13	1
西南地区	重庆	2			2				2	6	4	12	2
	云南	1	5		1			5	6	4	15	25	5
	四川	4	7		4	4		3	11	8	14	33	4
	贵州	1				1			1	3	11	15	
	西藏								0		5	5	0

续上表

地 区		通用机场							其他起降场地	运输机场	机场总计	同比增减
		按跑道类型划分			按机场分类划分							
		跑道型通用机场	直升机场	其他类型	A1级通用机场	A2级通用机场	A3级通用机场	B类通用机场	通用机场合计				
西北地区	甘肃	2			2				2	1	9	12	-1
	青海								0		7	7	-1
	陕西	7					2	5	7	7	5	19	1
	宁夏	2	1		2			1	3	3	3	9	0
新疆		9	1					10	10	3	21	34	7
合计		184	98	1	70	20	12	181	283	199	238	720	88

(二) 通用机场运营情况

从通用机场运营情况看,驻场航空器在 5 架以上的通用机场共 61 家,占全国通用机场总量的 21.5%,其余近 80% 的通用机场驻场航空器不足 5 架,通用航空的总体利用效率仍然不高,驻场航空器数量统计情况如图 16-2 所示。

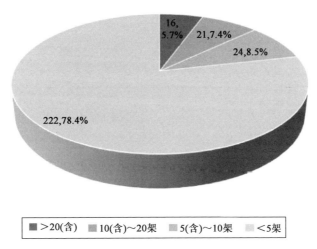

图 16-2 按驻场航空器数量划分的通用机场结构

从补贴情况看，根据《2020年民航中小机场补贴资金方案》，2019年共有11家通用机场获得补贴，补贴资金共计4339万元，见表16-3。与2018年相比，获得补贴的通用机场数量从4个增加至11个，补贴资金从2050万元增加至4339万元，增幅达到112%。

2019年通用机场获得补贴情况 表16-3

序号	机场名称	补贴金额（万元）
1	平泉通用机场	356
2	根河通用机场	429
3	荆门漳河通用机场	356
4	珠海九洲通用机场	513
5	丹凤商山通用机场	190
6	银川月牙湖通用机场	190
7	佳木斯三合屯通用机场	356
8	嫩江墨尔根通用机场	537
9	肇东北大荒通用机场	356
10	乌拉特中旗机场	580
11	新巴尔虎右旗通用机场	476
合计		4339

（三）存在的问题

一是总体数量仍然偏少。与美国、巴西、澳大利亚等主要的通用航空国家相比，我国通用机场在数量和密度等方面仍然差距较大，见表16-4。

我国与其他国家通用机场数量、密度比较（单位：个）　　表16-4

项　　目	中国	美国	加拿大	澳大利亚	巴西	法国
通用机场数量	482①	19750	1700	461	4072	2300
每万平方公里拥有的通用机场数量	0.5	21.1	1.7	0.6	4.75	42.0
每百万人拥有的通用机场数量	0.34	62.5	48.6	19.2	21.8	35.9

注：①包括A、B类通用机场及其他起降场地。

二是通用机场的建设发展环境亟须优化。通用机场建设审批程序仍然非常复杂，建设周期长，约束因素较多。部分地区通用机场发展过程中存在"重布局、轻建设"的情况，通用机场布局规划落地难的问题仍然较为普遍。通用机场运营亏损压力较大，亟须培育可持续发展的内生动力。

二、总体发展环境

（一）经济环境

通用航空产业与国民经济社会发展高度关联，我国通用航空飞行总量（不含无人机）与GDP增长速度对比如图16-3所示。随着我国经济步入结构性转型升级的新时期，经济增速从高速增长期进入到中速增长期。在不断扩大内需和推动"一带一路"倡议的影响下，我国经济在中长期内仍将保持稳定增长。根据国内外主要研究机构对我国经济未来增速的预测，中长期我国经济能够保持5%~6%的增速，预计到2035年我国人均GDP将达到2.5万美元。

我国经济保持稳定增长将对通用航空发展奠定更加坚实的基础。一方面，经济持续向好发展将提高政府财政收入水平，提升公共服务支付能力。特别是在具有公共基础设施属性的通用机场建设、具有民生保障功能的通用航空应急救援和航空医疗救护、具有公共交通功能的通航短途运输等领域，将显著提升政府参与程度，为通用机场网络完善和通航公共服务业态发展提供动力。另一方面，经济发展将带动居民收入水平稳步提升，进而提高社会公众的消费水平，有利于促进航空消费如低空旅游、航空运动、私人飞行等业态发展。

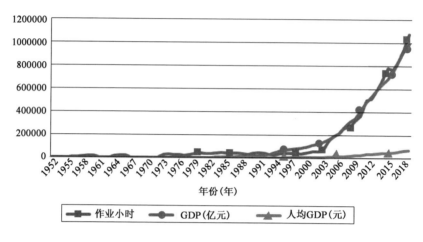

图 16-3　我国通用航空飞行总量与 GDP 增长速度对比

（二）行业政策

《新时代民航强国建设行动纲要》提出要构筑功能完善的通用航空体系。总体上看，未来一段时期内我国通用航空政策环境将持续改善。一是随着通用航空"两个转变"的不断深化，促进通用航空发展将从部门行为转变为政府行为，从行业行为转变为社会行为，这有利于凝聚中央和地方政府共识，形成促进区域通航发展的合力。二是通用航空"放管服"工作持续深化，将继续推动通用航空简政放权，降低制度成本。三是通航法规体系重构加快推进，通过建立适应通用航空运行和管理特点、区别运输航空的法规体系，实现通用航空法规标准层面的分类分级管理，有利于破除制约通用航空发展的制度性瓶颈，释放市场活力。

（三）市场趋势

在行业政策引导下，通用航空的需求和供给将呈现新的特点。从需求侧看，未来我国城市在国际化大都市建设过程中对通用航空的需求将进一步释放，以航空应急救援、城市管理、航空医疗救护、城市通勤和短途运输为代表的公共服务类需求将快速增长。随着国内经济水平和居民收入水平的稳步提升，消费类航空需求将成为部分社会公众的基本需求，从而推动低空旅游、私人飞行、航空运动、公务航空等新兴消费业态的需求释放。航空文化的逐步普及还将催生大量的航空爱好者群体，使参与通用航空飞行的群体规模进一步扩大。此外，通用航空在传统的工业、农业、林业等经济建设领域的需求将继续保持稳定发展态势，参与的广度和深度将不断提升。

从供给侧看，当前制约通用航空的关键瓶颈预计将逐步得到缓解。随着低空空域管理改革逐步深化，将有可能为通用航空释放更多的可用空域，同时随着空域管理、空域监视新技术的发展，低空空域的精细化管理、精准化使用将不断深化，为通用航空创造更加便捷的飞行环境。此外，通用机场网络、航油保障网络、飞行服务体系等基础保障体系不断完善，将为通用航空提供更加坚实的基础保障条件。

（四）机场建设

当前，我国通用机场仍然处于重要的发展机遇期。

一是通用机场建设的政策环境持续向好。党的十九大报告提出要"加强水利、铁路、公路、水运、航空、管道、电网、信息、物流等基础设施网络建设，强化基础设施网络间的相互连通和高效衔接，发挥一体化网络效应"，通用机场作为民用航空基础网络建设的重要内容将迎来良好发展机遇。《交通强国建设纲要》提出，"在有条件的地区推进具备旅游、农业作业、应急救援等功能的通用机场建设"。《"十四五"现代综合交通运输体系发展规划》提出"有序推进通用机场规划建设，构建区域短途运输网络，探索通用航空与低空旅游、应急救援、医疗救护、警务航空等融合发展"；《"十四五"民用航空发展规划》提出要积极支持既有支线机场增加通用航空保障设施，加快建成支通协同的短途运输机场群，在京津冀、长三角、粤港澳大湾区和成渝等重点城市群引导建设大型综合性通用机场，因地制宜引导草地、水上、土质等简易机场建设。总体上看，通用机场的外部政策环境继续改善，在综合立体交通网中的功能地位不断提升。

二是通用机场的布局建设需要从宏观层面进行科学引导。目前，通用机场的建设审批权限已下放至各省级政府部门，通用机场审批权限得到简化，投资门槛降低。社会资本对通用机场的建设投资热情高涨，大量资本进入通用机场建设领域易引发盲目性投资和过度超前建设，影响通用航空产业的持续健康发展。有必要对通用机场布局建设进行科学引导，明确通用机场布局的一般原则、标准，通过多种手段促进资源的集约利用。

三是通用机场正从布局规划的高峰期进入建设运营的高峰期。随着全国绝大部分省（区、市）完成通用机场布局规划工作，通用机场将进入建设、运营、管理的新阶段。如何完成从规划到建设的衔接落地，如何发挥好通用机场的社会经济效益，如何解决通用机场建设资金紧张、运营管理人才缺乏等一系列问题将是我国通用机场建设过程中面临的新问题。

四是需要通过通用机场布局促进行业均衡发展。通用机场保障能力不足已经成为制约我国通用航空快速发展的重要因素。在功能方面，满足应急救援、航空消费、短途运输等业务类型的机场不多；在区域分布方面，通用机场分布不均衡的问题较为突出，特别是在城市与人口密集地区、沿边地区、灾害多发频发地区、旅游资源密集地区等亟须加快布局建设通用机场，满足不同功能的通用航空保障需求。在通用机场建设过程中，应以满足需求为核心，重点解决通用机场数量少、密度低、功能不完善、区域分布不均衡等问题，构建功能完善、布局合理的通用机场网络。

五是新技术应用带来通用机场的新变革。随着现代技术的应用普及，通用机场正逐渐向无人化、智慧化方向发展，人工智能、远程通信等技术应用将会推动远程塔台、无人值守机场的发展，进一步降低通用机场运营成本。

三、通用航空需求分析

（一）航空短途运输

1. 需求因素

在我国，通用航空短途运输需求主要分布在以下地区：一是在地广人稀且交通不便地区运行，在国家综合立体交通体系中发挥交通网络的"毛细血管"作用，高效连接主要交通节点，满足人民的基本出行需求；二是在经济发达且地面交通拥堵、陆路交通时间较长的城市之间采用通用航空器，建立空中便捷交通通道，构建综合立体交通方式。

(1) 偏远且地面交通不便地区

对于地面交通不便的地区，通用航空是一种具有比较优势的交通运输方式，可以较好适应这些地区人口少、地面交通距离远的特征。

通过分析各个县级行政单元到省会城市或地市级城市的陆路交通时间，能够反映这些县级行政单元的交通条件和偏远程度。到达省会城市或地市级城市的时间成本越大，则其交通越处于劣势。对于省会城市和地市级城市这两类中心城市而言，除了经济条件相对较好外，其一般还具有较好的交通设施。因此，县级行政单元到这两类中心城市的交通时间长短将影响其对优质交通设施的获得，县级行政单元到中心城市的时间成本越大，则其交通条件越差。根据测算，到2017年，各个县级行政单元到地市级城市的平均地面交通约为1小时，最大时间达到16.1小时。超过2小时的县级行政单元数量为194个，占全国的8.46%，主要分布在内蒙古北部及东部、新疆、西藏、青海、四川西部等地区，属于交通不便的偏远地区。各个县级行政单元到省会城市的平均地面交通时间约为2.56小时，超过2小时的共有1157个，占全国的50.46%。与地市级城市的偏远地区数量相比，相对于省会城市的交通偏远地区的数量更多，如需要获取更好的交通资源，则需要更长的出行时间。

(2) 海岛地区

通用航空短途运输在海岛地区具有一定的比较优势，海岛型的行政单元更具有发展通用航空的必要性。我国海岛型的行政单元基本情况如下：

①海岛型省级单元：海南省（不含港澳台）。

②海岛型地级市2个：舟山市、三沙市。舟山市下辖有岱山县、嵊泗县两个海岛型县级行政单元，三沙市辖区内包括南沙群岛、西沙群岛、中沙群岛。

③海岛型县级单元：舟山市的岱山县、嵊泗县，上海市的崇明区，浙江省玉环市，浙江省温州市的洞头区，福建省的东山县、平潭县，广东省的南澳县，辽宁省的长海县，山东省烟台市的长岛县。

(3) 旅游景点

通用航空在实现景区"快进快出"方面具有无法替代的优势，同时也是全域旅游和景区观光重要的交通方式。在旅游资源较为丰富的地方，需要考虑旅游产业对通用航空的额外需求。截至2019年底，我国共有5A级景区280个。如果按照景区周边50公里作为覆盖范围测算，则全国世界遗产和5A级景区覆盖的县级行政单元共有762个，占全国县级单元总量的33.25%。

（4）城镇密集区

在经济发达、人口稠密的地方，对交通多样性的需求较大，通用航空也具有相当的市场潜力。

城镇人口密度集中的地区主要在京津冀、长三角、珠三角、山东、成渝等地区。

全国各县级行政单元到中心城市（含地级市、省会城市）和运输机场的地面交通情况（考虑高铁交通条件）见表16-5。

全国各县到中心城市和运输机场地面交通（考虑高速铁路）综合条件 表16-5

项　　目		时　　间			
		均大于 1小时	均大于 2小时	均大于 3小时	均大于 4小时
县级行政 单元	数量（个）	500	158	80	42
	比例（%）	21.82	6.89	3.49	1.83
县域生产 总值	平均（亿元）	91.0	49.6	55.1	71.0
	总量（亿元）	45524	7783.4	4351.8	2911.3
	比例（%）	6.00	1.03	0.57	0.38
县域总人口	平均（万人）	27	12	12	14
	总量（万人）	13405	1954	941	572
	比例（%）	9.06	1.32	0.64	0.39

（5）其他交通

通用航空会增加方式的多样性，但同时其潜在需求也会受到其他运输方式的影响，如高速铁路、运输航空等。

①高速铁路。

根据国家《中长期铁路网规划》，按2030年高速铁路主通道50公里覆盖范围进行判别，到2030年我国仍然有约70%的国土面积未被覆盖，主要位于西部地区及内蒙古东部等地区，未覆盖的县级单元达到1020个，占全国的 44.50%。

②运输航空。

运输航空和通用航空是民航的两个重要类别，运输机场网络会对通用航空短途运输业务产生一定影响。考虑到时间成本的大小将影响人们对机场的选择，通过计算县级行政单元到支线机场、枢纽机场（此处定义年旅客吞吐量在 1000 万人次以上的运输机场为枢纽机场）的地面交通时间可以反映该地区获得航空运输服务的难易程度。根据计算结果，全国县级行政单元到支线机场的平均时间为 1.98 小时，其中超过 2 小时的县级单元数量为 935 个，占全国总量的 40.78%；到枢纽机场的平均时间为 2.53 小时，超过 2 小时的县级单元数量达到 1120 个，占全国总量的 48.84%。

2. 需求总量

（1）运量比例法

通过借鉴国外通用航空运输量在民航总运输量中的比例，可以大致估算通用航空运输需求。根据美国 2016 年对 1388 个 NPIAS（National Plan of Integrated Airport Systems）机场的总登机旅客量统计，880 个通用机场的旅客登机量为 69.5 万人次，约占民航总旅客登机量的 0.084%，而且该比例在多年内基本保持稳定。此外，美国除通用机场之外的其他民用机场也承担了部分通用航空保障业务，其旅客登机量占民航客运总量的比例约为 0.08%，因此，美国通用航空的总运输量占民航运输旅客总量的比例约为 0.164%。按此比例估算，预计到 2035 年，我国通用航空旅客吞吐量约为 492 万人次（按照全国人均航空出行次数超过 1 次计算，全国民航旅客总吞吐量约为 30 亿人次）。

（2）人均出行次数估算法

考虑包含高速铁路在内的综合交通条件，未来到中心城市、省会城市，以及其他距离邻近运输机场较远将是通用航空短途运输的重点需求地区。其中，交通时间超过 4 小时的县级行政单元需求量最大，交通时间超过 3 小时和 2 小时的地区需求量相对较小。根据《新时代民航强国建设行动纲要》的发展目标，预计到 2035 年，全国人均航空出行人数超过 1 次。参照该水平并考虑不同地区的交通条件差异，预计全国通用航空短途运输需求总量约为 800 万人次。

综合上述测算方法，采用加权平均值作为最终预测值，预计到2035年我国通用航空短途运输潜在需求约为650万人次。

（二）航空应急救援

1. 航空医疗救援需求

航空医疗救援需求主要包括四种类型：一是日常医疗需求，主要表现为日常生活中的人们因病情紧急等需要的空中医疗救护服务，这类需求是最常见、最基本的需求；二是事故救援类需求，此类需求主要为道路交通救援为主，目前我国的汽车保有量超1.5亿辆，每年因交通事故死亡的人数近20万人，道路交通的空中援助救护需求日趋强烈，这类需求将是航空医学救援量最大的需求；三是活动保障类需求，这类需要主要满足各类重大会议保障，如奥运会、冬奥会等重大体育赛事，重要会议等人群集聚的活动，需要航空医学救援来进行保障；四是特殊群体类需求，这类需求主要为满足一些特殊需求提供的空中医疗救护服务，如景区游客等。

2. 自然灾害应急救援需求

我国是世界上自然灾害最为严重的国家之一，全国70%以上城市、50%以上人口分布在气象、地震、地质、海洋等灾害高发区域，极端天气气候灾害日渐增多，台风、暴雨、洪涝、地质灾害和森林草原火灾风险加剧。其中，洪涝灾害救援重点区域为华南、华东、华中地区和西南、华北、东北局部地区；地震灾害风险集中在西南、西北、华北地区；地质灾害高危地区主要分布在四川、重庆、贵州、云南、陕西等地；森林火灾高危地区分布在东北、西南地区。我国自然灾害已呈现出灾害种类多、分布地域广、发生频率高等特征，但由于先进救援装备不足、传统救援方式受空间和时间约束较大，已成为实施有效救援的主要障碍。航空应急救援可以提供更高效的救援方式，是构建具有中国特色的应急救援体系、展示大国实力和形象的必由之路，加速推进国家航空应急救援体系建设刻不容缓。

（三）航空作业

通用航空作业主要指服务于工业、农业、林业、牧业、渔业等经济建设的通用航空飞行业态，属于传统的作业类型，细分业务类型较多。目前，通用航空作业主要是与海上石油作业、农业植保、航空护林等相关的飞行活动。

海上石油作业方面，根据当前国际主要能源机构的预测，未来30年我国传统能源需求增速不断放缓，能源强度随着产业转型不断下降，我国将不再是最主要的需求增长国。从能源结构看，我国能源消费已经进入新旧动能转换期，未来随着我国工业化进入后期，城市化稳步推进，对能源需求的重心将由生产用能逐步转向生活用能，能源结构中清洁能源占比增加，到2050年煤炭占比将大幅降低，天然气能源将稳步上升，石油需求将保持稳定。根据相关研究，到21世纪中叶，我国能源结构有望2/3为可再生能源和核电清洁绿色能源。因此，未来对海上石油航空作业的需求预计将基本保持稳定。

农业植保方面，我国是一个农业大国，随着我国城镇化发展和农村劳动力向城镇转移，农业生产劳动力不足的问题不断凸显，农业面临集约化发展和规模化经营的需求，农业植保市场需求预计未来将持续增长。

航空护林方面，截至2018年底，我国森林面积已达2.5亿公顷，存在巨大的航空护林需求，特别是在大、小兴安岭、内蒙古、新疆、云南、广西、四川等林业资源密集、地域广阔、地形复杂地区，对航空护林的需求尤为巨大。

（四）航空消费类飞行

总体上看，我国经济仍处于稳步增长阶段，未来经济规模不断扩大，人均GDP逐步上升。经济和收入水平的持续增长将催生大量的高收入、高净值群体，将衍生大量的航空消费类需求，对低空旅游、空中游览、航空运动、私人飞行、飞行培训、公务航空的需求将不断增长。

四、通用机场布局思路、方法和目标

（一）布局原则

坚持需求导向。以市场需求为主导，引导社会资源配置，着力满足通用航空新兴消费和航空作业需求；综合考虑社会公共管理需求，通用机场布局应着力满足应急救援、医疗救护等公共服务需求，更好发挥政府的引导作用，提升应对公共服务的保障能力。在建设标准、投资规模、配套设施等方面按照通用航空发展和保障业务的实际需求因地制宜、按需建设，保证通用机场建得起、用得好，实现可持续发展。

集约绿色发展。统筹推进资源共享共用，避免重复建设，集约使用土地资源；强化生态保护，促进通用机场建设与生态环境同步协调绿色发展。积极适应低碳经济发展趋势，利用现代科技创新提高通用机场使用效率，在通用机场建设运营过程中注重环境保护，实现绿色集约发展。

坚持安全第一。坚持专业化管理、规范化运行，明确标准程序，严格以空域选址、安全运行距离等作为通用机场布局建设前置条件，做好安全配套措施，保障通用机场建设及运营持续安全。

（二）布局方法

确定通用机场数量的关键是确定单个机场的服务覆盖范围，即服务半径，需与经济社会发展水平、通用航空服务需求、通用航空资源禀赋分布、和地面交通的衔接度等因素相适应。

根据通用航空的发展经验，一般一个地级行政区在 1 小时车程内（70～80 公里）应布局建设一个通用机场，满足城市短途运输、包机飞行、公务飞行、飞行培训及其他通用航空飞行活动需要。若按照航空应急救援的黄金时间计算，一般需满足 30 分钟的应急救援网络，即通用航空器起飞准备 15 分钟，另外 15 分钟航程为 50 公里左右，则通用机场的覆盖半径以 50 公里为宜。远期通用机场密度进一步增加，覆盖半径可以缩短至 30～40 公里。

考虑到通用机场的布局建设与运输机场存在很大差异，仅采用对区域、人口、经济的覆盖范围不能准确反映通用机场的布局需求。通用机场具有较强的资源亲近属性，表现在通用机场与其所承担的主要保障类型、主要服务城市人口、主要资源禀赋等都密切相关。例如，服务空中游览的机场主要布局在景区附近，需要考虑景区的分布，而并不能按照简单的覆盖半径来考虑；开展航空医疗救护飞行的机场主要布局在医院，而应急救援类通用机场则主要布局在自然灾害和事故灾难多发频发地区。

因此，在通用机场布局过程中应统筹考虑如下因素：

①距离旅客吞吐量较大的枢纽机场一定距离，考虑布局通用机场（具备需求和条件的地区可考虑建设公务机场），满足通用航空综合服务需求，疏解

繁忙运输机场非核心功能。通用机场与枢纽机场的距离，以既能满足主要业务保障需求，同时又不影响枢纽机场运行为宜。

②在国家级通用航空产业综合示范区、通用航空示范工程等地区需布局通用机场，有利于加快促进通用航空产业集聚发展，并同时兼顾消费类通用航空飞行保障。

③在交通不便地区考虑布局通用机场，发挥通用航空短途运输功能，改善交通出行条件。

④在自然灾害和事故灾难易发多发地区、林区布局通用机场，提供航空应急救援及森林消防支援保障能力；主要医院和医疗物资集散地等需要考虑布局通用机场，满足航空医学救援保障需要；人口密集、交通易拥堵的大中型城镇、交通枢纽等需要布局通用机场，有利于扩大通用航空在区域和城市综合治理与服务保障方面的应用范围。

⑤在重点景区、国家级旅游度假区、重要体育产业基地考虑布局通用机场，满足以大众消费为核心的通用航空飞行；在经济发达、消费能力强的地区需要考虑布局通用机场，有利于促进娱乐飞行等新业态发展。

⑥在重点林区、粮食主产区、主体功能区等地区布局通用机场，服务通用航空农林作业、城市功能保障等飞行活动。

⑦在重点医院、重点学校、高速公路服务区、城市广场、体育场、主要产业园区、100米以上高层建筑楼顶根据建设条件布局起降点，以保障直升机临时起降为主。

⑧在航空制造业集聚区、航空运动产业基地、航空会展举办地布局通用机场，满足航空器研制试飞、航空会展、航空运动等保障需求。

在通用机场布局过程中，应充分发挥运输机场对通用航空的保障功能，实现资源共享共用。

（三）短途运输通用机场的布局

布局短途运输通用机场，应综合考虑地区人口、地面交通与最近机场或高速铁路联通情况和近远期建设规划、经济发展需求等综合因素，除满足民航技术性要求外，需要满足以下原则：

①人口总量小，不具备建设运输机场或高速铁路条件的地区；

②距离最近的运输机场或高速铁路站点的地面交通时间超过 2 小时；

③短期内没有规划建设运输机场和高速铁路的地区；

④综合评定地区经济发展需要开展短途运输业务的地区。

综上所述，我国短途运输通用机场布局需要主要集中在以下几类地点：

①在黑龙江、内蒙古、新疆、青海、西藏、甘肃、贵州、四川、云南等省地的部分县级行政区，布局通用机场满足偏远地区陆地交通需要。

②在长三角、珠三角等地区部分城市布局通用机场，满足城市群空中通勤需要，珠三角部分地区还存在跨境直升机通勤摆渡需求。

③在浙江、海南、福建、广东、山东、辽宁等沿海地区的县级行政单元布局通用机场，满足岛际通勤需要。

（四）航空应急救援通用机场布局

1. 服务自然灾害航空救援的通用机场布局

四川、云南、广西、江西、福建、湖北、湖南、贵州、重庆等地区属于我国自然灾害多发频发地区，也是航空应急救援需求的重点分布地区。建议在我国自然灾害和事故灾难多发、频发的地区加强用于自然灾害航空应急救援的通用机场布局。

2. 服务城市群的通用机场布局

服务城市群的通用机场建设坚持以国家战略为引领，与京津冀、长三角、长江经济带、粤港澳大湾区、"一带一路"等发展战略（倡议）保持高度契合。

通用机场主要承担两项任务：一是救援行动保障，满足执行航空应急救援任务时的停场、起降需求，以及提供航油、气象、空管等保障和服务；二是驻训驻防保障，满足航空应急救援力量驻训驻防期间的指挥、通信、监控、维修和生活、办公等需求，部分基地能提供特殊环境救援训练、多机型联训、跨区域协同训练等保障条件。

（五）航空作业通用机场的布局

1. 航空护林

航空护林通用机场主要布局在我国森林密集分布地区。根据 2018 年第九次全国森林资源普查结果，当前我国森林资源主要分布在内蒙古、云南、黑龙江、四川、西藏、广西、湖南、广东、江西等地，也是航空护林通用机场的主要布局区域。

如果按照每个通用机场覆盖的航空护林区域半径100公里计算，则全国共需要航空护林通用机场83个。若服务半径进一步减小，则通用机场的数量将进一步增加，见表16-6。

全国（不含港澳台地区）航空护林通用机场需求 表16-6

序号	省（区、市）	森林面积（万公顷）	森林覆盖率（%）	通用机场数量需求（个）	
				覆盖半径100公里	覆盖半径75公里
1	内蒙古	2615	22.10	8	15
2	云南	2274	59.30	7	13
3	黑龙江	1987	43.78	6	11
4	四川	1840	38.03	6	10
5	西藏	1685	14.01	5	10
6	广西	1480	62.31	5	8
7	湖南	1053	49.69	3	6
8	广东	1053	58.59	3	6
9	江西	1021	61.16	3	6
10	陕西	887	43.06	3	5
11	贵州	880	50.00	3	5
12	福建	807	66.80	3	5
13	新疆	802	4.87	3	5
14	吉林	785	41.49	3	4
15	湖北	736	39.61	2	4
16	浙江	605	59.43	2	3
17	辽宁	600	40.00	2	3
18	河北	600	32.00	2	3
19	甘肃	507	11.33	2	3

续上表

序号	省（区、市）	森林面积（万公顷）	森林覆盖率（%）	通用机场数量需求（个）	
				覆盖半径100公里	覆盖半径75公里
20	青海	420	5.82	1	2
21	河南	410	24.53	1	2
22	安徽	396	28.65	1	2
23	重庆	374	45.40	1	2
24	山西	321	20.50	1	2
25	山东	284	17.95	1	2
26	海南	195	57.10	1	1
27	江苏	156	22.90	1	1
28	北京	78	43.50	1	1
29	宁夏	66	12.63	1	1
30	天津	12.4	11.40	1	1
31	上海	9	14.04	1	1
	合计			83	145

2. 农业植保

农业植保作业主要为航空喷洒（撒）作业，适用于大面积的土地连片地区，非连片的土地零散分布地区适宜使用无人机开展农业植保作业。我国大面积的连片耕地主要分布地区包括黑龙江、河南、山东、内蒙古、河北、云南、四川、安徽、吉林等，它们也是农业植保通用机场的需求集中地区。

分别按照每个通用机场覆盖范围100公里和75公里测算，预计农业植保通用机场需求见表16-7。

全国（不含港澳台地区）农业植保通用机场需求 表 16-7

序号	省（区、市）	耕地面积（万公顷）	通用机场数量需求（个）	
			覆盖半径100公里	覆盖半径75公里
1	黑龙江	1183.01	4	7
2	河南	792.64	3	4
3	山东	751.53	2	4
4	内蒙古	714.72	2	4
5	河北	631.73	2	4
6	云南	607.21	2	3
7	四川	594.74	2	3
8	安徽	573.02	2	3
9	吉林	553.46	2	3
10	江苏	476.38	2	3
11	湖北	466.41	1	3
12	甘肃	465.88	1	3
13	贵州	448.53	1	3
14	山西	445.58	1	3
15	广西	421.75	1	2
16	新疆	412.46	1	2
17	辽宁	408.53	1	2
18	陕西	405.03	1	2
19	湖南	378.94	1	2
20	广东	283.07	1	2
21	江西	282.71	1	2
22	重庆	223.59	1	1
23	浙江	192.09	1	1
24	福建	133.01	1	1

续上表

序号	省（区、市）	耕地面积（万公顷）	通用机场数量需求（个）	
			覆盖半径100公里	覆盖半径75公里
25	宁夏	110.71	1	1
26	海南	72.75	1	1
27	青海	54.27	1	1
28	天津	44.11	1	1
29	西藏	26.16	1	1
30	上海	24.4	1	1
31	北京	23.17	1	1
	合计	12201.59	45	74

3. 海上石油作业

海上石油作业是使用民用航空器在石油勘探开发的作业地至后勤保障基地间开展的人员物资运输以及空中吊装、空中消防灭火、搜寻救援等飞行服务活动。我国近海油气田主要分布在渤海、东海、南海三大海域，海上石油作业的保障机场主要沿油气田在陆基沿线布局。根据油气田分布，此类通用机场主要布局在天津、辽宁、浙江、广东、海南等地区。

4. 直升机港口引航

直升机港口引航是使用民用直升机在轮船和港口之间运送引水员的飞行活动。全国沿海港口主要包括环渤海、长江三角洲、东南沿海、珠江三角洲和西南沿海5个港口群体，拥有港口的城市或地区将是直升机港口引航通用机场主要需求集中区域，见表16-8。

直升机港口引航通用机场布局　　　　　　表16-8

港口分布	省（区、市）	通用机场布局
环渤海地区港口群体	辽宁	大连、营口、丹东、锦州
	天津	天津
	河北	秦皇岛、唐山、黄骅
	山东	青岛、烟台、日照、威海

续上表

港口分布	省（区、市）	通用机场布局
长江三角洲地区港口群体	上海	上海
	江苏	连云港、南京、镇江、南通、苏州
	浙江	宁波、舟山、温州
东南沿海地区港口群体	福建	厦门、福州、泉州、莆田、漳州
珠江三角洲地区港口群体	广东	广州、深圳、珠海、汕头、汕尾、惠州、虎门、茂名、阳江
西南沿海地区港口群体	广东、广西	湛江、防城、海口港、北海、钦州、洋浦、八所、三亚

5. 电力巡线

截至2019年底，我国建成投运"十交十一直"共计21项特高压工程，核准、在建"四交三直"特高压工程，已投运特高压工程累计线路长度接近3万公里、累计变电（换流）容量超过3亿千伏安（千瓦）。随着特高压电网的逐步建成，电网运行维护领域将衍生大量的电力巡线需求。电力巡线通用机场的布局主要沿电网布局，按照一般巡线用直升机航程的距离间隔，沿电网线路走向布局通用机场。

（六）航空消费通用机场布局

1. 低空旅游

空中游览主要依托景区开展空中观光和低空旅游活动，原则上具备开展空中游览业务条件的景区（除部分博物馆、故居、古镇等不适宜开展空中游览的景区外），均可布局通用机场。

2. 航空运动及私人飞行

航空运动及私人飞行业务的发展主要受两个因素影响：一是人口规模；二是经济和收入水平。人口规模是支撑航空运动及私人飞行的首要条件，建议在人口规模较大的城市优先布局通用机场，满足航空运动及私人飞行等消费类航空需求。经济水平方面，建议在人均GDP和居民收入水平较高地区考虑布局通用机场。

3. 公务航空

公务机一般主要在运输机场或大型通用机场起降，目前我国尚无专门的公务机场，未来针对公务机起降保障需求可从以下几方面推动公务机保障机场建设：一是在大型繁忙运输机场周边布局建设通用机场，以满足公务航空从繁忙机场的疏解需求。公务机场的布局以不影响运输机场运行为宜。二是在具备时刻容量的支线机场，建议配设公务机起降保障设施，推动运输航空、通用航空融合发展。三是各地大型通用机场在布局过程中可适当考虑公务机起降保障需求，在不过多增加建设成本和规模的前提下，尽量兼顾公务机起降保障需求。

（七）无人机通用机场布局

无人机机场大致可分为两类，一类是多旋翼无人机，一般不需要跑道，可在平整的地面实现起降，无须建造专用的无人机机场。另一类是固定翼无人机，需要建设带跑道的通用机场。目前以无人机物流配送为代表的无人机新兴应用领域对大型固定翼无人机试飞和远距离不同起降点之间转场试飞的需求十分迫切，且此类试飞活动在现有通用机场和支线机场难以得到充分有效保障。建设带跑道的能够满足大型固定翼无人机起降的机场，对于未来无人机产业发展具有重要作用。

五、其他运输方式对通用机场布局的影响

鉴于通用航空细分业务类型众多，其他运输方式对各个细分业态的影响机制不尽相同，需要根据各业务类型分析其他运输方式对通用机场布局的影响。

（一）高速铁路

通用航空短途运输方面，因其服务领域主要为沿高速铁路线路 50 公里覆盖范围之外，因此，高速铁路网络对通用机场布局的影响较大。通过考虑高速铁路/不考虑高速铁路影响下对全国各县到中心城市和运输机场的地面交通综合条件对比分析可知，高速铁路对到中心城市和运输机场的综合交通时间 2 小时之内的县级行政区影响较大，对超过 2 小时的县级行政区影响较小，而后者正是通用航空短途运输的重点辐射地区。也就是说，通用航空短途运输

和高速铁路基本为互补关系，高速铁路覆盖范围越大，则通用航空短途运输的需求范围越小。

未来随着我国高速铁路网络从"八纵八横"向"十纵十横"的格局发展，高速铁路网络对县级行政区的覆盖范围进一步扩大。但是，鉴于我国部分偏远地区不具备建设高速铁路的条件，这些地区仍具有较强烈的发展通用航空短途运输的需求。航空应急救援方面，从区域分布看，通用航空应急救援需求主要分布在地形地貌复杂地区、高速公路沿线、事故灾难和自然灾害多发频发地区，而这些地区与高速铁路网络的重合度不高。从功能需求看，航空应急救援侧重点是对人员救援，具体任务类型包括航拍航测、空中侦查、应急指挥、吊装绞装、人员转运等，这些任务类型与高速铁路的运输功能基本无重合。因此，高速铁路网络的发展对航空应急救援通用机场的影响不大。

航空作业方面，通用机场主要保障的作业类型为海上石油作业、航空护林、农业植保、直升机港口引航、电力巡线、航空摄影等，与高速铁路网络的交通运输功能基本无重合，因此航空作业类通用机场布局基本不受高速铁路网络的影响。

航空消费方面，以低空旅游和航空运动为代表的航空消费业态发展需要满足三个条件：一是具有相应的旅游资源禀赋，二是具备较好的经济和收入水平，三是具备较大的游客规模。其中，高速铁路的发展有利于带动游客量的提升，进而提升旅游景点的热度，为低空旅游发展集聚人气。综合来看，高速铁路网络的发展将有助于增加游客规模，有利于促进低空旅游等航空消费业态发展，实现旅游业空铁融合发展。由于服务航空消费的通用机场需要依托景点布局建设，因此高速铁路网络发展对此类通用机场的布局影响不大。

（二）高速公路

通用航空短途运输方面，高速公路对通用机场布局的影响机理与高速铁路类似。高速公路网络发展将改变县级行政单元至中心城市和运输机场的地面交通条件，缩短交通时间，进而减少通用航空短途运输需求。根据《国家公路网规划（2013—2030年）》，到2030年，普通国道全面连接县级及以上行政区、交通枢纽、边境口岸和国防设施；国家高速公路全面连接地级行政中心、城镇人口超过 20 万的中等及以上城市、重要交通枢纽和重要边境口岸。因此，鉴于仍有部分地区未被高速公路网络有效覆盖，这些地区仍具有较强的发展通用航空短途运输的需求。

航空应急救援方面，从对区域的覆盖看，高速公路网络的发展有利于扩大对重点区域的覆盖，但在大部分地震、泥石流、洪涝等自然灾害下，地面交通往往容易中断，需要发挥通用航空的空中立体监测侦查能力。从任务功能来看，通用航空应急救援所承担的航拍航测、空中侦查、应急指挥、吊装绞装、人员转运等任务中，除人员转运可部分通过高速公路替代外，其他功能均不能通过高速公路完成。高速公路是通用机场应急救援的主要场景，在高速公路服务区布局通用机场，是应对交通事故应急的重要保障。

航空作业方面，由于通用机场所保障的航空作业与高速公路网络的交通运输功能基本无重合，因此，航空作业类通用机场布局基本不受高速公路网络的影响。

航空消费方面，高速公路网络的发展能够为景区集聚人流，为低空旅游和航空运动的发展提供助力，但鉴于服务航空消费的通用机场需要依托景点布局建设，因此，高速公路网络的发展对此类通用机场的布局影响不大。

（三）运输航空

运输航空对通用机场布局的影响主要包括：

①在业务量不饱和的运输机场，应加快推进运输机场积极保障通用航空作业飞行，推动运输、通用航空融合发展。

②在时刻紧张的繁忙机场（一般为旅客吞吐量大于 1000 万人次）周边，宜布局通用机场作为运输机场的疏缓机场，将运输机场的通用航空业务转移至通用机场，实现运输、通用航空分离运行，提高运输机场运行效率。

③通用机场布局过程中应考虑和运输机场的距离关系，一般距离要大于 30 公里，避免通用机场布局建设对运输机场的净空产生干扰。

总体而言，运输机场和通用机场的发展关系可以概括为：在具备条件的地区推动融合运行，在不具备条件的地区实施分离运行，同时通用机场布局过程中要注意对运输机场的净空保护。

六、政策建议

1. 进一步完善运输机场对通用航空的保障功能

推动具备保障余量的运输机场增加对通用航空的保障服务，可以进一步完善通用航空保障网络，提升机场使用效率，实现保障资源的共享共用。一是支持具备保障条件的运输机场增设通用航空器的专属保障设施，满足通用航空保障需要。二是鼓励各地创新通用机场的运营管理模式，例如将通用机场纳入省机场管理集团统一管理，统筹资源调配，实现运输机场和通用机场的协同发展。

2. 从国家层面出台通用机场布局指导意见

当前，通用机场布局由各省（市、区）主导，对通用机场的布局原则、跨区域通用机场的布局等缺乏统一标准。建议在国家层面出台通用机场布局指导意见，引导各省（市、区）科学布局规划通用机场，避免过度投资和盲目超前建设。一是明确通用机场布局的原则、机场功能、空域条件、审批流程等，引导各地在布局通用机场时紧密结合当地实际需求，落实通用机场的投资主体和建设主体，推动规划落地实施。二是建立涉及通用机场审批的协调制度，明确审批流程，推动通用机场审批流程逐步简化，缩短建设周期。三是引导不同省（市、区）之间服务功能和辐射范围接近或重合的通用机场实现共建共享，推动资源集约使用。

3. 加强对特殊功能通用机场的支持力度

通用机场的主要服务对象是地方，因此，大部分通用机场属于地方事权的范围。但有几类具有特殊功能的通用机场需要加大支持力度：一是国家级或区域级的航空应急救援机场，应进一步突出通用机场的公共服务功能，建议由中央部门和地方政府共同投资建设。二是分流繁忙运输机场通用航空业务的疏缓机场。三是在全国通用机场网络中具有枢纽功能的通用机场。

4. 完善通用机场财政支持政策

通用机场的投资补助应按照科学、民主、公开的基本要求，应有利于保障行业的持续安全，有利于缓解通用航空发展瓶颈，有利于转变通用航空发展方式，有利于调动地方政府、社会参与通用航空业的积极性。一是支持各级地方政府根据需求设立通用机场建设基金,统筹推进本地区通用机场建设工作。二是积极吸引社会资本进入通用机场建设运营领域,并给予配套支持政策。三是创新通用机场建设模式,采用组团式或联盟式方法推进通用机场建设运营。四是按照业务类型对承担保障公共服务、航空作业、短途运输飞行的通用机场进行补贴。

课题组长:
胡华清(组长)、张兵(副组长)
主要执笔人:
许东松、马莉、董可、俞瑾、钟振东
主要承担单位:
中国民航科学技术研究院

本章参考文献

[1] 平安银行交通金融事业部,中国城市临空经济研究中心.经济新常态下的中国通用航空产业发展研究[M].北京:中国民航出版社,2015,78-89.

[2] 宗苏宁.中国通用航空产业发展现实与思考[M].北京:航空工业出版社,2017.

[3] 吕人力,于一,沈振.中国通用航空蓝皮书中国通用航空业研究报告(2017)[M].北京:中国民航出版社,2016.

[4] 许东松,张兵.中国通用航空中长期发展展望[M].北京:航空工业出版社,2016.

[5] 中国航空运输协会通用航空分会.2016—2017中国通用航空发展报告[R].北京:中国航空运输协会通用航空分会,2017.

[6] 欧阳杰.中国通用机场规划建设与运营管理[M].北京:航空工业出版社,2016.

[7] 中国民用航空局发展计划司.从统计看民航[M].北京:中国民航出版社,2017.

[8] 徐明凯.高新技术产业政策评估体系及方法研究[D].哈尔滨:哈尔滨理工大学,2006.

[9] 杨颖.美国通用航空产业发展概况及启示[R].北京:中国航空运输协会通用航空分会,2010.

[10] 安玉新,王永军,张颖.我国通用航空发展态势及市场需求分析[J].中国管理科学,2011,19(B),290-295.

[11] 曹学明,刘海迅.中美通用机场分类技术标准差异分析[J].中国民用航空,2014(2).

[12] 吴金栋,吕宗平.我国通用航空机场定义及分类方法研究[J],综合运输,2011(4).

第十七章
交通运输应急能力布局研究

《交通强国建设纲要》指出，要强化交通应急救援能力，完善综合交通应急体制机制、法规制度和预案体系，加强应急救援专业装备、设施、队伍建设。结合我国经济社会发展需求和自然灾害、事故灾难特点，本研究重点针对交通运输系统自身应对自然灾害和突发事件的预防抵御、应急保障和快速修复能力需求，从大安全、大应急体系和能力建设的角度出发，基于国家综合立体交通网"一张网"的布局总体思路，开展贯穿铁路、公路、水运、民航、管道等各种运输方式的主要通道和节点的综合保障能力空间布局研究，深化形成全面覆盖、快速响应、综合一体的交通运输应急救援网络，提升交通运输系统抵御突发事件的能力。

一、交通运输应急能力现状及问题分析

（一）应急能力现状

1. 铁路运输应急能力

根据《国家处置铁路交通事故应急预案》《铁路交通事故应急救援和调查处理条例》相关规定，铁路交通事故是指铁路机车车辆在运行过程中与行人、机动车、非机动车、牲畜及其他障碍物相撞，或者铁路机车车辆发生冲突、脱轨、火灾、爆炸等影响铁路正常行车的铁路交通事故，地方铁路或非国家铁路控股的合资铁路发生事故时，由所在地省级人民政府根据相应应急预案进行处置。

目前，铁路已初步建立"国铁集团—铁路局集团公司—站段"的三级应急救援体系，对于有效预防和妥善处置各类突发事件，最大限度地减少突发事件带来的损失和影响，发挥了重要作用。中国国家铁路集团有限公司（简称国铁集团）成立应急办公室，负责组织、指导有关铁路局集团公司进行应急救援处置，与有关部委、地方人民政府进行相关事务的协调等。应急救援指挥中心设在国铁集团调度中心，负责铁路应急救援处置、救援抢险的指挥、协调工作，制订运输组织调整方案，及时发布调度命令。铁路局集团公司成立应急办公室及应急救援指挥分中心，主要负责在国铁集团应急办公室及应急指挥中心的指挥下，组织、指导有关站段进行应急救援处置。各站段为铁路应急救援的主要实施单位，由车务、机务、工务、电务、供电、车辆、客运、货运等专业各自的救援力量组成。

目前，铁路应急救援机构主要依托线路及车站，根据不同专业设立不同铁路救援力量，具体如表17-1所示。

铁路各专业主要应急救援力量组织特征及分布情况　　表17-1

专业	救援机构名称	组织特征	分布情况
车务	车站救援队	在车站成立不脱产的救援队，负责车站内的小型事故及自然灾害的救援，人数为30~40人。发生事故和自然灾害时，立即赶赴现场，组织抢救和疏散人员；在不需要出动救援列车的情况下，利用救援机具起复事故车辆，迅速恢复行车	普速铁路在二级以上的车站设立，高速铁路救援队则在特、一等车站成立
工电供	段、车间及工区	在工电供（工务、电务、供电）段设有应急值守人员，负责落实本专业应急救援方案，指挥下设车间进行设备故障的抢修和应急处置；车间接受段的业务管理，是实施应急救援工作的基层单位。工区则参与事故现场的紧急救援和固定设备设施的修复工作	工务专业车间一般每隔100~150千米设置一处，电务专业车间每隔150~200千米设置一处，供电车间则每隔约200千米设置一处

续上表

专业	救援机构名称	组织特征	分布情况
机务	救援列车基地	负责救援列车救援装备的日常维护；负责本救援列车救援人员业务技能的培训演练；在需要进行应急救援时，按照调度命令，迅速赶赴事故现场，主要负责大型事故及自然灾害的救援，准确提出救援起复方案，安全、高效地起复事故机车车辆，开通线路，恢复通车	目前共设有167个救援列车基地，每个救援列车基地管辖范围为250千米左右

2. 公路运输应急能力

根据《公路交通突发事件应急预案》，公路交通突发事件定义为：公路以及重要客运枢纽出现中断、阻塞、重大人员伤亡、大量人员需要疏散、重大财产损失、生态环境损害和严重社会危害，以及由于社会经济异常波动造成重要物资、旅客运输紧张需要交通运输部门提供应急运输保障的紧急事件，公路交通应急能力主要对自然灾害、公路交通运输生产事故、公共卫生事件和社会安全事件四类突发事件进行响应。

公路交通应急组织体系由国家级（交通运输部）、省级（省级交通运输主管部门）、市级（市级交通运输主管部门）和县级（县级交通运输主管部门）四级应急管理机构组成。如图17-1所示。

目前，在河北、吉林、黑龙江、浙江、山东、河南、湖南、广东、四川、贵州、云南、陕西、甘肃13个省份已基本建立区域性公路交通应急装备物资储备中心。应急装备物资主要包括四类：一是应急处置类，包括钢桥、运油车、发电机、指挥通信设备等；二是工程机械类，包括挖掘机、除雪机、推土机等；三是应急保障类，包括炊事车、维修车辆以及个人防护装备等；四是应急物资类，包括麻袋、工业盐、帐篷等。各地公路交通应急装备物资储备中主要以交通战备、公路建设和养护所需的物资和工程机械类装备为主。

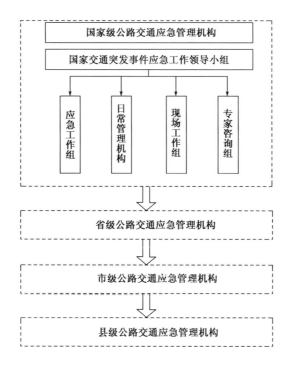

图 17-1　公路交通应急组织体系

3. 水上运输应急能力

《国家海上搜救应急预案》是针对国际和国内水上人命救助和船舶防污染突发事件的应急预案，适用于包括我国管辖水域和承担的海上搜救责任区内海上突发事件的应急反应行动，发生在我国管辖水域和搜救责任区外涉及中国籍船舶、船员遇险或可能对我国造成重大影响或损害的海上突发事件的应急反应行动，涉及参与海上突发事件应急行动的单位、船舶、航空器、设施及人员。2005年，国务院批准建立了国家海上搜救部际联席会议制度，作为应急领导机构指导全国海上搜救应急处置工作。应急指挥机构包括中国海上搜救中心及地方各级政府建立的海上搜救机构，省级海上搜救机构可根据需要设立搜救分支机构。

《水路交通突发事件应急预案》对水路交通突发事件定义为：由水路运输事件、社会安全事件、公共卫生事件、自然灾害突发事件引发的，造成或可能造成航道或港口出现中断、瘫痪、重大人员伤亡、财产损失、生态环境损害和严重社会危害，以及由于社会经济异常波动等造成重要物资需要由交通主管部门提供水路应急运输保障的紧急事件，建立了国家、省、地市和县四级的水路交通应急组织体系。

目前，中国海上搜救中心是海上搜救行动的组织、协调和指挥单位，是政府的海上应急主管部门；救助打捞部门是国家的海上专业救助力量，在搜救中心的组织、协调和指挥下开展搜救行动。中国海上搜救中心管辖的海（水）上搜救中心有12个，分别是：辽宁省海上搜救中心（辽宁海事局）、河北省海上搜救中心（河北海事局）、天津市海上搜救中心（天津海事局）、山东省海上搜救中心（山东海事局）、江苏省水上搜救中心（江苏海事局）、上海市海上搜救中心（上海海事局）、浙江省海上搜救中心（浙江海事局）、福建省海上搜救中心（福建海事局）、广东省海上搜救中心（广东海事局）、广西壮族自治区海上搜救中心（广西海事局）、海南省海上搜救中心（海南海事局）、长江干线水上搜救中心（长江海事局）。

交通运输部救助打捞局在我国海上搜救组织体系中属于"政府专业力量"，目前，已在我国沿海建起了一个比较完善的救捞网络，组建了"中国救助"和"中国打捞"两支国家队伍。"中国救助"由3个救助局组成，主要承担着人命救助的政府职能；"中国打捞"由3个打捞局组成，主要承担公益性抢险打捞职责，并为社会提供商业打捞和相关的服务。目前，在沿海各地设有24个救助基地、7个航空救助基地，各救助基地下设若干救助站，目前共有77个专业救助船舶待命点（救助站），如图17-2所示。

内河水上交通安全监管方面，中央管理的内河水域（长江干线、珠江干线、黑龙江干线等），由交通运输部直属海事管理机构实施水上交通安全监督管理，中央管理水域以外的其他水域，由省、自治区、直辖市人民政府设立的海事管理机构对所辖通航水域实施水上交通安全监督管理。内河水域实行巡航救助一体化，按照水域的风险程度、安全监管和险情救助的及时有效性等，分为综合基地、基地、站三个层次。目前在长江干线设有1个搜救协调中心，沿江省份设立搜救中心。重庆、三峡坝区、万州、武汉、九江、芜湖、南京、南通、太仓已建设9个综合基地，在三峡坝区综合基地设置直升机起降点；在宜宾、泸州、涪陵、巫山、宜昌、荆州、岳阳、黄石、安庆、镇江、江阴、南通布设基地12个；在其他水域以及综合基地、基地之间布设监管救助站83个；巡航救助船艇共计300余艘。在其他内河水域依托监管机构布设143个监管救助站。

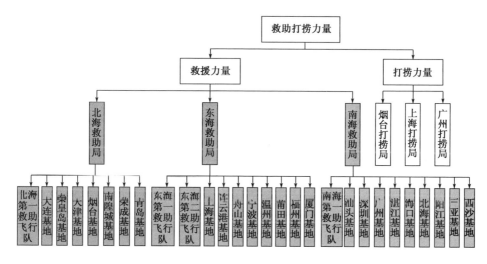

图17-2 交通运输部救捞系统组织结构图

4. 航空运输应急能力

根据《国家处置民用航空器飞行事故应急预案》《中国民用航空局突发事件应急总体预案》规定，民用航空器飞行事故是指以下几种情况：民用航空器特别重大飞行事故，民用航空器执行专机任务发生飞行事故，民用航空器飞行事故死亡人员中有国际、国内重要旅客，军用航空器与民用航空器发生空中相撞；外国民用航空器在中华人民共和国境内发生飞行事故，并造成人员死亡；由中国运营人使用的民用航空器在中华人民共和国境外发生飞行事故，并造成人员死亡；民用航空器发生爆炸、空中解体、坠机等，造成重要地面设施巨大损失，并对设施使用、环境保护、公众安全、社会稳定等造成巨大影响。航空运输应急主要是针对民航事故突发事件的响应。

我国自然灾害具有种类多、分布广、频率高、损失重等特点。应急事件一旦发生，往往社会影响大，危害程度深，且存在一定的事件次生和关联；波及面广，威胁生命数量多，对生命、财产、环境等造成损失程度高。因此，航空应急事件的处置不等同于平日里的医疗急救或事故救援，是一种高度综合的立体化救援，多种专业力量需要在有限的时间、空间里，利用有限资源完成施救。我国航空应急救援主要担负以下任务。

（1）空中侦察勘测。

利用载配高精度侦测设备的长航时、高性能飞机、无人机或直升机等航空器，开展灾区航拍、勘察、测绘、监测，并将相关实时信息传送至指挥系统，为灾情评估、救援指挥决策提供支持。

（2）空中紧急输送。

通过空运、空投、机降索降等手段，快速向灾区投送救援力量、装备器材和救灾物资，转移疏散灾区或被困"孤岛"的遇险人员。

（3）空中搜寻救助。

对遇险被困人员展开空中搜寻、定位、营救，并在第一时间运送到安全地带或后方医疗机构救治。

（4）空中消防灭火。

利用吊桶、水箱等机载吊挂设备，对森林、草原等特殊火灾实施空中喷洒灭火剂等作业，及时对大范围火灾险情进行有效处置。

（5）空中特殊吊载。

利用载重能力较强的直升机，解决高原、高高原地区的山地、峡谷、水域等交通不便的困难，通过空中吊运的方式，将救援急需的装备、器材、物资等精准投放到所需现场。

（6）空中指挥调度。

保障指挥员及时飞临灾区，了解掌握灾情现状、发展趋势和救援救灾工作进展情况，对地处重点地区和复杂环境的救援队伍实施"面对面"指挥，必要时提供空中引导服务。

（7）空中应急通信。

在通信信号未覆盖或通信设施遭到破坏的灾区，以及高原、高山峡谷、沙漠等难以快速建立地面通信保障的地区，通过建立空中基站、中继平台，保障救援行动通信需要。

目前，航空自建的护林和森林消防机场共21个，由南方护林总站、森林消防支队直管的机场有 7 个，分别为云南江川站、丽江站、保山站长岭岗、西昌站盐源、成都站金川直升机机场以及大庆、昆明森林消防支队直升机机场，其余 14 个已划拨地方管理。航空队伍主要来源于森林消防直升机支队和南、北航空护林总站，包括 2 个专业飞行支队 39 个航站（6 个直属航站、33 个省属航站），分别配备有专业技术人员。2019 年底，我国民航在册通用航空器数量达到 2675 架，我国境内民用航空（颁证）机场共有 246 个（不含香港、澳门特别行政区和台湾地区）。可用于应急救援的固定翼飞机 422 架，直升机 396 架，合计 818 架。其中，可用于高原（高高原）应急救援的直升机 129 架。

民航七个地区管理局辖区内通航企业可用于应急救援的直升机 396 架，见表 17-2。其中，可用于高原（高高原）应急救援的直升机 129 架。

用于应急救援的直升机机队统计表（单位：架）　　表 17-2

民航各地区管理局	架　　数
华北	83
东北	38
华东	74
中南	129
西南	46
西北	18
新疆	8
合计	396

其他部委可用于应急救援的直升机现有 95 架，分别隶属于应急管理部（18 架）、公安部（55 架）、交通运输部（20 架）、自然资源部（2 架），应急管理部有 10 架直升机可用于高原（高高原）应急救援任务。

截至目前，我国应急救援直升机应用领域以海上救援、平原地区的医疗救援、航空护林为主，尚未专门针对高原（高高原）地区应急救援保障采购直升机。

5. 管道运输应急能力

我国油气管道的抢维修和应急救援体系主要由中国石油天然气集团有限

公司（简称中石油）、中国石油化工集团有限公司（简称中石化）、中国海洋石油集团有限公司（简称中海油）和地方管道和燃气企业的救援力量构成，其中主要是中石油、中石化、中海油石油公司负责构成我国油气管网营救体系的骨架。

中石油油气管道抢维修应急管理体系，根据功能定位不同，分为维修队、抢维修队、抢维修中心和地区公司级应急抢修中心四级。此外中石油管道局成立了三个应急抢险中心，分别为应急抢险中心（廊坊）、东北应急抢险中心（铁岭）、西部应急抢险中心（西安），三个单位隶属管道局技术服务部管理，对外均为独立法人单位，按区域对油气管道抢维修市场进行服务。

中石化的油气管网抢维修体系，主要包括天然气管道公司（负责天然气管道）和储运公司（负责油品管道）。天然气管道公司抢维修工作采用"自有队伍+外部依托相结合"的模式，已在川气东送管道分公司、榆济管道分公司等5家管道运营公司建成宜昌、嘉兴、长治、胶州、天津、北海6个抢维修中心，另外依托8家单位提供抢维修服务。储运公司的抢维修体系组织架构设置为抢维修中心、A类抢维修队、B类抢维修队、C类维修班四类配置标准不同的抢维修队伍，合计21个队伍。

中海油抢维修机构可以分为三类：陆上抢维修机构、海上溢油应急响应机构和水下作业应急抢维修机构。陆上抢维修机构有2个，包括福建中海油应急抢修有限公司和在建的海南应急抢修有限公司。海上溢油应急响应机构包括中海石油环保服务（天津）有限公司，同时采用溢油应急俱乐部形式利用8个溢油应急基地。水下作业应急抢维修机构主要是深圳海油工程水下技术有限公司。

目前，管道运输初步建成六座国家油气管道应急救援基地，分别是中石油的国家油气管道应急救援华北（廊坊）基地，中海油的国家油气管道应急救援南海（珠海）基地，中石化的国家油气管道应急救援华东（徐州）基地，国家油气管道应急救援东北（沈阳）基地，国家油气管道应急救援西北（乌鲁木齐）基地，国家油气管道应急救援西南（昆明）基地，这些都成为我国最高层次的国家油气管道应急救援基地。同时还包括有5个应急维修中心，15个抢维修中心，49个抢维修队和7个维修队。

（二）存在问题

1. 铁路应急能力

一是需要根据路网规模变化合理设置救援列车基地。近年来铁路网规模和高速铁路快速发展，特别是高速铁路的快速发展，使得既有的救援列车基地不能完全覆盖，对于高速铁路救援，救援列车需要从既有线救援基地出发，通过联络线、走行线等驶入高速铁路实施救援，对救援效率有一定的影响，因此，应在充分考虑利用既有的普速铁路救援网络布局的前提下，结合高速铁路网络整体救援需求，在部分区域需要新设救援列车基地。

二是需要完善路网结构，增加救援基地通达性。目前铁路救援基地多分布于普速铁路沿线，救援范围能够覆盖多数高速铁路线路，但救援列车前往高速铁路救援，需经铁路渡线或车站联络线才能抵达，往往会造成救援列车绕行、多次折返等情况，延长救援列车抵达救援现场的时间。因此，需完善路网结构，对于设在既有线沿线的兼顾高速铁路及普速铁路救援任务的救援基地，设置便捷的走行渡线及联络线，减少救援列车迂回绕行，必要时可重新设置救援基地位置，保证在实施救援任务时高速铁路的可达性。

三是需要加强与社会救援体系的融合发展。铁路热备动车组是指配备司乘人员，存放于指定地点的运营动车组。在正常运行的动车组故障无法及时修复时，铁路便会启用热备动车组，赶赴故障现场，组织故障动车组内的旅客换乘至热备动车组当中。同时若区间需要进行抢修及救援等工作，铁路抢修及救援人员也可搭乘热备动车组前往事故现场，及时开展应急救援工作。因此，在铁路发生大规模交通事故、自然灾害事件、公共卫生事件、社会安全事件时，可运用铁路热备动车组运送救援人员及小型救援器械到事故现场，协同多种运输方式将伤员、受困人员等及时转移，在多种运输方式应急救援中发挥作用。同时，铁路应急救援体系需要加强与其他交通方式及医院、卫生、防疫、消防、安全等社会救援体系的深度融合。

2. 公路应急能力

一是专业机械设备储备不足，分布不合理。目前依托于公路养护部门储备的主要是小型机械设备，数量少，型号单一，种类较少，处置能力不足。由于应对重大应急突发事件所需的大型机械设备购置和维护成本较高、利用率低，各地配备数量较少，主要分布于少数中心城市，覆盖和辐射范围有限，由于灾害发生概率低，部分地区缺乏必要的应急机械设备。此外装备物资的分布信息不共享，应对特别重大突发事件时难以有效实施跨区域调度。

二是应急处置所需物资和通信设备储备不足。日常储备主要以公路建设和养护所需物资为主，在应急处置中常用的防滑料、编织袋等应急物资以及个人防护用品储备严重匮乏，数量和种类不敷所需，而且由于重大自然灾害往往通信会受到影响，应急指挥调度所需的指挥车、海事卫星电话等通信设备缺乏储备，严重制约了应急的快速处置。

三是公路抗灾抢险保通专业能力薄弱，应急培训与演练不足。由于应急培训和演练不足，应急处置人员缺乏应急管理与处置专业技能，缺乏灾害监测、预警、处置、指挥等技术手段，缺乏一整套相应的技术规范要求。目前依托公路养护机构建立的公路应急队伍只能完成一般性的路基坍塌、路面损毁等作业，应对大规模、大强度、长时间的灾害条件下公路应急处置能力有限。在南方地区普遍缺乏除雪除冰的技术措施和经验，缺乏专门的技术人才，尤其是经营性高速公路，在突发事件中充分暴露出日常投入养护经费少、专业养护力量薄弱、自身应对突发灾难能力极其有限等问题。

3. 水上运输应急能力

在海域方面主要存在以下三个问题：

一是高海况条件下的救助能力有待提高。特别是我国南海，海区面积大，距离基地较远，加之该海域水深（最深处5576米）、浪高、海况复杂，我国大型远洋救助技术装备缺乏，救助覆盖面不足，救助能力不能自由投放，不能做到无阻碍航行。

二是大深度潜水打捞能力以及大吨位沉船打捞技术水平较为薄弱。我国已经建造了300米深潜支持船、引进了300米饱和潜水装备，形成了300米饱和潜水作业能力，但对超过300米水深的作业环境仍未突破；另外，我国水下机器人等技术装备匮乏，还没有能力在水下6000米的深度实施作业。同时，国内常用的沉船打捞方法及工艺还停留在传统水平，沉船打捞综合技术仅停留在60米以浅、最大整体打捞吨位2万~3万吨的水平。一般海区，打捞万吨级沉船需要45个工作日左右，大深度潜水打捞能力不足。

三是大规模溢油、深水沉船油污及危险品处置能力较低。我国水面溢油回收能力为250立方米/小时；水下抽油作业深度为60米以浅；水下应急抽油能力为350立方米/小时。面对特大溢油和深水沉船油污、危险品事故的巨大风险，处置能力还相当薄弱。

在内河水域方面主要存在以下四个问题：

一是应急管理体制机制有待进一步健全。部分内河水域，所在地地方各级人民政府预防与应对水上突发事件的属地责任有待进一步落实，部分地区县一级尚未建立内河水上应急救援机构，水上搜救组织、协调、指挥和保障体系不够健全，水上应急救援所需经费投入不足，搜救机构运行效率有待提高，沿线地方政府、海事、交通管理等相关部门之间的协同机制有待完善。

二是应急救援能力发展不平衡。通过实施《国家水上交通安全监管和救助系统布局规划（2005—2020）》，目前我国内河重要航段应急到达时间不超过45分钟，接近国际先进水平，但仍有一定差距。部分由地方管理的内河水域救援基地和站点布局不足，应急救援装备相对落后，应急反应和救援能力偏弱，救助船舶船龄长、航速低、操纵性能差、抗风浪能力低，应急到达时间、平均每次搜救时间较长，不能及时发现和应对内河险情。同时，水上交通安全监管和救援装备性能和质量水平存在较大差距。我国现有溢油设施不完善；现有深潜救援装备主要用于海上应急抢险打捞，面对日益严峻的内陆江河救援需要，存在救援装备体积大、运输困难、快速投放能力差且不足的问题，专门用于内河的便携式、小型化深潜水装备配置欠缺。

三是应急救援人才队伍亟待加强。水上交通运输应急救援工作专业性强、技术复杂，对人员素质要求高。随着安全形势、应急工作、要求以及应急救援装备技术水平的不断变化，对高素质专业人才和高技能型人才的需求越来越大。目前高层次的搜救指挥人才、高素质的技术保障人才和高技能的专业人才（包括监管值班员、船员、飞行员、救生员和潜水员）十分缺乏，人才队伍建设亟须加强。

四是社会救援力量的作用未能充分发挥。内河水上应急救援的时效性要求高，仅依靠海事部门、政府部门的应急力量很难保障及时救助，特别是在偏远的内河水域发生应急事件。为提升应急救援的效率，应充分发挥社会力量的作用，特别是企业应急自救力量、民间救援组织等的作用。

4. 航空运输应急能力

一是航空救援力量缺乏统一领导机制。目前，除南方、北方航空护林总站及其所辖航空护林站（基地）、森林消防直升机支队之外，还有交通运输部救捞局北海、东海、南海飞行队等的航空救援力量，但各自独立运行，管理模式各不相同，缺乏统一组织指挥和管理机制，难以形成"拳头"力量。

二是航空救援资源缺乏，供需不平衡矛盾突出。现有专业技术人员能力不足，航空护林和森林消防支队专业人员数量少，缺少航空应急救援专门训练。现有航空器救援能力不足，续航能力强、适应高原地区作业的大、重型直升机以租用为主，且数量不足。基础设施保障薄弱，现有航空护林机场仅19个，配套设施陈旧，难以满足航空应急救援保障需求。

5. 管道运输应急能力

一是主要石油公司的应急救援体系缺乏统筹协调。目前，按照主要石油公司业务建立的油气管网应急救援体系虽然较好地服务了企业内部管网的应急，但是应急救援机构的布局不合理，长江中下游及华北地区中石油与中石化的应急救援机构接近毗邻建设，而华南地区、西南地区、东北地区的应急救援机构略显稀疏，救援机构的级别也较低，导致单个救援机构负责的管道里程规模较大，相应应急处置时间较长。

二是地方管网公司和燃气公司的应急救援能力偏弱。虽然大多数省市都已经按照业务特点设立或依托了应急救援机构，但由于压缩管理成本、人员物资力量匮乏等原因，导致地方企业的应急救援力量显著弱于主要石油公司的救援力量，而且缺乏对主要石油公司应急救援体系的依托机制，只有发生重大事故，才能在国家应急救援中心的协调下，利用外部救援力量进行救援，影响救援的及时性和救援效果。

三是部分应急救援单位的应急所需物资、机械设备和人员素质亟待增加和提高。虽然国家和主要石油公司对应急救援体系建设非常重视，已经花费了大量资金用于提高应急救援能力，但是考虑到近年来我国油气管网建设速度较快，相关管道技术水平不断提升，社会和政府对油气管道事故的容忍度明显下降，一旦出现事故后引起的社会反响明显增强，对油气管道应急救援水平的要求明显提高，部分应急救援单位的应急物资、机械设备亟待增加，人员素质亟待提高，以适应新的要求。

二、发展要求

我国是灾害多发频发的国家，为防范化解重特大安全风险，健全公共安全体系，整合优化应急力量和资源，推动形成统一指挥、专常兼备、反应灵敏、上下联动、平急结合的中国特色应急管理体制，提高防灾减灾救灾能力，确保人民群众生命财产安全和社会稳定，2018年我国整合11个部门的13项职责，组建应急管理部，作为国务院组成部门，标志着我国综合应急管理体制的正式建立。

国家综合立体交通网是连接城市及国土开发的重要纽带，也是为突发事件应急运送人员、物资的重要通道，交通运输应急体系是国家应急体系中重要的组成部分。《交通运输突发事件应急管理规定》中对交通运输突发事件的定义是：指突然发生，造成或者可能造成交通运输设施毁损，交通运输中断、阻塞，重大船舶污染及海上溢油应急处置等，需要采取应急处置措施，疏散或者救援人员，提供应急运输保障的自然灾害、事故灾难、公共卫生事件和社会安全事件。因此，在交通运输突发事件中，一类是交通运输系统内部出现设施损坏、运输中断、阻塞、重大船舶污染及海上溢油应急处置等突发事件，根据事件等级，遵循属地管理原则，对其采取疏散、撤离、搜救、组织应急物资运输、对受损的交通基础设施进行抢修、抢通等措施；另一类是对自然灾害、事故灾害、公共卫生事件、社会安全事件提供应急运输保障，配合其他部门开展应急救援行动，做好运输保障工作。交通运输的应急保障工作对灾害应对成功与否有着重要的影响，关乎应急抢险的生命救援通道和重要应急物资的及时送达。在综合立体交通网"一张网"和安全应急管理"一盘棋"的格局下，对于交通运输应急体系来讲，既要完善公路、铁路、水运、航空、管道五种运输方式自身系统性应急能力的建设，提升其对突发事件的应急处置能力，也要兼顾社会公共应急需要，完善综合运输保障配合工作，从预案体系、指挥协调、队伍建设、资源储备、调度平台等多方面形成全面覆盖、快速响应的综合运输应急体系。

(一) 铁路应急要求

一是完善铁路救援列车基地分布。铁路救援列车基地为铁路目前的主要救援力量，现阶段沿海地区由于线路网密度较高，所设置的铁路救援列车基地较为充足，能基本覆盖各铁路局集团公司管辖的所有铁路线路，而如青藏、新疆等偏远地区的救援能力还需进一步完善加强。

二是匹配灾害事故发生区域规律特点。能够导致铁路事故发生的自然灾害，主要包括洪涝、气象、地震、地质、海洋灾害和森林草原火灾等。由自然灾害可能引发的铁路安全风险，主要包括由高温天气、暴雨、大风、地震、沙尘、冰雹、雷电、大雾等导致的铁路行车中断事故或其他事故。因此，铁路专业救援能力应与我国自然灾害事故发生区域的规律及特点相匹配，在暴雨多发区域设置的救援力量应对其洪涝及雷电救援能力着重提升，根据灾害多发类型，配备相应的救援设备及人员。

三是实现铁路救援快速响应。救援响应时间包括救援力量接到救援通知后调集相关人员及物资设备等准备的时间，也包括救援人员及物资设备到达事故现场所需的时间。铁路救援力量布局研究，应充分考虑铁路救援的时效性等指标，使救援设备到达所管辖范围内的各个事故救援点的速度最快、时间最短。通常情况下，事故救援工作由距离事故点最近的救援基地实施，以保证救援力量快速到达事故现场，迅速响应并实施救援。如救援力量布局过散、管辖范围设置过大，则救援人员及物资设备无法在短时间内赶至救援地点，影响救援工作的开展。在行车事故或自然灾害导致的铁路救援时，有时需要多部门同时出动抢修抢险，工务、电务、机务、车辆等部门需协同配合，因此，合理布局救援力量，实现铁路救援快速响应，为铁路救援提供充足救援时间具有重要意义。

四是结合我国铁路属地化管理模式。目前我国铁路运营管理采取的是属地化管理模式，国铁集团下设 18 个铁路局集团公司管理全国范围内的铁路线路运营。救援力量的设置也应结合属地化管理模式，依托铁路局集团公司，充分利用现有的救援资源，完善铁路救援能力布局建设。

（二）公路应急要求

一是反应及时。重大突发事件发生后，第一时间到达现场开展救援是救援的关键，而覆盖范围广、通达程度深的特点决定了公路往往是应急救援最重要的基础设施，抢通、保通公路是应急救援的前提和基础，是"生命线"。因此，要求公路应急救援中心要有合理的布局和覆盖范围，能及时到达事发地点。

二是设备专业。在公路应急抢通过程中，为了有效应对重大突发事件，保障公路能够及时快速抢通，要求公路应急救援中心结合区域内突发事件的规律和特点，储备一定数量的专业化、大型、多功能的机械设备，同时配备可靠的应急通信设备，以及后勤保障物资和装备。

三是能力适当。面对未来繁重的公路应急抢通任务，总体上需要改变目前我国公路应急物资与装备储备不足的现状。作为国家级公路交通应急物资储备基地，应根据区域应急特点和应急规律，合理储备相应应急物资，既要发挥其专业性和突击队作用的特点，又要避免过度储备，浪费资源。公路应急救援中心要具备适当的应急装备及应急物资的保障能力，其储备的物资和装备从种类、数量以及技术规格等方面均要满足特别重大公路交通突发事件快速应急到达，并开展专业化先期应急处置的要求。

（三）水上应急要求

一是应急体系完善且准备充分。水上应急救援难度大、风险相对较高，救援工作专业性强，完善的应急体系与准备是开展应急救援工作的重要前提和基础。建立完善的应急体系、落实有关部门和人员的职责、编制科学求实的应急预案、建立训练有素的应急队伍、储备相应的应急物资和设备、做好平时实战化的演练、建立应急工作协调机制等，是确保实现快速应急响应和保持可随时投入应急工作的系统要求。根据现状和发展要求，下一步还要重点完善长江干线等内河水域监管救助基地等设施的布局，完善应急物资及设备储备，提升针对重要港口、水道和交通流量较大区域等较高风险水域的应急能力，加强应急救助机动力量及人员队伍建设等。

二是应急监测与预警科学准确。内河水域特别是长江中下游等主要水域运输量大，船舶交通密度高，通航环境复杂，所在区域气象因素多变。在这些条件下，易出现各类突发事件，且一旦事故发生，如果应急救援不及时，易造成重大人员伤亡、财产损失、航道阻断和环境损害等。因此，充分利用相关部门的信息资源，建立日常监管和险情应急共用共享的应急监测与预警体系，提高事故的应急响应能力和险情的应急决策指挥能力，是对内河应急救援能力的必然要求。

三是应急处置与救援及时有力。突发事件的应急救援，第一时间到达现场是开展救援工作的前提，充足有力的应急力量是成功的关键。因此，一方面需要优化搜救基地等布局和装备配置，包括非水网地区内河水域救援、巡航救助等基地建设，强化专业化救助打捞队伍并发挥社会救援力量作用，确保实现及时到达开展救援；另一方面在完善体制机制的前提下，需要制定和完善水上搜救值班值守、平台建设、搜救指挥、装备配备、险情处置等工作标准，实现水上搜救工作规范化、标准化，确保应急措施果断有力。

（四）航空应急要求

一是应急管理顶层设计要持续完善。根据机构、职责变动情况，调整优化工作职责，为应急管理工作的顺利开展奠定组织基础。在应急管理专家库、案例库、监管事项库相继搭建，进一步提升民航应急管理的科学决策和精准监管能力基础上，完善相关应急工作制度。

二是应急处置指挥体系要不断强化。加强内部协调联动，形成以民航局运行监控中心为枢纽，各相关单位共同参与的民航特色应急指挥体系。同时，建立与应急管理部及相关地方人民政府协同会商机制，强化综合应急处置指挥能力。通过整合现有信息资源，加快应急指挥信息平台建设；启用民航运行信息管理系统，建立大面积航班延误信息通报机制，切实提高特殊情况下的应急响应能力和协同处置能力。

三是进一步深化应急处置的政企合作。创新应急处置政企合作机制，积极推进政企在直升机应急救援中的深度合作，支持、协助西部地区航空应急救援能力建设，积极推动民航机场应急救援纳入地方人民政府应急管理体系。

四是应急救援航空器数量要进一步增加。按照直升机 2 小时覆盖半径 350 公里区域来看，航空应急救援基地主要考虑人口集聚区，并涵盖青藏高原、云贵高原、内蒙古高原以及黄土高原，预计各高原需要布局 2 或 3 个基地，全国共需要布局 11~13 个基地，确保重点城市和城镇群全域覆盖。

（五）管道运输应急要求

一是快速响应能力。一旦油气管道发生事故，有可能导致管输油品或天然气的泄漏，应急反应时间越长，泄漏量越多，经济损失也越大，不仅带来环境影响损害，造成严重的生态灾难，同时还有可能因为可燃气体的聚集和意外引燃发生爆炸事故，后果极其严重。所以救援处置的快速响应能力非常重要，需要通过增设应急处置机构数量、配备高机动性应急抢险设备、制订完善的应急响应预案等方式缩短响应时间。

二是事故处置能力。油气管网的紧急事故发生后，不仅要快速到达，还需要成功地控制事故后果，削弱事故产生的不良影响，避免后续危险的发生。这就需要提高救援处置机构的物资设备力量、配备充足的应急队伍、制订完备的事故处置预案、制订合理的事故管理方案。

三是事故报告制度。油气管道一旦发生事故，多数都会成为影响极为严重的重大事故，因此需要建立完善的事故报告制度，在事故发生的第一时间向企业、地方政府、国家应急处置中心等相关部门报告，及时汇报事故处置进展，并遵照相关专业机构的指示处置。

三、交通运输应急救援布局研究

（一）指导思想

坚持以习近平新时代中国特色社会主义思想为指导，全面准确践行总体国家安全观要求，认真贯彻落实党中央、国务院关于防控重大安全风险、遏制重特大事故的决策部署，在充分把握各种运输方式安全应急处置规律的前提下，完善各种运输方式主要通道和节点的综合应急能力的空间布局，优化交通安全应急处置全国"一盘棋"的格局，形成与社会发展相适应、与国家综合立体交通网相匹配的交通应急保障能力的合理布局。

（二）布局原则

1. 坚持"平急结合"策略指导

从资源集约化利用的角度出发，平急结合原则体现在两个方面：一是要求应急救援空间布点应充分利用现有存储大型救援设备设施的机构及空间，避免大量新建工程带来的巨额成本投入；二是平急结合要求综合应急救援空间布局规划既要有利于事故发生时的快速响应，又要尽量满足日常的救援资源及设备储存、管理和维护需求，在此基础上，根据当前设施设备综合化、多功能化发展的趋势，以及大数据分析、防灾信息系统等新技术新设备的应用，应急救援空间也可作为日常救援培训基地及救援数据存储分析中心，为应急救援工作提供技术支撑。

2. 综合各种交通运输应急救援力量

由于我国地理环境特殊、客流密度较大，多种运输方式交叉，在遇到交通突发事故时可能涉及不止一种运输方式参与应急救援，工作人员对于事故的处理不当或不及时，往往会使事故后果扩大，容易造成不利影响，这就对交通运输应急救援工作有了更高的要求。交通运输应急救援是一项专业性非常强的技术工作，需要具有专业技术知识和现场经验丰富的人员来承担。综合来看，需要建立各交通运输救援力量的协调管理机制，加强协同的顶层设计，囊括各个专业部门参与，提高应急救援的工作效率，不断促进并完善救援体系的构建工作。

3. 统筹协调各运输方式的社会救援力量

随着我国交通运输的迅猛发展，各种运输方式有机融合、协调互惠，形成了一张复杂的综合立体交通网络。与此同时，事故灾害救援工作的复杂性和风险性日益增大，完成事故救援任务不仅仅涉及国家的救援力量，还需要与其他社会救援力量互相配合，动员多方力量才能更快更高效地完成事故救援工作。因此，交通运输应急能力布局需要充分考虑社会应急力量的分布，以便事故发生时各种救援力量能协同反应，多方参与救援工作。

（三）布局目标

1. 各运输方式应急救援体系目标

（1）到 2035 年。

铁路方面：在已有救援列车基地的基础上，形成 188 个覆盖普速铁路、高速铁路的应急救援基地网络，以属地化管理为基础，配备高速铁路专用救援机具及设备，强化我国铁路网整体应急救援能力，实现应急救援各工种 15 分钟内出动，1~1.5 小时到达救援现场。

公路方面：全面建成13个国家区域性公路交通应急装备物资储备中心网络，满足特别重大公路突发事件（Ⅰ级）的应急处置对装备物资的要求，建立以武警交通部队为专业力量、养护路政队伍为主体力量、施工企业为后备力量的应急抢险保通队伍，实现应急救援队伍及应急物资装备12小时内到达救援现场，基本满足交通强国建设阶段性目标对公路交通应急救援的要求。

水运方面：建成全域覆盖、精准感知、快速反应、高效处置的国家水上交通安全监管和救助系统，实现9级海况下机动专业力量全天24小时出动，应急到达时间在沿海离岸100海里以内水域不超过90分钟，内河重要航段不超过45分钟，全国主要港口水域不超过30分钟。

民航方面：建成37个区域应急救援航空基地，落实24小时值班制度，灾情发生时实现就近调动、就近投入，执勤机组接到指令后1小时内起飞，3至8小时到达灾害事故现场。

管道方面：建成8个国家油气管道应急救援基地，20个企业级抢维修中心，形成管道应急救援网络，形成不少于50个抢维修队和40个维修队，基本建成与油气管网规模适应的多层次应急救援保障体系。

（2）到2050年。

铁路方面：形成完善的铁路应急保障网络布局，充分利用高速铁路网络优势，构建快速应急输送系统，全面满足交通强国建设阶段性目标对铁路应急救援的要求。

公路方面：形成适用于现代综合交通运输发展和交通强国建设目标的公路交通应急保障布局网络，全面满足交通强国建设阶段性目标对公路交通应急救援的要求。

水运方面：形成现代化的国家水上交通安全监管和救助系统，通信监控系统覆盖范围和感知精度、监管救助船舶抗风浪能力、应急到达时间、水上搜救成功率、沉船整体打捞吨位、饱和潜水作业保障深度、水下机械扫测打捞作业深度等核心指标位居世界前列，应急救助能力布局全面满足交通强国建设阶段性目标对水运应急救援的要求。

民航方面：形成指挥系统完善、体制机制顺畅、应急反应灵敏、功能结构合理、力量规模适度、救援能力显著提升的国家应急救援航空体系，全面满足交通强国建设阶段性目标对航空应急救援的要求。

管道方面：形成布局合理、设备先进、人员充足、响应高效的多层次应急救援保障体系，基本建成10个国家油气管道应急救援基地，建成31个企业级抢维修中心，不少于60个抢维修队和60个维修队，全面满足交通强国建设阶段性目标对管道应急救援的要求。

2. 综合交通运输应急救援体系目标

综合交通运输应急救援体系是以铁路、公路、水运、航空、管道五种运输方式应急保障体系为基础，针对自然灾害、交通运输生产事故、公共卫生事件、社会安全事件四类突发事件，通过使不同运输方式相关应急能力融合协同，实现综合立体交通网在突发事件发生后各种运输方式相关应急力量统一指挥调配、快速响应、及时到达、应急信息共享，确保综合立体交通网畅通。

到2035年，在铁路、公路、水运、航空、管道各运输方式的应急保障基地布局基础上，以省为基本单元，布局22个综合应急保障基地，基本建立"集中统一、专常兼备、反应灵敏、上下联动、平战结合"的应急运输指挥协调体系，基本形成"全天候、全覆盖、布局合理、运转高效"的综合立体交通运输应急救援网络，基本建成集约高效的应急运输指挥调度平台，实现数据共享、救援互通的联合应急救援格局。

到2050年，全面实现快速通达、衔接有力、功能适配、安全可靠的国家应急运输网络，健全应急配套设施能力；建设国家和地方两级综合运输应急运力储备体系；健全集中统一的综合交通应急运输指挥协调机制，完善应急运输保障预案；建立全域覆盖、精准感知、快速反应、高效处置的国家交通安全监管和救助系统，建设陆海空天一体化的海域动态感知和管控体系以及自主可控全球组网交通卫星通信系统，形成联合应急救援作战指挥系统，建成综合交通应急职责明确、指挥顺畅、救援高效、保障有力的救援体系。

（四）各运输方式应急能力布局研究

1. 铁路

根据2035年铁路实现应急救援各工种15分钟内出动，1~1.5小时到达救援现场的目标要求，在现有铁路应急保障体系的基础上，结合高速铁路网络整体救援要求，构建覆盖全路网的救援基地。优先利用既有救援列车基地，配置完善高速铁路专用救援设备，实现承担普速、高速铁路救援任务。在普速铁路救援列车不能覆盖的高速铁路区域，考虑选择合适地点新增高速铁路救援列车基地。

研究布局188个列车救援基地。建议在北京、山西、内蒙古、辽宁、黑龙江、上海、江西、山东、河南、湖北、广东、广西、四川、云南、山西、陕西、青海、新疆建设18个一级铁路救援基地（18个铁路局集团公司为基础，在现有列车救援基地升级改造），以属地化管理为基础，配备高速铁路专用救援机具及设备，强化我国铁路网整体应急救援能力。

研究布局170个二级救援基地，其中建议新建2个仅针对高速铁路的二级救援基地，升级改造97个高普兼顾的救援基地，建设71个普速铁路的二级救援基地（新建19个，升级改造52个），强化高速、普速铁路应急救援能力。

2. 公路

依据国家高速公路等全国干线公路分布情况，考虑区域的公路突发事件的分布规律、特点和频率、自然地理、人口分布以及合理服务范围等影响因素，结合储备中心建设选择的交通条件，按照辐射范围400~500公里的要求，确保应急装备物资调用的时效性和覆盖区域的合理性，研究建议在河北、吉林、黑龙江、浙江、山东、河南、湖南、广东、四川、贵州、云南、陕西、甘肃13个省份建立国家区域性公路交通应急装备物资储备中心。此外，由于海南是海岛省，而且从公路突发事件的类型特点来看，主要为台风造成的影响，应急处置的难度相对较小，主要由海南省级中心承担。因此，通过加强海南省级储备中心建设，满足海南省公路应急突发事件的需要。

国家区域性公路交通应急装备物资储备中心主要有应急物资和应急装备两大类，其中应急装备又可分为工程机械类、应急处置类和生活保障类。根据国家、省、市、县各级装备物资储备的职责分工，国家区域性公路交通应急装备物资储备中心主要储备为应对重大突发事件所必须、平时不常用、社会征用困难、地方储备不足的专业、大型、多功能装备。同时，本着"统筹兼顾、节约投资、有效衔接、高效利用"的原则，将交通战备装备物资储备和各省已经配备的交通移动应急通信指挥平台设备纳入公路交通应急装备物资储备体系，共同调用。

3. 水运

按照水域风险程度及基础条件现状，考虑安全监管、航海保障、搜寻救助、污染清除和抢险打捞的及时性、有效性，将监管救助基础设施在空间布局上划分为综合基地、基地、站点。以综合基地、基地为依托，统筹利用民用、通用、军用机场资源，布设监管救助飞行基地，包括机场和起降点。

综合基地为综合性基础设施，业务功能一般涵盖安全监管、航海保障、搜寻救助、污染清除、抢险打捞、技能训练等内容，建设标准满足飞机和大型船舶停靠补给和维修保养等需要。原则上每个直属海事辖区布设一处，具体布设水域风险一般要求为超高等级，且同时设有海事、救助、航保（航道）分支机构。

基地为多专业性基础设施，业务功能一般涵盖安全监管、航海保障、搜寻救助、污染清除等内容，建设满足飞机和中型船舶停靠补给和维修保养等需要。布设水域风险一般要求为超高等级或高风险等级，且设有海事、救助、航保（航道）分支机构（至少两种）。

站点为单一专业性基础设施，业务功能一般涵盖安全监管或搜寻救助内容，建设标准满足中型船舶停靠补给和维修保养等需要。布设水域为综合基地、基地外的其他水域，且设有海事分支机构。

研究建议在沿海布设11处综合基地：大连、天津、烟台、连云港、上海、宁波、厦门、广州、北海、三亚、南沙；24处沿海基地：丹东、营口、秦皇岛、曹妃甸、威海、青岛、日照、盐城、舟山、台州、温州、宁德、福州、泉州、漳州、汕头、惠州、深圳、珠海、阳江、镇江、钦州、海口、西山；20处沿海站点：锦州、葫芦岛、唐山、沧州、滨州、东营、潍坊、嘉兴、杭州、平潭、莆田、潮州、揭阳、汕尾、江门、茂名、防城港、清澜、洋浦、八所。

研究建议在内河布设13处综合基地：哈尔滨、重庆、万州、三峡坝区、岳阳、武汉、九江、芜湖、南京、太仓、南宁、梧州、肇庆；27处内河基地：呼伦贝尔、黑河、佳木斯、鸡西、宜宾、泸州、宜昌、荆州、黄石、安庆、镇江、扬州、泰州、常州、江阴、张家港、常熟、如皋、南通（兼顾沿海）、桂林、柳州、贵港、佛山、清远、中山、东莞、西双版纳；12处内河站点：齐齐哈尔、大庆、伊春、牡丹江、百色、河池、来宾、云浮、韶关、河源、梅州、普洱。

按照资源库、基地的空间布局，合理配置先进、适用的应急救援装备。装备配置既包括新配备装备设施，也包括已有装备设施的改造升级，并根据科技的发展和需求的变化，对部分已有装备设施的布局和结构进行调整。

建设集安全监管、应急救援、资源管理、内河航运大数据库为一体的内河应急智能云服务平台，应用于内河安全应急管理。

决策指挥系统。在搜救中心、海事局、地方海事局和应急救援中心建设应急决策指挥系统，连接所有搜救成员单位，形成以搜救中心为核心的全国内河应急决策指挥网。

智能化特种设备设施。加快研发大型内河溢油回收船、专门用于内河的便携式、小型化深潜水装备配置，特别是内河水下深潜救援机器人。充分利用智能化航空投放技术，实现应急救援物资无人机定点投放等。研发智能救援机器人，采用四防技术（防水、防火、防爆、防腐），通过远程控制终端输入事故地点、事故类型、危险货物品名及载运量等相关信息，自动确定合适的救援设备、灭火介质、救援路线并开展应急救援行动，减少救援过程中救援人员的伤亡。

整合国家和企业现有力量，组建出国家队伍、企业队伍和志愿者队伍构成的应急救援队伍。坚持专业化与社会化相结合，建立"企办政助"应急救援模式，提高应急救援队伍的应急救援能力和社会参与度。

4. 航空

从灾害事故空间分布看，近10年来，地震灾害风险集中在云贵高原和黄土高原等地区，其中四川、云南、西藏、甘肃地震灾害占全国80%以上，四川、云南占全国40%以上；地质灾害高危地区主要分布在云贵高原，四川、云南占全国的1/3；森林火灾高危地区分布在云贵高原和内蒙古高原；低温冰冻和雪灾集中在云贵高原，其中云南占全国15%。根据防范救援救灾需要，航空应急救援队伍动态部署，落实24小时值班制度，灾情来临时实现就近调动、就近投入，执勤机组接到指令后1小时内起飞，3~8小时到达灾害事故现场。研究布局37个区域应急救援航空基地（其中，包括森林消防局大庆、昆明和南方总站丽江站白沙、西昌站盐源、成都站金川5个自有直升机机场，32

个民用运输和通航机场），按照每个基地任务半径 200 公里测算，实现 2 小时内覆盖我国事故灾害多发地区，见表 17-3。

研究建议国家级应急救援航空基地分布表　　表 17-3

区域	所属省份	国家级应急救援航空基地
西部（16）	新疆	石河子、阿勒泰、阿克苏、喀什、和田
	青海	玉树、格尔木
	甘肃	敦煌、张掖、夏河
	西藏	林芝、昌都、阿里
	四川	金川、西昌
	重庆	龙兴
北部（6）	黑龙江	大庆
	内蒙古	锡林浩特、海拉尔、通辽、凉城、阿拉善
南部（6）	云南	昆明、丽江
	贵州	安顺
	广东	珠海
	湖南	宁乡
	广西	桂林
东部（4）	浙江	建德
	江西	南昌、景德镇
	福建	福州
中部（4）	湖北	荆门
	陕西	宝鸡
	河北	栾城
	山西	吕梁

（1）西部。建议依托南方总站成都站金川、西昌站盐源的直升机机场，利用 14 个民用机场，布局应急救援航空基地。其中，新疆石河子、阿勒泰、阿克苏、喀什、和田，青海玉树、格尔木，甘肃敦煌、张掖、夏河 10 个应急救援航空基地，由北方总站管理使用；西藏林芝、昌都、阿里，四川金川、西昌，重庆龙兴 6 个应急救援航空基地，由南方总站管理使用。突出地震、

洪涝、风雹、地质灾害和冰雪等自然灾害和矿山、石油化工、油气管道等生产安全事故航空应急救援保障能力建设。

（2）北部。建议依托森林消防大庆直升机机场，利用6个民用机场，布局应急救援航空基地。其中，黑龙江大庆应急救援航空基地，由森林消防局航空救援大庆支队管理使用；锡林浩特、海拉尔、通辽、凉城、阿拉善5个应急救援航空基地，由北方总站管理使用。突出森林（草原）火灾、洪涝、冰雪、地质灾害等自然灾害和矿山、石油石化等生产安全事故航空应急救援保障能力建设。

（3）南部。建议依托森林消防昆明、南方总站丽江白沙直升机机场，利用4个民用机场，布局应急救援航空基地。其中，云南昆明应急救援航空基地，由森林消防局昆明航空救援支队管理使用；丽江应急救援航空基地由南方总站管理使用；布局贵州安顺、广东珠海、湖南宁乡、广西桂林4个应急救援航空基地，由南方总站管理使用。突出地震、地质灾害、洪涝、台风及森林（草原）火灾等自然灾害和矿山、石油化工、油气管道等生产安全事故航空应急救援保障能力建设。

（4）东部。建议利用浙江建德、江西南昌、江西景德镇、福建福州4个民用机场，布局应急救援航空基地，由南方总站管理使用。突出地质、洪涝、台风等自然灾害和矿山、石油化工等生产安全事故航空应急救援保障能力建设。

（5）中部。建议利用湖北荆门、陕西宝鸡、河北栾城、山西吕梁4个民用机场，布局航空应急救援基地。其中，湖北荆门应急救援航空基地由南方总站管理使用；陕西宝鸡、河北栾城、山西吕梁3个应急救援航空基地由北方总站管理使用。突出地震、地质灾害、洪涝等自然灾害和矿山、石油化工等生产安全事故航空应急救援保障能力建设。

5. 管道

鉴于我国油气管网逐步建设、管道规模逐年增加，应进一步完善应急抢险机构布局，增加机构数量，提升应急机构等级。在逐步完善应急抢险机构布局的基础上，还需要适应油气管网大口径、高压力、大输量、长里程的变化趋势，充分利用新技术、新设备、新方法、新理念，提升应急抢险机构和人员的应急能力与应急技术水平。

按照相关研究，2035年我国建成油气管网总规模超过30万公里，天然气、原油、成品油管道里程分别达到4万、4.5万和22万公里。为了保证油气管网的应急抢险需要，在现有应急体系能力的基础上，需建成8个国家油气管道应急救援基地，建成20个企业级抢维修中心，不少于50个抢维修队和40个维修队，基本形成与油气管网规模适应的多层次应急救援保障体系。其中，国家油气管道应急救援基地增加了中卫和武汉。

2050年，我国建成油气管网总规模接近35万公里，天然气、原油、成品油管道里程分别达到4万、4.5万和25万公里。为了保证油气管网的应急抢险需要，需建成10个国家油气管道应急救援基地，建成31个企业级抢维修中心，不少于60个抢维修队和60个维修队，全面建成布局合理、设备先进、人员充足、响应高效的多层次应急救援保障体系，见表17-4。

国家级油气管道应急救援基地分布表　　　　表17-4

项　目	所属省份	国家级油气管道应急救援基地
已建	河北	廊坊
	辽宁	沈阳
	江苏	徐州
	广东	珠海
	云南	昆明
	新疆	乌鲁木齐
2035年研究新建	湖北	武汉
	宁夏	中卫
2050年研究新建	重庆	重庆
	青海	格尔木

（五）综合应急能力布局研究

1. 功能定位

综合交通运输应急救援体系是在铁路、公路、水运、航空、管道五种运输方式应急保障体系的基础上，针对自然灾害、交通运输生产事故、公共卫生事件、社会安全事件四类突发事件，以省为基本单元，通过建立多方式融合的应急保障基地，在突发应急事件发生后，能够实现综合运输各运输方式应急力量统一指挥调配，所需应急物资及设备快速响应，相关应急保障队伍快速到达，调度指挥平台信息开放共享，应急处置高效得当，确保国家综合立体交通网通畅，生命及时救助，各种损害有效控制。

综合应急保障基地应以各省级人民政府按属地管理原则，以各运输方式应急救援体系为基础，结合各地应急管理实际情况，合理布局应急救援装备设备储备中心，建立一体化的综合运输应急运输指挥调度平台，实现数据共享、救援互通，满足不同运输方式到达应急现场的时间要求。

2. 影响因素

（1）自然灾害。

我国是世界上自然灾害最为严重的国家之一，具有灾害种类多、分布地域广、发生频率高等特点，综合交通运输网对自然灾害比较敏感，恶劣的气象状况、地质灾害等自然灾害因素，会导致综合交通网局部关闭或中断，一些出行需求由于天气的变化也会发生变化，导致交通堵塞、出行压力增加等问题。此外，道路、桥梁等会因各种灾害受到损坏，飞行环境也会变得不稳定、不安全，以致陆路及空中通道通行能力下降或瘫痪，影响正常的生产生活。

通过对不同自然灾害类型突发公共事件的统计，我国洪涝灾害主要集中在华北、华中、华东、华南以及东北地区；地震多发于华北、西北地区；地质灾害主要以西北、西南地区为多发地带；我国东部沿海受台风影响明显，东北地区低温灾害影响强烈；华中、华东、东北、西南地区有较大的森林平原火灾风险；沿海地区受海洋灾害风险较为明显，见表17-5。

主要自然灾害分布 表17-5

灾害类型	地　　区
干旱灾害	河北、山西、内蒙古、江西、河南、湖南、湖北、四川、贵州、云南、陕西、甘肃
洪涝和地质灾害	河北、山西、黑龙江、安徽、江西、河南、湖北、湖南、广西、四川、贵州、云南、西藏、陕西、甘肃、新疆
风雹灾害	河北、山西、内蒙古、黑龙江、山东、河南、四川、贵州、云南、西藏、陕西、甘肃、新疆
地震灾害	四川、云南、西藏、甘肃、新疆
低温雪灾灾害	山西、黑龙江、湖北、湖南、四川、云南、甘肃、新疆
森林火灾灾害	河南、湖北、湖南、广西、华南、四川、贵州、云南
台风海洋灾害	江苏、浙江、福建、山东、广东、海南

(2)交通网密度。

交通网布局密度将影响交通运输服务的普遍性。交通网密度大,标志着一定区域内交通基础设施分布较为密集,是交通网顺畅的重要前提。交通网密度影响交通运输组织效率,更密的交通网络为出行者的选择提供了更多的可能,也为分散和疏解交通流提供了基本条件,同时也将提高交通运输的组织效率。但不同路径的交通流在交通网络上交叉流动,也会对交通运输的效率和安全带来影响。特别是关键路段是否能保持畅通,也对交通网络系统性的保通保畅带来考验。

通过对我国公路和铁路的路网密度进行统计、计算和分析,东部地区的路网密度显著高于中部及西部地区,呈现出东部率先发展、中部崛起、东北振兴、西部持续大开发的发展格局。

(3)人口密度。

人口密度大的地区更容易对城市道路及周边交通网络产生影响,有时会使得某些时段、路段、航线的交通运输需求量突然增加,对交通运输网络的承载性造成较大考验。人口密集区域的社会活动会更加频繁,发生突发公共事件的可能性会有较大增加,会造成交通运输网络的通行能力受到影响,同时影响周边交通流发生变化。

据国家统计局2019年我国常住人口数据来看,我国主要人口集中在华北、华东和华南地区。

(4)物流枢纽密度。

2018年12月24日,国家发展改革委与交通运输部共同发布《国家物流枢纽布局和建设规划》,公布了127个国家物流枢纽承载城市名单,并明确提出推动专业类物流园区改扩建,到2025年,将布局建设150个左右国家物流枢纽。

华北地区有18个物流枢纽承载城市列入规划,东北地区10个,华东地区33个,华南地区33个,西南地区15个,西北地区18个。各省份的物流枢纽承载城市数量由1到9个不等,见表17-6。

国家物流枢纽城市数量　　　　　表 17-6

区　　域	省　　份	国家物流枢纽城市数量
华北地区（18个）	北京	1
	天津	1
	河北	6
	山西	3
	内蒙古	7
东北地区（10个）	辽宁	2
	吉林	3
	黑龙江	5
华东地区（33个）	上海	1
	江苏	6
	浙江	6
	安徽	5
	福建	5
	江西	4
	山东	6
华南地区（33个）	河南	6
	湖北	5
	湖南	5
	广东	7
	广西	7
	海南	3
西南地区（15个）	重庆	1
	四川	5
	贵州	2
	云南	5
	西藏	2

续上表

区　　域	省　　份	国家物流枢纽城市数量
西北地区（18个）	陕西	3
	甘肃	2
	青海	2
	宁夏	2
	新疆	9

3. 布局研究

通过自然灾害、交通网密度、人口密度、城市物流枢纽以及综合立体交通网关键节点承载数量五类影响因素，针对干旱、洪涝地质、风雹、地震、低温雪灾、森林火灾、台风海洋、人口密度、物流枢纽密度、关键节点密度10个细分因素，按照各省份发生突发事件的频率及未来省份建设物流枢纽承载城市的规划，对发生突发公共事件的风险进行了评估，见表17-7。

综合应急保障基地布局风险影响因素　　表17-7

区　域		干旱	洪涝及地质	风雹	地震	低温及雪灾	森林火灾	台风及海洋灾害	人口密度	物流枢纽密度	综合立体交通网关键节点	计数	风险防控级别
华北地区	北京								★	★	★	3	二级
	天津								★	★	★	3	二级
	河北	★	★	★						★	★	5	一级
	山西	★	★	★		★						4	二级
	内蒙古	★		★						★	★	4	二级
东北地区	辽宁											0	
	吉林											0	
	黑龙江		★	★		★				★		4	二级

续上表

区域		干旱	洪涝及地质	风雹	地震	低温及雪灾	森林火灾	台风及海洋灾害	人口密度	物流枢纽密度	综合立体交通网关键节点	计数	风险防控级别
华东地区	上海								★	★	★	3	二级
	江苏							★	★	★	★	4	二级
	浙江							★	★	★	★	4	二级
	安徽		★							★		2	三级
	福建							★		★	★	3	二级
	江西	★	★									2	三级
	山东			★					★	★	★	5	一级
华南地区	河南	★	★	★			★		★	★	★	7	一级
	湖北	★	★			★	★			★		5	一级
	湖南	★	★			★	★			★		5	一级
	广东							★	★	★	★	4	二级
	广西		★				★			★	★	4	二级
	海南						★	★				2	三级
西南地区	重庆									★	★	2	三级
	四川	★	★	★	★	★	★			★		7	一级
	贵州	★	★	★			★					4	二级
	云南	★	★	★	★	★	★			★		7	一级
	西藏		★		★							2	三级
西北地区	陕西	★	★	★								3	二级
	甘肃	★	★	★	★	★						5	一级
	青海											0	
	宁夏											0	
	新疆		★	★	★	★				★		5	一级

本研究根据风险点数量确定省市的风险防控级别，将各省份具有一个或两个的重大风险点设为三级风险防控等级；三个或四个的重大风险点设为二级风险防控等级；五个及以上的设为一级风险防控等级。对风险防控级别为一级和二级的省份设点综合应急救援保障中心。经过研究，筛选出9个一级风险防控省份和13个二级风险防控省份，建议设立综合应急保障基地。

一级风险防控省份（9个）：河北、山东、河南、湖北、湖南、四川、云南、甘肃、新疆；

二级风险防控省份（13个）：北京、天津、山西、内蒙古、黑龙江、上海、江苏、浙江、福建、广东、广西、贵州、陕西。

根据不同突发公共事件的类型，以及综合考虑不同交通运输方式通达性、机动性、时效性、经济性、专业性、运量规模、运输距离等影响因素和不同运输方式应急救援的布局特点，研究将22个综合应急保障基地细分为15个陆上综合应急保障基地和7个海上综合应急保障基地。不同运输方式参与应急救援的特点，见表17-8。

不同运输方式参与应急救援的特点 表17-8

指标	公路	铁路	内河	海上	民航	管道
通达性	A	B	A	B	A	
机动性	A	B	A	B	A	
时效性	A	A	A	B	A	
经济性	B	A	B	A	C	
专业性	C	A	A	A	B	A
运量规模	C	A	B	A	B	
运输距离	C	A	B	A	A	

陆上综合应急保障基地视事故情况，优先调配民航去事故现场完成伤员的转移送医工作；同时调配机动性、通达性更强的公路救援力量赶赴现场进行秩序维护、先期的现场处置等；接着根据事件严重程度及应急保障物资需要，安排铁路进行专业应急设备、大规模物资的运输投送工作，保障后续处置工作。海上综合应急保障基地将综合海上及临海航空应急救援力量，加强水上安全事故、自然灾害、公共安全事件和社会安全事件等突发事件的应急处置。

经研究，建议布局陆上综合应急保障基地（15个）：北京、河南、湖北、湖南、四川、云南、甘肃、新疆、河北、山西、内蒙古、黑龙江、广西、贵州、陕西；海上综合应急保障基地（7个）：天津、上海、江苏、浙江、山东、广东、福建。

课题组长：

吴金中（组长）、蔡翠（副组长）

主要执笔人：

肖荣娜、赵南希、郑平标、韩超、李育天、马燕、徐连胜、王宇嘉、蒲明、王馨梓、周浪雅、刘明、周宝庆、张建军

主要承担单位：

交通运输部公路科学研究所、中国铁道科学研究院集团有限公司、交通运输部水运科学研究院、大连海事大学、民航局航空事故调查中心、中国石油天然气股份有限公司规划总院

本章参考文献

[1] 刘志琨.交通运输安全生产重大风险及防范对策研究[J].科技风,2020(12):219.

[2] 肖建红,江虹.建立综合应急救援队伍体系的思考[J].中国安全生产,2019,14(09):40-42.

[3] 任飞,曹虎.国外关键信息基础设施安全防护战略分析和启示[J].网络安全技术与应用,2019(04):6-8.

[4] 耿彦斌,胡贵麟,孙鹏.交通运输支撑总体国家安全的内涵要求与战略重点[J].交通运输部管理干部学院学报,2018,28(04):18-21+38.

[5] 马兆有,俞春俊,高岩.高速公路应急管理现状及对策研究[J].交通工程,2018,18(03):18-22.

[6] 张臻,孙宝云,李波洋.美国网络安全应急管理体系及其启示[J].情报杂志,2018,37(03):94-98+105.

[7] 种鹏云,尹惠.我国交通运输行业安全管理现状分析与对策[J].安全与环境工程,2018,25(01):105-108.

[8] 曾斌.高速铁路运营安全风险分析与管理研究[D].上海:上海应用技术大学,2017.

[9] 余同山.浅谈如何打造交通建设工程的本质安全[J].价值工程,2017,36(23):35-38.

[10] 王宇光,刘敬辉.中外铁路安全管理体系比较分析[J].铁道技术监督,2017,45(06):1-6+18.

[11] 张宇,王伟,史砚磊.交通运输安全应急标准体系构建研究[J].标准科学,2017(03):44-47.

[12] 张俊飞,夏新,李德生,等.国内外水运工程安全标准体系研究[J].价值工程,2016,35(26):62-63.

[13] 张明.美国应急预案体系建设经验借鉴研究[J].中国安全生产科学技术,2015,11(05):154-158.

[14] 李凤玲,王晓刚.美国铁路安全监管体制研究[J].中国铁路,2015(04):111-114.

[15] 卿斯汉.关键基础设施安全防护[J].信息网络安全,2015(02):1-6.

[16] 吴丛.中美两国民航安全发展及其规律研究[D].天津:中国民航大学,2014.

[17] 曹海峰,焦伟庆.民航安全管理体系与安全质量标准化体系的比较[J].中国民用航空,2008(09):60-61.

第十八章
交通基础设施网络系统
可靠性分析研究

本章针对交通基础设施网络系统可靠性，在国内外可靠性已有研究成果基础上，研究我国交通基础设施网络系统可靠性的定义与内涵；结合国外在交通可靠性方面的经验，从主动预防能力，抗冲击能力和自我恢复能力三个方面着手，提出我国交通基础设施网络系统可靠性指标体系，并进行案例计算。

一、交通基础设施网络系统可靠性定义与内涵

交通基础设施网络的可靠性关乎国家综合国力、国际竞争力、国防实力。可靠的交通基础设施网络系统能够有效支撑我国社会主义现代化建设，推动建设人民满意、保障有力、世界前列的交通强国。城镇化和机动化的快速发展带来了交通出行需求的迅速增长。随着人们日益增长的多样化、个性化和品质化要求，可靠性成为人民群众关心的问题，人民群众对交通基础设施网络处理日常和异常状态交通问题的应变能力提出了更高的要求。极端气候、疫病传染、恐袭事件、地区动荡等问题日益增多，各种不确定性也在增加，给交通运输系统带来严重影响，有时甚至造成交通运输系统瘫痪，对生产和生活带来诸多不良影响。现如今，世界范围内交通基础设施网络系统可靠性已经成为研究和讨论的热点。

交通基础设施网络系统可靠性是指交通基础设施网络系统能够保障常态下和突发事件下基本服务水平的能力。灾前，交通基础设施网络系统具有主

动抵抗、预防能力；灾中，交通基础设施网络系统能够具有承担、适应异常状态的能力，不至于功能完全受到影响；灾后，交通基础设施网络系统能够从一部分功能丧失的状态下恢复到稳定运行状态。交通基础设施网络系统应保障在尽可能短的时间内恢复人员集结和物资调运工作正常进行，特别是医疗物资、临时设施建材、市民生活物资的长途运输、转运、配送等。

二、国外交通基础设施网络系统可靠性经验借鉴

（一）日本

交通基础设施网络系统可靠性最早是由日本的 Mine 和 Kawa 提出，它反映的是交通网络节点之间保持连通的概率。在2019年交通政策白皮书中，日本建立了有助于确保灾害时的避难路线和救援、恢复活动的紧急运输体制，提高交通设施（道路、铁路、港口、机场等）面对灾害的耐受性，运用科技力量推进交通运输支援等，在确保运输模式和交通网络的多重性、替代性的同时，致力于减少灾害发生时对全国运输活动的影响，确保交通工具使用者的安全。

日本应对灾害和建设韧性社区的经验是从频繁的大规模自然灾害中汲取的，在经历了各大灾害后，日本不断完善应对灾害的政策和法律，并制订了相关防灾计划。日本的防灾建设经历了灾后应急基本法制建设、灾害预防体制建设、社会韧性全面提升3个阶段，其建设重点也经历了从政策控制到政策引导，从政府主导到多元参与，从环境强化到韧性社区的转变。

日本采取的主要措施有：

（1）推进法制化建设。

作为灾害多发国家的日本是全球较早制定灾害管理基本法的国家，并已形成一套相对完善的应对灾害的法律法规体系。目前，日本拥有各类危机管理法律40余部，主要包括《自然灾害对策基本法》《防止海洋污染及海上灾害法》《活动火山对策特别措施法》《水灾防止法》《灾难救助法》等。针对可能发生的大规模地震灾害，日本政府还专门出台了《大规模地震对策特别措施法》和《关于地震防灾的国家财政特别措施法》等相关法律，对地震灾害的预防、信息传递、应对措施、灾后重建以及财政金融措

施等作出了具体规定。

以法律保障灾后重建工作为例,日本重视依据法律进行灾后重建,与地震灾后恢复重建直接相关的法律就有《抗震改建促进法》《严重灾害特别财政援助法》《受灾市街区复兴特别法》《地震保险法》《公共设施灾害重建工程费国库负担法》《灾害抚恤金支付法》等24部。

(2) 推进体制机制改革。

为推进国土强韧化,日本自上而下迅速建立起完善的体制机制,由中央主导,地方政府与公共团体共同协作,构筑起"中央—地方—公共团体—市民"的体系。

日本建立了多层次的地震灾害危机管理体系。以法律为依托,内阁总理大臣为最高指挥官,内阁官房长官负责整体协调和联络,通过安全保障会议、中央防灾会议以及政府部门负责人紧急协商会议等决策机构制定危机对策,由国土厅、气象厅、防卫厅和消防厅等职能部门负责具体实施。在这一体制下,中央各部门和地方政府分别建有各自的危机管理体系。

(3) 强化韧性及危机意识。

日本为国土强韧化事业举办了多种防灾教育及训练活动,除防灾地图制作、联合避难训练、滞留设施训练等,还重新修编了防灾教材,其中除常规的灾害知识外,加入了大量韧性城市方面的素材,并在实践部分增加了规划韧性城市内容,使每一位学生参与到国土强韧化事业中来,培养韧性意识,教材在全国中小学推广。

(二) 美国

美国在交通可靠性方面出台的相关政策有:

(1) 20世纪90年代,《冰茶法案》逐步发展成21世纪公路交通法案,最后演变为一项长远的交通改善计划,其宗旨就是保护环境与能源,提高交通可靠性,改善既有交通设施的性能,为大众提供一个快速安全的运输体系。

(2) 提高建设标准。美国联邦公路局对各州高速公路的建造和维修有强制监督权,这一机制能有效地确定承包商的资格。并且,公路局施行有效的路面施工监控管理制度,对道路质量严加考核。投入资金进行新材料的研究,通过对新工艺新材料的充分研究后再应用。

（3）美国《线路安全标准》制定、修订及相关规定。美国联邦和各州都制定有自己的法律，其立法和执法都会受到法律约束。从法律法规体系看，美国联邦法典是美国联邦政府发布的一般性和永久性法规，具有普遍适用性和法律效力。其中，第49卷为交通运输部分，第49卷的第213节为《线路安全标准》，也是铁路线路安全的最高要求，是美国在铁路领域制定的强制性法规。

以美国对2012年飓风"桑迪"的应对为例，飓风"桑迪"造成了纽约市交通运输设施广泛的破坏，严重削弱了运输系统的疏运能力，对此美国纽约重建了被"桑迪"破坏的主要街道，通过基础设施建设提高了隧道的抗洪能力，这些措施为以后的飓风应对奠定了坚实基础。

（三）欧洲

（1）法国：健全气象灾害应急管理法律法规。

法国气象灾害应急管理体系以立法为依据，可分为以下三个阶段。一是以1955年《紧急状态法》为标志，建立了灾害紧急状态制度；二是以1987年《国民安全法》为标志，健全了民事安全救援体系；三是以2004年《国民安全现代化法》为标志，形成了现代灾害应急管理体系。

（2）荷兰：国家级空间规划融入韧性理念。

荷兰国家级规划政策文件明确提到了韧性理念。例如：2007年《气候适应和空间规划》多次提到了韧性理念，并提出需要提升"抵抗力、恢复力和适应能力"以促进气候防御规划；2009年《国家水规划》也明确提到韧性，并将其定义为从破坏中恢复的能力。相关文件筛选后，在国家层级许多文件都体现韧性理念：《基础设施和空间结构愿景（2040）》（Infrastructure and Spatial Structure Vision 2040）、《三角洲规划2018》（Delta Programme 2018）、《国家水规划（2016—2021）》（National Water Plan 2016—2021）。

荷兰在国家—省—市三级行政结构中，不同治理层级之间开展有效协作，及时传达规划政策中的韧性理念（概念、政策及行动）；空间规划政策从促进基础设施建设转向不同利益集团之间的协商与合作。

（3）英国的《紧急状态权利法案》《民防法》等法律给出紧急事件定义，明确各机构责任，并规定了职责分工和具体操作程序。

(四) 小结

1. 交通基础设施管理现代化

交通基础设施是提供交通服务的前提，交通运输可靠性需要依靠完善可靠的基础设施得以实现。国外普遍发展先进技术，实现其在交通基础设施建设、运营、管理全过程的应用。并且，在基础设施规划的过程中就将提高可靠性作为一个重要目标。

国外在交通基础设施管理中与时俱进，应用高科技作为提高交通运输可靠性的有力抓手，普遍将先进科技运用于交通管理。英国早在1990年就应用新型超大型计算机，逐步建立针对气候灾害的预警机制。英国还将卫星通信技术应用于救灾过程中，在面临极端天气或灾害时，将卫星技术应用于大型应急指挥车，用于上网与总部信息系统相连，作为应急指挥枢纽。作为一个火山地震多发国家，日本建立了数字防灾信息系统和24小时监测系统，以确保在地震发生的瞬间计算出震源、规模、是否引发海啸并发出海啸警报和预报，为交通基础设施的评估和管理提供数据。

2. 建立减灾、应急、恢复体制机制

面对自然灾害等频发，造成的损失严重，有关国家政府高度重视统筹推进减灾、应急、恢复等相关体制机制建设。

3. 制定基于可靠性理念的相关法律法规

在可靠性理念的推广和应用上，法律法规需要走在前面。有关国家吸取各种重大灾害的经验和教训，逐步制定和完善了相关法律法规，值得我国借鉴和学习。

三、交通基础设施网络系统可靠性指标体系构建

(一) 构建目的

交通基础设施网络系统可靠性指标体系，既是评价体系，也是目标体系。作为评价体系应该能够评价我国交通基础设施网络系统的可靠性程度，是否能满足日常交通需求，同时也具有应对重大自然灾害、突发事件等的适应能力、恢复能力以及损失减弱能力。作为引领体系应该能够指明交通基础设施

网络系统可靠性的努力方向和工作重点，说明应该加强的系统要素和政策导向。

（二）指标确定原则

（1）综合性原则。反映交通基础设施网络系统可靠性的内涵，涵盖可靠性的主要影响因素及其影响规律，且符合中国实际。

（2）前瞻性原则。经济社会、交通技术、需求特性等影响交通基础设施网络系统的核心因素都在动态变化，指标体系的确定需要在展望未来发展的基础上确定，以保证指标体系的前瞻性。

（3）实用性原则。指标体系应该具有全面、客观、公正、可比的特点，应该考虑数据的可获得性、评价工作的可操作性等。指标设置也应考虑世界共识、国际认可程度。

（4）引领性原则。指标的设置应紧密结合中国实际，突出中国理念，服务现代化建设，指导交通强国发展全过程。

（三）主要影响因素分析

交通基础设施网络系统可靠性影响因素可分为内因和外因，其中内因主要为网络系统的本质属性，包括拓扑结构、质量状况等因素，而外因多为恶劣气候、地质灾害、大型活动、道路建设及养护、蓄意袭击、交通事故等。

本章按照时间轴线来建立一套指标体系，分为：灾前阶段，即无灾害发生的时间段；灾中阶段，即灾害发生的时间段；灾后阶段，即灾后恢复重建逐渐过渡到稳定的时间段。

三个阶段的表现分别为主动预防能力、抗冲击能力和自我恢复能力。主动预防能力是指异常状态下交通基础设施本身具备主动防护、安全预警、自主反应、降低伤害的能力。在灾前阶段，如果交通基础设施具备安全预警、主动抵抗的能力，那么将降低异常状态带来的损失。抗冲击能力是指异常状态下交通基础设施作为承受破坏的载体，能够具有承担、适应异常的能力，不至于使交通设施功能完全受到影响。在灾中阶段，交通的连通程度、所需行程时间决定着客货能否顺畅地流通。自我恢复能力是指交通基础设施能够在异常状态下从一部分功能丧失的状态恢复到稳定运行状态。在灾后阶段，如果基础设施网络能够尽可能少地消耗时间、人力、物力恢复到正常运行状态，那么将为后续救援工作提供有力保障。

(四) 评价指标

在总结国内外已有研究成果的基础上，对比分析国外在交通可靠性方面的经验，剖析交通基础设施网络系统可靠性主要影响因素，在综合性、前瞻性、实用性、引领性、定量与定性相结合的基本原则下，构建了合理的可靠性指标体系，包括三个准则层、共五项具体指标，见表18-1。

可靠性指标体系构成 表18-1

	准 则 层		指 标 层
1	主动预防能力	1	设施防灾水平
2	抗冲击能力	2	连通可靠性
		3	时间可靠性
3	恢复能力	4	恢复时间
		5	修复费用

(五) 评价指标的计算方式

1. 设施防灾水平

(1) 指标定义与内涵。

交通基础设施防灾水平是用来评价交通基础设施质量水平、安全防护水平、智能化水平、防灾预警水平、信息技术网络安全水平的综合指标。具体体现在交通基础设施在材料技术、防护措施、信息安全、智能建造、建设组织管理、养护维修以及在异常状态下立体检测、预报预测、主动抵抗、安全预警等方面的综合水平。

交通基础设施防灾水平是提升交通基础设施网络综合防灾和交通主动安全水平的主要支撑和实现途径，其应在基础设施质量的基础上，综合考虑交通基础设施建设标准完善程度，兼顾基础设施安全防护水平，深入分析智能技术的应用广度以及交通信息技术的通信安全水平。

(2) 计算方法。

从交通基础设施质量水平、交通基础设施安全防护水平、交通基础设施建设的智能化水平、交通基础设施的智能预警水平、交通信息技术网络安全水平五个方面进行评价。采用汇总评分法对上述五项分条目进行五个等级（好＝5分、较好＝4分、一般＝3分、较差＝2分、差＝1分）的评价，各项取平均值得到总分，总分按照（好＝5分、较好＝4~5分、一般＝3~4分、较差＝2~3分、差＝1~2分）进行转换等级。

（3）指标分析及计算过程说明。

经过综合分析，从交通基础设施质量、安全防护、智能化、预警、信息技术网络安全角度考核。

①交通基础设施质量水平：交通基础设施自身质量是保障常态下和突发事件下交通正常运行的基础。因此需分别对公路、铁路、港口、机场的质量水平进行评价。各类型基础设施关键因素包括标准规范的完备程度，公路的路面设计使用年限、平整度、照明设施、标志标线，铁路轨道铺设精度，港口的结构设计使用年限、环境污染处理、自动化水平，机场跑道的平整、抗滑、减震水平。

②交通基础设施安全防护水平：为了保障安全，除需提高交通基础设施本身质量外，还应专门建立配套的交通安全防护设施。交通安全防护水平包括交通安全防护设施的质量、数量，覆盖率等。

③交通基础设施智能化水平：智能化交通基础设施包括了建筑信息化模型（BIM）的应用水平、交通传感网与通信系统全生命周期健康性能监测等。

④交通基础设施预警水平：主要包括异常事件下交通基础设施智能安全监测、智能安全预警、智能安全措施实施、主动安全防控体系完善。

⑤交通信息技术网络安全水平：主要包括交通信息新技术本身的通信网络安全水平和抵御网络失效的能力。

2. 连通可靠性

（1）指标定义与内涵。

连通可靠性是从物理结构的角度对网络拓扑关系进行复杂系统分析评价，是指交通基础设施网络结构在突发事件下能够保持常态下基本服务水平的能力。

连通可靠性是衡量交通网在突发事件下，交通系统功能能否正常发挥、运行状态是否达到预期要求、在多大程度上能够正常发挥功能的重要指标。

（2）计算方法。

$$R_L = \frac{1}{N} \left(\sum_{i=1}^{N} D_i / I_i \right) \quad (18\text{-}1)$$

式中：i——状态序号，N 为 9，$i = 1，2，\cdots，9$ 分别对应最大连通子图的相对大小降低到 10%、20%、30%、40%、50%、60%、70%、80%、90% 的状态；

D_i——第 i 状态下删除的节点数目；

I_i——第 i 状态下理想情况的节点数目；

R_L——连通可靠性。

城市网络体系功能按序依次受到影响，使网络中连通路径减少，直到最大连通子图的相对大小降低到 90%、80%、70%、60%、50%、40%、30%、20%、10% 时，以删除的节点数目（平均数）/理想状态的节点数目来评价连通可靠性。

（3）指标分析及计算过程说明。

最大连通子图的相对大小是指：在异常状态下的网络中，选出一个最大的连通子图，其所含的节点数占原网络节点数的百分率，用 S 表示：

$$S = \frac{N'}{N} \quad (18\text{-}2)$$

式中：N'——功能受到影响后最大连通子图中所含的节点数量；

N——原网络中所含的节点数量。

最大连通子图指的是网络中存在多个不相连通的结构时，包含节点数量最多的子网络所含节点数量（图 18-1）。与整体网规模相对比，最大连通子图越大，表明网络的整体连通性越好。最大连通子图等于网络所含节点总数时达到最大值，此时网络处于整体连通状态，不包含任何孤立结构。

一般而言，交通网络在设计状态下是"整体连通"的，当网络局部功能受影响积累到一定程度，部分节点会失去与网络主体部分的连通，此时网络的整体连通性受到影响。最大连通子图表征交通网络在功能受到严重影响时全部节点保持相互通达的整体性程度。同时，由于网络规模较大，网络内部联系紧密，单个节点的移除对最大连通子图的影响较小，"单次干扰"模式在该指标下意义不大,所以主要考察"累积"模式下的网络动态表现。

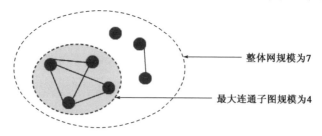

图 18-1 最大连通子图示意图

理想状态的节点数目是指:假设网络节点之间相互完全连接,最大连通子网络的相对大小降低到相应程度时,删除的节点数目。

综合立体交通网节点与边的构建:以规划的综合立体交通建立的网络模型为基础,具体根据城市中心点、铁路站点、港口、机场进行调整。

删除节点的顺序为:首先将网络的各节点按照节点介数排序,使节点介数最大的城市(节点介数是指网络中所有最短路径中经过该节点的路径数目占最短路径总数的比例,反映了相应的节点在整个网络中的作用和影响)的功能按序依次受到影响。首先选择网络中节点介数最大的节点进行删除,与其相连的边也同时删除,计算最大连通子网络的相对大小;直到最大连通子网络的相对大小降低到最小。

3. 时间可靠性

(1)指标定义与内涵。

时间可靠性是在基础设施网络出现节点中断或者路段中断情况下,对于某一起讫点(OD)的行程时间延误程度。在综合立体交通网络中,根据各交通方式在起点与目的地间的通行时间变化可对其时间可靠性进行判断。当遇到地震、台风等重大灾害时,及时的外界救援就尤为重要。然而灾害会导致行驶速度降低、基础设施受损或节点功能丧失,从而导致额外的行驶时间产生。可靠性与实际行程时间和在畅通情况下通行时间的比值息息相关,当比值增大时,则说明连接两地间的可靠性降低。

(2)计算方法。

$$R_{Tij} = T_{ij}/T'_{ij} \tag{18-3}$$

式中:R_{Tij}——起点 i 到目的地 j 的时间可靠性;

T_{ij}——i、j 两点间畅通情况下的通行时间；

T'_{ij}——删除节点和边后 i、j 两点间实际通行时间。

$$R_\mathrm{T} = \frac{1}{\mathrm{OD}\ 对总数} \sum_{i,j} I \times R_{Tij} \qquad (18\text{-}4)$$

式中：R_T——时间可靠性；

I——节点重要度。

（3）指标分析及计算过程说明。

畅通情况下的通行时间的计算方法：

$$T = \min \frac{d_{ijm}}{v_{ijm}} \qquad (18\text{-}5)$$

式中：d_{ijm}——i、j 间交通方式 m 的路径长度；

v_{ijm}——该交通方式速度。

实际通行时间的计算方法：

$$T = \min \frac{d'_{ijm}}{v'_{ijm}} \qquad (18\text{-}6)$$

式中：d'_{ijm}——删除节点和边后实际情况下 i、j 间交通方式 m 的路径长度；

v'_{ijm}——实际情况下该交通方式速度。

此处不考虑因容量限制而导致的时间延长，仅考虑速度降低和绕路情况。

4. 恢复时间

（1）指标定义与内涵。

恢复时间是衡量交通基础设施从一部分功能丧失的状态下恢复到稳定运行状态所需要的时间。在综合立体交通网络中，当遇到重大灾害或突发事件时，路基、路面、轨道、隧道、场站等设施会遭到破坏。采用恢复时间作为评价指标，可以衡量出从受损状态恢复到正常功能状态所需要的时间，反映出交通基础设施本身在灾害中的可靠性，以及灾后交通基础设施网络的恢复能力。

（2）计算方法。

恢复时间 = 从遭遇异常状态开始到恢复正常功能状态的天数

（3）指标分析及计算过程说明。

参考我国突发事件分级标准，以及住房和城乡建设部办公厅发布的《建筑抗震韧性评价标准（征求意见稿）》，特别重大、重大、较大和一般突发事件恢复时间评价指标按表 18-2 评定等级。等级越高说明可靠性越高。

恢复时间评价指标　　　　　　　　　　　　　　　　　表 18-2

恢复时间指标	突发事件等级			
	一般	较大	重大	特别重大
≤1 天	5	5	5	5
(3 天, 5 天]	4	5	5	5
(5 天, 7 天]	3	4	5	5
(7 天, 14 天]	2	3	4	5
(14 天, 21 天]	1	2	3	4
(21 天, 28 天]	1	1	2	3
(28 天, 56 天]	1	1	1	2
>56 天	1	1	1	1

5. 修复费用

（1）指标定义与内涵。

修复费用衡量交通基础设施从一部分功能丧失的状态下恢复到稳定运行状态所需要的费用比例。在综合立体交通网络中，当遇到重大灾害或突发事件时，路基、路面、轨道、隧道、场站等设施会遭受破坏。采用费用与建造成本的比例作为修复费用评价指标，可以衡量出交通基础设施本身从受损状态恢复到正常功能状态所需要的费用，反映出灾后交通基础设施网络的恢复能力。

（2）计算方法。

修复费用 = 费用/建造总成本

（3）指标分析及计算过程说明。

参考我国突发事件分级标准，以及住房和城乡建设部办公厅发布的《建筑抗震韧性评价标准（征求意见稿）》，特别重大、重大、较大和一般突发事件修复费用评价指标应按表 18-3 评定等级。等级越高说明可靠性越高。

修复费用评价指标　　　　　　　　　　　　　表 18-3

修复费用指标	突发事件等级			
	一般	较大	重大	特别重大
≤5%	5	5	5	5
(5%，25%]	4	5	5	5
(25%，50%]	3	4	5	5
(50%，75%]	2	3	4	5
(75%，100%]	1	2	3	4

四、可靠性评价

（一）设施防灾水平

本书采用汇总评分法，从以下五方面考察设施防灾水平。

（1）交通基础设施（铁路、公路、水运、航空，下同）建设的质量水平，即基础设施自身在建造技术上的水平与标准规范的完备程度。

（2）交通基础设施安全防护水平，即基础设施配套的交通安全防护设施的质量和覆盖率。

（3）交通基础设施建设的智能化水平，即交通基础设施智能化、信息化的建设，具体体现在是否应用了建筑信息化模型（BIM）等技术，是否实现了交通设施智能化全环节全生命周期管理。

（4）交通基础设施预警水平，即交通基础设施能否实现与交通要素信息的互联互通，是否具备多维感知、智慧决策、远程控制等功能，能否实现突发事件的立体检测、主动预测、自动处置。

（5）交通信息技术网络安全水平，即未来交通运输新技术的发展在交通基础设施中网络安全防护的能力，具体体现在交通信息技术（车路协同技术、船联网技术等）自身具备的安全防护水平以及抵御外部网络攻击的能力。

1. 交通基础设施建设质量水平

我国交通基础设施建设不仅有量的不断增长，也有质的快速提高，突出表现为交通基础设施技术水平飞速提升。随着交通基础设施建设进入提质增效、转型升级的新阶段，标准建设滞后、标准规则不统一等问题制约了交通基础设施向高质量方向发展。高质量要有高标准，应在我国交通基础设施建设长期实践的基础上，在工程设计、工程建设、工程监理、施工材料、装备设备、人员队伍、信息化水平等各领域出台实施更高要求的标准，规范制定相关法律法规，倒逼和引导交通基建能力进一步提升。同时，推动我国交通基建高标准"走出去"，向世界各国推广复制，形成国际标准，使我国高质量交通基础设施成为世界交通基建的示范和标杆。

2. 交通基础设施安全防护水平

近年来，我国正处于道路交通大发展阶段，与快速增长的道路交通要素相比，道路交通安全的基础仍然较为薄弱，临水临崖、急弯陡坡、视距不良等高危路段安全防护设施不足，安全隐患十分突出，翻坠车等事故易发多发，已成为影响全国道路交通安全形势的重要因素。

为保障广大人民群众安全出行，交通运输部自2004年起在国省干线公路实施了以"消除隐患、珍视生命"为主题的安全保障工程，10年来全国共投入305.9亿元，新增护栏7.9万公里，整治视距不良路段21万处，通过增设各类标志、标线、减速带、示警桩等设施改造普通国、省、县道超过36万公里，有效改善了公路行车安全性。根据对全国219个实施路段共5625公里的抽样调查，安保工程实施后，年均重特大交通事故发生起数、死亡人数和受伤人数比实施前分别下降77.13%、81.49%和72.29%。

在大力实施国省干道安全保障工程的同时，一些地区针对农村公路快速发展趋势和安全现状，自筹资金，积极组织实施农村公路安保工程，因地制宜采取安装波形护栏、防撞墙、减速设施及实施工程改造等措施，改善道路安全条件，遏制了群死群伤事故多发的被动局面，特别是翻坠车事故明显减少，被誉为"生命工程"。

总体来看，我国在基础设施安全防护方面已经进行了一定的研究和探索，近年来在国省干线公路积极增设安全防护设施、实施安全工程改造，提升了交通安全防护设施的覆盖率，有效降低了交通安全隐患。

3. 交通基础设施建设的智能化水平

（1）建筑信息化模型（BIM）技术应用。

国内 BIM 技术的研究和应用起步较晚。2007 年，中国勘察设计协会首次在全国性行业会议上研讨了 BIM 技术在建筑设计中的革新及运用。交通运输部在"十三五"发展规划中将综合交通信息化作为未来研发重点，在公路水运方面，开展了 BIM 技术政策研究工作，发布了《交通运输部办公厅关于推进公路水运工程 BIM 技术应用的指导意见》（交办公路〔2017〕205 号），到 2020 年要初步建立相关标准体系，明显提升 BIM 技术应用的深度、广度、设计能力，有效推进 BIM 基础平台建设，复杂项目实现 BIM 技术进行项目管理及养护决策等一系列要求，并启动了公路水运 BIM 技术标准的编制工作。相关企业开发了专业的 BIM 技术平台和开放共享协同平台，并开展了工程应用。

总体来看，我国起步相对较晚，各专业 BIM 标准体系尚不完善，对建设期各施工环节的自动化监测与信息采集尚未全面普及，各种信息数据与 BIM 的融合与应用也还处于探索阶段，因此还需要加大力度开展针对 BIM 技术的研发与应用工作。

（2）交通设施智能化全环节全生命周期管理。

近年来，我国的桥梁监测、检测技术得到快速发展，建成了不少长大桥梁健康监测系统，系统集成技术日臻成熟；研发了多种检测技术及检测设备，桥梁检测手段不断丰富，检测精度和效率得到有效提高。

随着科学技术快速发展，我国交通行业也积极探索利用大数据、云计算、人工智能等先进技术来提升检测监测技术能力和水平。如国铁集团已开始建设铁路大数据中心，为进一步提升运营质量和旅客服务水平提供支撑；阿里云、腾讯云等技术平台也积极参与智慧交通建设，在城市交通疏导等方面显现潜力。

总体来看，我国基础设施智能化管理方面已开始引入全生命周期设计理念，同时在铁路、港航、公路道路检测监测方面做了一些探索，并取得了一些成就。未来，在养护维修方面，应研究 5D 技术，与大数据、PHM（故障预测与健康管理）技术相结合，随时发现运营过程中基础设施的变化，准确判断其风险高低程度，及时分析原因并提出解决方案，真正实现交通设施智能化全环节全生命周期管理，保持设施状态良好，保证运营安全。

4. 交通基础设施的预警水平

截至 2018 年，公路交通运输行业基础数据库基本建成，重要交通基础设施运行状态数据采集率稳步上升；国省干线公路网超过 40% 的重点路段以及特大桥梁、隧道基本实现了运行状况的动态监测；基础设施运行管理信息化系统基本建成，基础信息资源逐步完善，信息共享全面推进，公共信息服务全面启动，信息化发展条件明显改善。

2018 年 2 月，交通运输部发布《关于加快推进新一代国家交通控制网和智慧公路试点的通知》（交办规划函〔2018〕265 号），要求在北京、河北、河南、浙江重点实施基础设施数字化；要求在北京、河北、广东重点实施路运一体化车路协同。目前各省在智慧公路政策层面和试点建设方面取得一定进展。

2019 年，交通运输部发布《数字交通发展规划纲要》（交规划发〔2019〕89 号，以下简称《纲要》），提出到 2025 年，交通运输基础设施全要素、全周期的数字化升级迈出新步伐，数字化采集体系和网络化传输体系基本形成；到 2035 年，交通基础设施完成全要素、全周期数字化，天地一体的交通控制网基本形成。

《纲要》明确，要构建数字化的采集体系。一方面，要推动交通基础设施规划、设计、建造、养护、运行管理等全要素、全周期数字化；另一方面，要布局重要节点的全方位交通感知网络。

总体看来，我国在智能公路、智能水运领域通过政策法规、专项课题研究、试点示范等正在积极推进交通基础设施与交通要素信息的互联互通，并取得一定成果，在小范围试点能够实现多维感知、智慧决策、远程控制等功能，目前还尚未实现对突发事件的立体检测、主动预测、自动处置。

5. 交通信息技术网络安全水平

（1）车路协同技术。

当前，车路协同的大规模应用和推广已经成为现代道路交通发展的必然选择，发展车路协同及其应用已纳入交通运输部智能交通系统发展战略。在安全标准建立方面，2018 年工业和信息化部下发了车联网产业发展技术标准体系建设指南。

（2）船联网技术。

2019年11月19日，交通运输部等七部委印发《智能航运发展指导意见》（交海发〔2019〕66号），意见指出要提高港口、航道、船闸等基础设施与智能船舶自主航行、靠离码头、自动化装卸货的配套衔接水平，开展相关关键技术研究与工程实践。我国的船联网部署工作如今已初显规模，当前船联网布局主要在南方各省份进行。未来，船联网将依托自身优势，融合大数据、5G、区块链等新兴技术，实现交通信息的安全传输。

（3）区块链技术。

区块链是一个公开开放的分布式虚拟账本，区块链中每一个节点平等，无中央管理者，任一用户可以通过共识过程为下一个节点上传数据信息。区块链的最大特点是：去中心化、平等公开，一旦链接成功，数据难以篡改且所有节点的数据保持一致。当前，区块链技术在金融领域得到了非常成功的应用，在交通领域还处于研究阶段。

未来，通过在车联网系统中引入区块链，将会对现有的车联网安全实现重大提升。使用区块链的车联网通过共识机制实现更加安全可靠的认证存储并能提供可持续性服务，车联网的数据难以被篡改。此外，还可将区块链技术引入交通信息管理，构建多类型区块链协同的交通信息管理模式，对交通职能部门采取基于私有链的信息管理模式，对社会公众采用开放式的区块链平台，在这样的模式下，节点信任度高，链接速度快，数据不会轻易地被拥有网络连接的任何人获得，可以更好地保障数据隐私。通过多等级、多链协同的方式，积极调动多元力量参与交通管理。

总体来看，我国在交通信息技术发展方面虽然起步较晚，仍处于示范与研究阶段，但是应用效果较好，信息技术自身的网络安全通信能力较强，并且随着未来大数据、车联网、船联网、5G、区块链等通信技术与网络技术的飞速发展，交通信息技术的一体化、智能化水平会显著提升，抵御外界网络攻击的能力也会持续增强。

综上评价，我国设施防灾水平为一般（3.3分），见表18-4。我国交通基础设施质量水平和安全防护水平方面发展较好，具体表现在设计理论、计算方法、施工设备、施工工艺等方面先进，建设组织水平较高，安全防护设施质量较好、覆盖面广；交通基础设施智能化建设水平在 BIM 技术应用和交通设施智能化全环节全生命周期管理方面取得一定成效；交通基础设施预警水平方面较差，未来应加快布局重要节点的全方位交通感知网，重点突破交通基础设施的多维感知、智慧决策、远程控制等功能，尤其是突发事件的立体检测、主动预测、自动处置等功能；交通信息技术网络安全水平在示范应用阶段较好，未来在大规模应用条件下其抵御外界网络攻击的能力还有待考证。

设施防灾水平　　　　　　　　　　　　　　　　表 18-4

指标	评价条目	水平	得分
交通基础设施质量水平	基础设施建设标准规范的完善程度以及自身在建造技术上的水平	较好	4
交通基础设施安全防护水平	交通基础设施安全防护工程的建设水平	较好	4
交通基础设施建设的智能化水平	建筑信息化模型（BIM）技术应用	一般	3
	交通设施智能化全环节全生命周期管理	一般	3
交通基础设施预警水平	交通基础设施与交通要素信息的互联互通	一般	3
	具备多维感知、智慧决策、远程控制等功能	较差	2
	实现突发事件的立体检测、主动预测、自动处置	差	1
交通信息技术网络安全水平	信息技术自身通信网络安全水平	较好	4
	抵御网络攻击的能力	一般	3
总分			3.3

（二）连通可靠性

1. 具体方法

根据已规划的综合立体交通网方案，选取全国所有城市作为重要节点，采用 TransCAD 软件从网络拓扑图中获得全国两两城市之间的各方式连通邻接矩阵（邻接连通为 1，非邻接连通为 0）。分别构建高速铁路、高速公路、民航、水运的连通矩阵，利用前文式（18-1）建立的评价指标进行评价。

该指标主要反映网络在重要节点功能受到影响之后还是否可靠的问题。另一方面，由于该指标评价的是系统的质量，基础设施如果建设位置不适宜将给网络带来更大负担，例如更密集的网络中基础设施过分集中于某几个城市，在去掉这些城市之后网络连通效率将有更大幅度的下降。

2. 结果与分析

表 18-5 结果显示各方式规划的可靠度优于现状的可靠度，综合网可靠度综合考虑了各种运输方式，因此比单一运输方式网络可靠度高。各运输方式承担各自角色，公路是最基础、最广泛的运输方式，也是其他运输方式的支撑和终端运输模式，民航在应急救援中发挥快速响应救援作用，与结果中公路与民航的可靠度较高相符。铁路是国民经济大动脉、关键基础设施，可靠度比公路略低；相比其他交通方式，水运因水系间沟通不足，成片网络区域较小，航道辐射力不足，主要连接点的功能受到影响后可靠性会大幅度下降。但水运是国家综合交通运输体系的重要组成部分，水运在综合交通网全方式可靠度的提高中不可或缺，东西向跨区域内河水运通道、南北向跨流域水运通道为打造现代化综合交通运输体系做出重要贡献。

连通可靠性结果　　　　　　　　　　　　　　　　表 18-5

指标	公路	铁路	民航	水运	综合网
现状连通可靠性	0.630	0.623	0.647	0.196	0.824
规划连通可靠性	0.761	0.720	0.763	0.376	0.946

国家综合立体交通网中，广西贵港、河北衡水对整体网络可靠性的影响较大，应适度增强冗余度，加强与其他城市的连接。在铁路、公路、水运、航空四种运输方式中，民航与公路可靠性较好，但从公路布局来看，山西朔州、辽宁本溪两城市的功能受到影响会造成可靠性较大幅度下降，应重点加强其与其他城市的连接，包括与省会等大城市的核心网络相连，或与相邻城市相连，保证通道损毁情况下，能够借助其他城市力量，相互照应。铁路、水运尚有进步空间，高等级航道未成连片网络，航道辐射力不足，江苏淮安

处于长三角高等级航道网，同时也作为京杭运河与淮河连接点，功能受到影响后导致可靠性大幅度下降。铁路网布局尚存在较大的区域性差距，四川自贡、福建莆田两城市的功能受到影响会造成可靠性的较大幅度下降，这些城市的可替代性弱，应适度增强冗余能力。

选取"6轴、7廊、8通道"的国家综合立体交通主骨架的两端节点以及所相交的城市，对其形成的网络进行指标测算，见表18-6。

主骨架连通可靠性结果 表18-6

指标	主骨架	全国网
现状指标值	0.885	0.824
未来指标值	0.988	0.946

结果显示主骨架连通可靠性较高，因为这些城市处于交通运输主轴廊带，这些城市经济、人口、交通发生吸引量较为密集，现状与规划中多方式多线路综合运输通道多倾向于覆盖这些城市，冗余度较为充足，这与实际相符。我国各地区间的自然资源禀赋、经济发展状态等存在很大差异，综合交通网布局也应因地制宜。

处于大通道的城市在交通网络中的地位、作用较强，交通繁忙，对其他城市和整个网络具有重要影响，自身属性特征决定了关键城市功能受到影响时对综合交通网络可靠性的影响程度较大，其中北京、山东济南的影响较大。

（三）时间可靠性

1. 具体方法

因水运区域较小，单一航空枢纽功能受到影响后对其他节点时间可靠性影响不大，在本书中仅考虑高速公路、高速铁路网络。

根据综合立体交通网布局研究方案，时间可靠性的提升措施主要是面向省级行政区域实施，因此选取了全国31个省级行政区（除香港、澳门特别行政区和台湾地区）作为重要节点，分别构建铁路、公路的连通矩阵（31×31），利用上面建立的评价指标体系进行评价。

以实际比例分别建立公路网（包括高速公路和主要国道）、铁路网（包括干线铁路和重要支线铁路）模型，并寻找路网中各省级行政区之间两两连通的最短路径。之后按照时间可靠性测试要求节点省份并记录每次功能受到影响后各省级行政区之间两两连通的最短路径,直至无法连通。

实际计算中,考虑到部分起点与目的地（OD 对）之间因为删除节点和边导致无法连通,综合网络时间可靠性分成两部分计算,一部分为剩余网络的时间延长,一部分为无法连通的网络比例,指标计算公式:

$$R_T = \frac{\sum\limits_{i,j} \frac{T_{ij}}{T'_{ij}} + C \cdot \frac{N'}{N}}{1 + C} \tag{18-7}$$

式中：R_T——时间可靠性；

T_{ij}——i、j 两点间畅通情况下的通行时间；

T'_{ij}——删除节点和边后 i、j 两点间实际通行时间；

N——总 OD 对数；

N'——删除节点和边后能够连通的 OD 对数；

C　　极大系数,取 10^7。

时间可靠性随删除节点数而动态变化,因此评价方法采用:时间可靠性为 0.5 时,删除的节点数与网中节点数之比,实际上是计算综合立体交通网多少节点功能受到影响,通行时间会延长到原来的 2 倍。

公路、铁路受到影响的顺序:分别将公路、铁路网络的各节点按照度排序,依次受影响程度最大的城市,计算时间可靠性。

2. 结果与分析

表 18-7 为时间可靠性为 0.5 时,删除的节点数与网中节点数之比。

时间可靠性结果　　　　　　表 18-7

指　　标	公　　路	铁　　路
现状时间可靠性	0.15	0.12
未来时间可靠性	0.24	0.21

结果显示,布局网络比现状网络的可靠性有所提升,公路网的时间可靠性在第一个节点（广东）功能受到影响后,迅速下降到原来的 87%,随后下降速度放缓。在第九个节点（贵州）、第十一个节点（甘肃）功能受到影响后,时间可靠性降低到原来的 10% 以下,说明公路网中广东、贵州、甘肃需要重点保护,一旦功能受到影响,时间可靠性迅速下降。

铁路网的时间可靠性在第一个节点（陕西）功能受到影响后，下降到原来的93.5%，相比公路网的迅速下降，铁路网的时间可靠性能够维持一段时间，在第五、六个节点（江苏、广东）功能受到影响后，时间可靠性迅速降低到原来的50%，随后逐步下滑，说明经过这两个节点的线路过于集中，应适度加强可替代性。

公路网与铁路网的时间可靠性尚存在较大的上升空间，重点城市功能受到影响后，时间可靠性迅速下降。

（四）恢复时间与修复费用

历次灾害所需要的恢复时间与修复费用有所差异，可利用目前已有的国内大型桥梁、隧道基础设施信息库等，为可靠性评价提供大数据分析。本书列举了近年来我国重大自然灾害损坏的基础设施、恢复时间与直接经济损失。重大自然灾害主要造成道路受损，恢复时间较短，但历次产生直接经济损失数亿元，见表18-8。

（五）国内外对比分析

本书以具体案例的方式针对国内外在异常状态下的受灾影响以及后续措施进行对比分析。

1. 国内情况

（1）四川强降雨特大山洪泥石流灾害。

2019年，四川"8·20"强降雨特大山洪泥石流灾害造成阿坝、雅安、乐山等9市（自治州）35个县（市、区）44.6万人受灾，26人死亡，19人失踪，7.3万人紧急转移安置，4.7万人需紧急生活救助；1000余间房屋倒塌，1.5万间房屋不同程度损坏；农作物受灾面积14.8千公顷，其中绝收2.2千公顷；灾区部分公路、水利、电力等基础设施受损严重，主要涉及2条高速公路、4条普通国道、3条省道以及部分农村公路和运输场站，直接经济损失158.9亿元。

受汛期泥石流及洪水影响，多条受损高速公路及国省干线短期内无法恢复通行，且无法预计具体恢复通行时间。8月22日，泥石流灾害发生后50小时，应急抢险队伍在都汶高速公路上抢修了一条供应急救援抢险车辆通行的便道。8月23日，已抢通都汶高速全线便道、国道317线通化小桥处便道、国道350

线卧龙至巴郎山段便道等,但抢通路段仅供抢险车辆通行,社会车辆不予放行。8月26日,启动汶川"8·20"强降雨特大山洪泥石流灾害应急运输,应急运输保障时间暂为一个月,具体保障时间根据施工进度适时调整。9月17日,形成恢复重建的初步方案。

在此次灾害中,四川省高速公路、国省干道起到了非常重要的保障作用,但通道整体抗灾能力仍需进一步加强,在满足"保通、保运、保安全"的基础上,应紧密结合高速公路网规划、国省干线公路网规划,完善区域公路网络,增强路网的可靠性;例如,从多方向打造多通道,以提升灾害多发区域的应急保障能力。

(2) 2008年冬季低温雨雪冰冻灾害。

2008年1月10日至2月2日,我国华东、华中和南方地区遭受了历史罕见的低温雨雪冰冻灾害。

此次冰雪灾害导致全国13个省份(湖南、贵州、广东、安徽、江西、湖北、四川、河南、陕西、江苏、浙江、甘肃、新疆)境内的公路交通运输受到严重影响,全国累计23万公里的公路受阻。"五纵七横"国道主干线中,最多时有9条近2万公里路段被迫封闭交通;全国68条共13.3万公里的国道中,最多有21条近4万公里路段曾因积雪严重、路面结冰导致通行不畅。此次雨雪冰冻灾害最为突出的是京珠、沪蓉、连霍"两横一纵"三条承担公路网主要交通流量的大动脉长时间堵塞,造成了大量的车辆、人员、物资的滞留和积压。

公路设施也遭受不同程度的损失。雨雪冰冻天气,导致部分路基和边坡坍塌、路面出现坑槽、公路绿化植被全面受冻、加之破冰措施以及车辆防滑链的使用,使得公路路面、道路标线和防护栏等设施大面积受损,直接受损毁的公路8.19万公里,直接经济损失达124.8亿元。另外,因除雪撒盐对桥涵构造物、路面的碱化影响尚难评估。

这场雨雪冰冻灾害恰逢我国春运高峰,春运期间的超大规模客流和物流,已使基础设施、水电供应、商品保障以及社会管理处于极限状态,加上遭遇历史罕见灾害,使得铁路和民航受到影响,分流的客源更加重了公路交通的压力。

近年重大自然灾害造成的影响

表 18-8

事件名称	地点	时间	严重等级	损坏基础设施类型	恢复时间	修复费用
"利奇马"台风	浙江	2019年8月10日	特别重大	道路、水路	4天	直接经济损失453.8亿元
"山竹"台风	广东	2018年9月16日	特别重大	道路、水路	2天	广东省内航班、铁路等交通运输大量取消、停运。城乡积涝，道路交通受阻。直接经济总损失42.49亿元
云南省普洱5.9级地震	云南	2018年9月8日	重大	道路	2天	地震造成灾区国省干线部分路段坍塌，8座桥梁受损。灾区震中农村公路路基开裂、下沉，坍塌路段较多，但未出现长时间阻断交通的情况。直接经济损失达19.35亿元
"玛利亚"台风	福建	2018年7月11日	特别重大	道路、水路	2天	福建省公路中断176条，水运停航，水利设施损坏；铁路中断取消班次（海陆空交通全面受阻）。造成直接经济总损失5.47亿元
江西暴雨洪涝	江西	2018年7月5-8日	特别重大	道路	5天	直接经济损失40.3亿元
安徽雪灾	安徽	2018年1月24-28日	特别重大	道路	6天	对道路进行冰雪清扫、喷洒路面防滑材料等投入费用约2522万元。直接经济损失3亿元
四川茂县"6·24"特大山体滑坡	四川	2017年6月24日	特别重大	道路	3天	灾害造成河道堵塞2公里，未对高速公路及国道干线造成影响，通往灾害地区的道路畅通，垮塌造成S448叠溪至松坪沟段2公里道路被掩埋

直到 2 月 5 日开始，历时 20 多天后，雨雪冰冻灾害天气才有所减弱，虽然部分路段因雾和夜间冰冻反复封闭，但国道主干线恢复畅通。

低温雨雪冰冻天气过程及对公路交通影响情况见表 18-9。

低温雨雪冰冻天气过程及对公路交通影响情况　　　　表 18-9

时段	天气过程	公路交通影响情况
1月10日至16日	陕西中部、山西南部、河南、安徽中北部、江苏北部、湖北、湖南和江西西北部普降大到暴雪；湖南中南部、贵州西部和南部遭受冻雨	暴雪开始影响干线公路，但多集中在华北与华中个别路段
1月18日至22日	湖北东部、河南南部、安徽中部和北部、江苏北部和河南北部普降大到暴雪；安徽南部、湖南大部、贵州全省和广西东北部遭受冻雨	降雪范围广，共计21个省份的81条干线公路受到影响，灾害严重区域集中在河南、湖北、湖南3个公路干线枢纽和贵州省，当地路网基本瘫痪，影响波及京津冀、长三角、珠三角三个主要经济带
1月25日至29日	河南南部、湖北东部、安徽、江苏和浙江北部出现暴雪，28日积雪深度达 20～45 厘米；江西大部、贵州大部和湖南部分地区遭受冻雨	暴雪冻雨低温天气在华中、华南、西南地区的持续，造成了有数据统计以来因冰雪造成公路交通最为严重的阻断灾害，干线公路阻断里程与时间之长创历史纪录。京珠高速公路主动脉湖北、湖南和广东北部路段持续封堵，周边5省1市干线公路大量封闭。湖南、贵州两省成重灾区，交通中断
1月31日至2月2日	湖南中部、江西北部、安徽南部、江苏南部、浙江北部等地出现暴雪，2日局部地区积雪厚度达 20～35 厘米；贵州、湖南、江西、浙江、云南等地遭受冻雨	

由此可见，我国公路交通网在应对低温雨雪冰冻天气等非常态事件下的可靠性较差，抗自然灾害能力差，在路网受损后造成的经济损失较大。

2. 国外情况

2018年6月18日上午7时58分左右，日本大阪府发生了里氏6.1级地震（最初发布为5.9级），地震最大观测烈度为6弱级，是日本气象厅自1923年有观测史以来在日本大阪府观测到的最高级别地震。地震累计造成5人死亡，300多人受伤，地震发生时正值上班上学高峰，当地交通系统一时瘫痪，约400万人出行受影响；17万多户居民家庭暂停供水，11万多户居民家庭中断供气；多处民房及公共设施被损坏；企业生产及物流受到严重影响。

（1）铁路：2018年6月18日8时起，西日本旅客铁道（JR西日本）营运的山阳新干线新大阪站至博多站、东海旅客铁道（JR东海）营运的东海道新干线东京站至小田原站、名古屋至新大阪站线路全线停运。此外，JR西日本与JR东海其他线路合计3800左右班次列车的营运受到不同程度影响，约有240万人出行受阻。南海电铁、阪急电铁、京阪电铁、阪神电铁、近畿日本铁道所运营线路全线停运，大阪地铁部分线路停运。

6月18日8时19分，山阳新干线新神户站至博多站区间下行线恢复运行。8时45分，近畿日本铁道南大阪线和奈良线部分线路恢复营运。12时50分，东海道新干线新大阪站至米原站区间上行线、名古屋站至新大阪站区间下行线亦恢复营运。13时左右，新大阪站至冈山站之间线路重新开始运行。东海道新干线全线恢复营运。18时50分，大阪地铁御堂筋线新大阪站至中津站区间恢复营运。至18日22时前，JR西日本大阪环状线、东海道新干线和山阳新干线的米原站至姬路站区间路线与阪和线等主要路线，以及南海电铁、阪急电铁、京阪电铁、阪神电铁、近畿日本铁道所运营全部线路恢复通车。19日起，关西地区所有铁路线路基本恢复正常营运。

（2）公路：地震发生后，阪神高速公路全线、西日本高速公路的部分高速公路线路停运。兵库县县内所有高速公路采取临时限速管制。关西地区部分高速公路出现不同程度受损。

（3）航空：此次地震发生后，大阪机场即对机场跑道采取临时关闭措施，并中止了所有跑道上飞机的起飞程序，确认跑道无异常后航班陆续复航。受此影响,由大阪机场的始飞航班共计 80 架次航班延误。而由关西机场和神户机场出发的各航班营运并未受此次地震影响。

日本应对灾害和建设韧性社区的经验是从频繁的大规模自然灾害中汲取的,作为灾害频发国家的日本是全球较早制定灾害管理基本法的国家,并已形成一套相对完善的应对灾害的法律法规体系。目前,日本拥有各类灾害管理法律 40 余部,主要包括《自然灾害对策基本法》《防止海洋污染及海上灾害法》《活动火山对策特别措施法》《水灾防止法》《灾难救助法》等。

日本建立了数字防灾信息系统,通过东京防灾地图网站可以了解潜在的地质灾害信息,查找到最近的避难场所位置以及灾时安全道路信息。并建有 24 小时的监测系统,以确保在地震发生的瞬间计算出震源、规模、是否引发海啸并发出海啸警报和预报。根据《气象业务法》规定,地震发生后要马上把有关信息传递到警察机构、地方政府、通信公司、电视媒体、海上保安厅、消防机构等,并由此迅速传递到学校、居民家、医院和船舶。还开设了灾害短信业务,一有震情,手机上立即会出现免费的相关信息。同时,消防、警察、交通、媒体、医院、学校等相关机构,都会做好应急准备。

在防灾投入方面,日本东京地方政府与民间团体签订了"事先型"的平时合作协定,确保灾时能够迅速进行物资和设备的调配。当发生不可预见的灾害时,东京为试图回家的人建立"紧急支持站",加油站、便利店、快餐店等将成为救济中心,为人们提供食物、水和医疗帮助。除了应急计划,相关研究机构还对灾后人们如何以及为何回家和可能遭遇火灾人员的时空分布进行广泛的模拟,对极端行人拥挤区域进行模拟研究,并创建紧急服务车辆在地震发生后可以立即用于东京的导航,这些措施与预案值得中国借鉴。

3. 小结

面对灾害,我国高速公路、国省干道起到了非常重要的保障作用,但通道整体抗灾能力仍需进一步加强。日本高速公路、铁路、航空等交通体系灾后恢复能力较强,主要得益于日本完善的法律体系和救援机制,以及防灾减灾工作的精细化和高度信息化。我国应在满足"保通、保运、保安全"的基础上,紧密结合高速公路网规划、国省干线公路网规划,完善区域公路网络,增强路网的可靠性。例如,从多方向打造多通道,以提升灾害多发区域的应急保障能力。同时加强基础设施的安全防护和智能化水平，制定相应的法律法规、应急预案等。

（六）综合评价

（1）主动预防能力：我国交通基础设施质量水平方面发展较好，具体表现在施工设备先进和施工工艺先进；交通基础设施智能化建设水平在 BIM 技术应用和交通设施智能化全环节全生命周期管理方面取得一定成效；交通基础设施预警水平方面较差，但已经开始重视交通基础设施在安全监测、智能安全预警、智能安全措施方面的投入，《数字交通发展规划纲要》（交规划发〔2019〕89 号）中提出到 2035 年，交通基础设施完成全要素、全周期数字化，天地一体的交通控制网基本形成。

（2）抗冲击能力：公路可靠性较好，铁路、水运尚有进步空间，综合立体交通网的连通可靠性需要提高，尤其在各种运输方式的互补程度方面。公路网与铁路网的时间可靠性尚存在较大的上升空间，重点城市功能受到影响后，时间可靠性迅速下降。可见，我国交通基础设施抗冲击能力较弱，需进一步加强。

（3）自我恢复能力：历次重大自然灾害中，我国交通基础设施网络恢复时间较短，但直接经济损失较大，尚可改进。

综合来看，我国交通基础设施网络系统的可靠性尚有进步空间，主动预防能力基础较好且有明确目标，抗冲击能力、自我恢复能力需要加强。

课题组长：
陆化普
主要执笔人：
陆化普、陈明玉、肖天正、张永波、刘菁、胡礼、戚欣、张翔宇
主要承担单位：
清华大学交通研究所

本章参考文献

[1] 赵山春.基于复杂网络理论的城市公交网络可靠性研究[J].中国安全科学学报,2013,23(04):108-112.

[2] 曾俊伟,张善富,钱勇生,等.基于复杂网络的城市公共交通网络连通可靠性分析[J].铁道运输与经济,2017,39(06):93-97.

[3] 日本国土交通省.公共交通政策:令和2年版交通政策白皮书[EB/OL].https://www.mlit.go.jp/sogoseisaku/transport/sosei_transport_fr_000100.html.

[4] 买媛媛,李艳红.发达国家交通应对突发公共卫生事件的经验及对我国的启示[J].交通运输研究,2020,006(001):97-102.

[5] 刘维桢,戴贤春,黎国清.美国铁路线路安全标准的研究与启示[J].铁道运输与经济,2013,35(011):77-83.

[6] 张庆阳,秦莲霞,郭家康.法国气象灾害防治[J].中国减灾,2013,15(8):54-54.

[7] 鲁钰雯,翟国方,施益军,等.荷兰空间规划中的韧性理念及其启示[J].国际城市规划,2020,35,177(01):106-114+121.

[8] 中国网.2019年全国十大自然灾害公布[EB/OL].http://www.china.com.cn/txt/2020-01/12/content_75604770.htm.

[9] 人民网.汶川"8·20"强降雨特大山洪泥石流灾害最新路况[EB/OL].http://sc.people.com.cn/n2/2019/0823/c345167-33282344.html.

[10] 全国交通系统抗低温雨雪冰冻灾害工作总结评估报告[R].2008.

[11] NEXCO西日本.6月18日朝の地震による高速道路通行止めをすべて解除13时[EB/OL].https://www.w-nexco.co.jp.

[12] 日本放送協会(NHK)官网.震度6弱 おととし茨城県北部以来 大阪では観測史上初 | NHKニュース[EB/OL].https://www3.nhk.or.jp/news/html/20180618/k10011483301000.html.

第十九章
交通科技创新与智慧发展研究

创新是加快建设交通强国的第一动力。本章首先介绍了未来交通科技发展趋势，对交通各领域的新技术进行了全面的梳理；随后分析了交通各领域科技发展对基础设施运输能力和运输结构的影响；最后对交通科技发展趋势及其对交通的影响进行了深度总结。

一、未来交通科技发展趋势

未来几十年，人类社会将迈入信息化、智能化时代。从美国的《2016—2045年新兴科技趋势报告》来看，其中最值得关注的新兴科技包括物联网、机器人与自动化系统、智能城市、量子计算、混合现实、数据分析、人类增强、网络安全、社交网络、先进材料、先进数码设备等。这些新兴科技大部分都在交通运输领域具有广阔的应用空间。同时，在交通运输行业内广泛应用的计算技术向超高性能、超低功耗、超高通量方向发展，通信与网络向广域覆盖、超高带宽、智能泛在方向发展，信息获取与感知向高精度、集成化、多用途方向发展，物联网和人工智能技术推动产业变革，驱动经济、社会、环境发展数字化转型。新一轮产业革命、技术革命深入推进，成为促进新发展的强劲引擎。

科技的发展将推动交通运输基础设施、运载工具和运营管理技术的革新，也将深刻改变交通运输服务的运营方式和商业模式，并推动智能交通使能和赋能的技术革新。

（一）轨道运输科技发展趋势

当前，全球范围广泛兴起以信息网络、智能制造、新能源和新材料为代表的新一轮技术创新浪潮，轨道运输技术装备领域孕育着新一轮全方位的变革。

1. 客运方面

（1）高速磁悬浮系统的发展受到国内外关注。

目前，世界范围内中国、美国、日本、德国、瑞士、韩国、加拿大等多国正开展高速磁悬浮铁路的研究，法国、澳大利亚、巴西、印度、阿联酋、斯洛伐克、捷克、泰国、乌克兰、印度尼西亚等多国参与了相关合作，并表达了建设高速磁悬浮铁路的意愿，高速磁悬浮铁路在未来具有较大的发展空间。

高速磁悬浮铁路试验速度不断提升。日本采用的常压条件下的低温超导电动悬浮技术，最高载人试验速度达到603公里/小时，中央新干线计划运营速度为505公里/小时；德国采用的常压条件下的常导磁悬浮技术，最高试验速度达到550公里/小时，在上海机场磁悬浮专线的运营速度为430公里/小时；美国主要研究低真空管道磁悬浮技术，理论最高速度可达1000公里/小时以上，已知的最高试验速度达到467公里/小时；2019年5月24日，中国中车600公里高速磁浮试验样车正式下线。此外，国内一些单位已在开展更高速度的低真空管道磁悬浮技术研究。未来高速磁浮交通运营速度将达到600公里/小时以上，这一速度介于高速铁路和飞机之间，随着低真空管道技术的应用还将进一步提高。

常压磁悬浮技术相对成熟，低真空管道磁悬浮技术距离工程化应用还有差距。常压方面，德国常导磁悬浮系统从1969年开始研制，经过了33年试验研究，于2002年在我国上海建成第一条商业化运营线路——上海机场磁悬浮专线；日本从1962年开始研制超导磁悬浮系统，首条商业运营线路中央新干线已经于2014年开工建设，其中第一阶段计划于2027年开通，从研制到开工建设经过52年时间，从研制到开通运营前后历时长达65年。低真空管道高速磁悬浮铁路方面，由于发展时间较短，尚处于理念验证和科研探索阶段，作为满足高安全性、可靠性需求的新型载人交通工具，还需要进行大量的工程试验,参考德国33年、日本65年的研制周期,还需要较长时间。西南交通大学近年来着力开展低真空管道磁悬浮技术研究,2011年研制出世界首列真空管道高温超导磁悬浮列车试验车,2014年建成全球首个真空管道超高速磁悬浮列车原型测试平台。中国航天科工集团也正在规划建设低真空管道磁悬浮试验线。低真空管道磁悬浮技术在我国尚没有得到实际应用,距离工程化应用仍然遥远,深入推进低真空管道高速磁悬浮铁路发展,我国还需要集中优势力量,开展长期攻坚。

我国正稳步推进高速磁悬浮铁路从试验走向应用。近年来,山东、海南、广东、四川、江苏等地正在开展线路规划研究。2019年,中国工程院牵头开展"大湾区广深港高速磁悬浮铁路预可研"和"低真空管道超高速磁悬浮铁路战略研究",浙江省也在组织开展"沪杭高速磁浮线可行性研究",山东省组织开展济—泰—曲高速磁浮线路规划等,这些为时速600公里高速磁浮铁路商业化运营和产业发展提供了条件。此外,中车青岛四方机车车辆股份有限公司正在牵头开展时速600公里高速磁浮系统自主工程化研制,已完成关键部件的样机设计,并积极与国家和各省市发展改革委沟通,争取示范运营线的建设,力争2023年建成,2025年投入商业运营。预计到2035年前后,我国将建成若干条常压条件下时速600公里的高速磁悬浮铁路。在此基础上,我国高速磁悬浮铁路将向两个方向发展:一是进一步提高技术的经济性和可靠性,考虑车站以及交通接驳等设计,以便实现大规模应用;二是将考虑进一步提速,开展800公里/小时及以上低真空管道高速磁悬浮铁路的研究。预计到2050年,我国时速600公里高速磁悬浮铁路将达到一定规模,800公里/小时及以上低真空管道高速磁悬浮铁路将实现工程化应用。

(2)时速400公里级高速铁路未来发展可期。

我国高速铁路最高运营时速已达400公里,居世界第一。在既有时速200~250公里、300~350公里的各型高速列车基础上,我国已着手开展更高速度高速列车研制,将在能耗、噪声、牵引、制动等性能方面实现全面提升。

2. 货运方面

(1)3万吨级重载列车将具备应用技术条件。

随着2014年3万吨级试验列车在大秦铁路成功开展了运行试验,我国成为世界上仅有的几个掌握 3 万吨级铁路重载技术的国家之一。当前，我国正在推进 30 吨轴重运煤专用敞车、27 吨轴重运煤专用敞车、27 吨轴重通用货车等研制应用。其中，30 吨轴重 C96 型运煤专用敞车正在应用验证中，预计 2020 年将完成应用验证及取证程序；27 吨轴重运煤专用敞车预计 2021 年完成相关取证程序；27 吨轴重通用货车已研制完成，其中 C80E 型敞车、P80 型棚车已取得型号合格证，具备批量生产条件，并已有 5000 辆 C80E 在大秦线、瓦日线运行。

（2）时速 250 公里级高速轮轨货运列车研制已取得阶段性成果。

时速 250 公里级高速轮轨货运列车是基于中国标准动车组产品平台研制的快捷货运列车，车体、制动、转向架及牵引高压等主要关键系统技术方案基本不变，主要针对快捷货运的特点进行适应性改进。当前，我国正在深入开展高速铁路快运物流系列车辆装备技术方案设计、集装化器具设计、快速装卸与搬运技术、公/铁/航一体化快捷运输衔接接口以及对高铁快运运输组织模式、交通基础配套设施等前瞻性研究。

3. 智能铁路方面

2020 年 7 月，中国国家铁路集团党组召开会议强调："加快推进新一代信息技术特别是 5G、大数据技术在铁路的应用，提高铁路信息化、智能化水平，促进传统产业提质升级。"智能铁路是基于现代计算机、通信、控制和系统集成等技术实现列车运行全过程自动化的新一代轨道交通系统。2019 年底智能京张高速铁路投入运营，在世界上首次实现了时速 350 公里高速列车自动驾驶。

与传统高速铁路不同，智能高速铁路主要通过新一代信息技术与高速铁路技术的集成融合，实现高速铁路智能建造、智能装备、智能运营技术水平全面提升。我国客运及货运专线用于列车控制的无线通信系统通常采用 GSM-R 无线调度与有线数字调度相结合的方式。然而，GSM-R 已无法满足日益增长的铁路通信需求。2020 年 3 月，中共中央政治局常务委员会召开会议提出，加快 5G 网络等新型基础设施建设进度。工业和信息化部与中国国家铁路集团已就高速铁路 5G 建设达成共识，将借助国家"新基建"东风，采用 2.1GHz 频段进行 5G-R 建设，铁路将从 GSM-R 进入 5G-R 时代，我国将有可能成为首个使用 5G-R 的国家。

随着铁路智能技术发展，铁路智能检测监测设施的建设，可实现动车组、机车、车辆等载运装备和轨道、桥隧、大型客运站等关键设施服役状态在线监测、远程诊断和智能维护。智能供电设施的建设，可实现智能故障诊断、自愈恢复等。此外，通过运用现代控制技术、人工智能和大数据技术等手段，将会提升铁路全路网列车调度指挥和运输管理智能化水平。

（二）道路运输科技发展趋势

近些年来，我国道路交通领域的科技发展主要围绕电动化、智能化、网联化、共享化四个方面展开。这四方面的技术发展迅速且互相影响，我国人民的出行方式也因此逐渐发生着改变。

1. 车辆电动化快速发展

2020年11月2日，国务院办公厅印发了《新能源汽车产业发展规划（2021—2035）》。规划提出：到2025年，新能源汽车新车销售量达到汽车新车销售总量的20%左右。到2035年，纯电动汽车成为新销售车辆的主流，公共领域用车全面电动化，燃料电池电动汽车实现商业化应用。

2019年我国纯电动汽车产量为102万辆，同比增长3.4%，渗透率达到4.68%。未来5年，我国新能源汽车（以纯电动汽车为主）即将进入渗透率由4.68%到20%的高速发展期。许多汽车厂家如吉利、广汽、沃尔沃等，从以原有燃油车平台贡献生产能力转向开发电动车专属平台。电动汽车的核心——电池技术也在不断地向前发展。在电池技术方面，我国汽车电池生产厂家也正在逐步赶上，电池材料和折叠工艺等方面均有部分突破。车辆电动化的起步最早，正处于高速发展阶段，这为我国车辆的智能化和网联化打下了坚实的硬件基础。

2. 智能化技术在交通领域得到广泛应用

车辆智能化主要体现在车辆自动驾驶技术的发展，新型的电子控制技术、高精度地图及定位、传感器技术、云计算和高性能芯片是自动驾驶技术的基础。根据德国汽车工业协会（VDA）总结的自动驾驶技术发展路线图和各国车企发布的时间表，L4级特定城区无人驾驶汽车服务将出现在2027—2028年。

基于智能化及网联化的发展方向，2020年11月11日，中国智能网联汽车产业创新联盟在"2020世界智能网联汽车大会"开幕式上发布了《智能网联汽车技术路线图2.0》。如表19-1所示,《智能网联汽车技术路线图2.0》针对乘用车、货运车、客运车制订了分阶段发展目标,可作为产业发展目标的参考。

智能网联乘用车、货运车、客运车发展目标　　　　表19-1

类别	2025年左右	2030年左右	2035年以后
智能网联乘用车	CA级自动驾驶乘用车技术的规模化应用,HA级自动驾驶乘用车技术开始进入市场	HA级自动驾驶乘用车技术的规模化应用,典型应用场景包括城郊道路、高速公路以及覆盖全国主要城市的城市道路	FA级自动驾驶乘用车开始应用
智能网联货运车辆	高速场景DA、PA级自动驾驶技术规模化应用,CA级自动驾驶货运车辆开始进入市场。限定场景HA级自动驾驶实现商业化应用,高速公路队列行驶开始应用等	城市道路HA级自动驾驶技术开始应用,高速公路HA级自动驾驶技术实现商业化应用,限定场景HA级自动驾驶、高速公路队列行驶实现规模化商业应用,典型应用场景覆盖全国主要城市的城市道路	FA级智能网联货运车辆开始应用
智能网联客运车辆	限定场景公交车(如BRT)CA级自动驾驶技术商业化应用、限定场景接驳车HA级自动驾驶技术商业化应用	HA级自动驾驶接驳车规模化应用,限定场景HA级自动驾驶公交车(BRT)商业化应用,HA级自动驾驶城市道路公交车开始进入市场	实现城市道路公交车HA级自动驾驶技术规模化应用,高速公路客运车HA级自动驾驶商业化应用。随着技术发展,逐步实现全路况条件下的自动驾驶

注:DA:驾驶辅助;PA:部分自动驾驶;CA:有条件的自动驾驶;HA:高度自动驾驶;FA:完全自动驾驶。

3. 车辆网联化技术快速发展

车辆网联化是物联网技术在汽车与交通运输中的应用。我国车联网技术的发展主要包括：基于V2X的协同通信，即车车、车路、车人之间进行数据和信息传输；结合自动驾驶系统共同完成的协同决策与控制。相比于通过硬件传感器获得信息，V2X获取道路信息更全面、及时，且不容易受到天气、障碍物以及距离的影响。

在网联化方面，中国各整车企业普遍在2018年实现车载移动4G网络的规划，同时，红绿灯车速引导、障碍物提醒等V2I（车辆与基础设施）功能在技术上也已基本实现。现有网联化技术发展已经基本成熟，工作重点从研发逐步转向应用落地和实景测试。同时，5G通信中包含了专用于V2X场景下的uRLLC（超可靠、低时延通信）通信技术。我国正在大力推进5G技术的发展，5G基站的布设也在紧锣密鼓地进行中，这极大地加速了车辆网联化的进程。

工业和信息化部在2018年发布文件将5905-5925MHz频段用于LTE-V2X，交通运输部也在同年初开启相关试点准备，多地政府如河北、江西、广东等在2019年初开始相关试点招标。根据5GAA的报道，我国至少有15家V2X芯片和模组厂家、35家V2X设备/软件制造商以及15家车企能够在2020年之前提供成熟的产品，且北京、雄安、上海、海南等多地也在2020年布设具有V2X功能的高速道路。因此，在2035年之前，我国的网联化技术将趋于成熟，初步预计能够满足全部场景下应用的需求。

4. 车辆电动化、智能化、网联化推动车路协同技术快速发展

车路协同技术是多种技术综合化的体现，其发展离不开上述三项技术的推动与整合，任何相关技术的进步都会推动车路协同技术向前发展。由于资本、人力、时间的有限性以及用户需求和科技发展的客观规律，车路协同技术，即多技术综合下的智能网联技术，会比完备的单车智能技术更早到来。车路协同技术包含的具体关键技术有单车传感技术、通信定位和地图技术、智能决策技术、车辆控制技术、数据平台技术等，因其构成复杂，且子项技术之间并无确定的先后关系或重要性差异，车路协同技术没有明确的成熟度判断方法，其发展会随着人类科技水平的不断进步产生全新的内容、组合以及无限的发展可能。

5. 数据驱动的交通管控与服务技术得到广泛应用

随着数据收集设备与手段的逐步丰富，我国可收集的道路交通数据总量迅猛增长，同时各地数据处理中心规模的增大也极大地提升了数据处理能力。基于大数据的交通流引导和信号灯控制等技术应用已在我国各大城市逐步普及，显著地减少了大城市的车辆拥堵并提升了驾驶体验。根据 Analysys 易观的《智慧城市数字化发展专题分析 2018》，济南市仅通过智慧信号灯全年累计减少了 3 万小时的通行时间，减少 4.4 万吨二氧化碳排放。随着数据库的进一步完善和多源异构数据融合处理方式的改善，大数据相关技术将在减少能耗和事故率等方面表现出更大的作用。在未来，随着 5G 通信技术和边缘计算技术的开发，数据计算的成本和时长将进一步被缩小，能够为道路用户提供更好的服务。

（三）水路运输科技发展趋势

2019 年 5 月，交通运输部等 7 部门发布《智能航运发展指导意见》，旨在加快现代信息、人工智能等高新技术与航运要素的深度融合，培育和发展智能航运新业态。该意见明确了 4 个阶段发展目标：到 2020 年底，基本完成我国智能航运发展顶层设计，理清发展思路与模式，组织开展基础共性技术攻关和公益性保障工程建设，建立智能船舶、智能航保、智能监管等智能航运试验、试点和示范环境条件。到 2025 年，突破一批制约智能航运发展的关键技术，成为全球智能航运发展创新中心，具备国际领先的成套技术集成能力，智能航运法规框架与技术标准体系初步构建，智能航运发展的基础环境基本形成，构建以高度自动化和部分智能化为特征的航运新业态，航运服务、安全、环保水平与经济性明显提升。到 2035 年，较为全面地掌握智能航运核心技术，智能航运技术标准体系比较完善，形成以充分智能化为特征的航运新业态，航运服务、安全、环保水平与经济性进一步提升。到 2050 年，形成高质量智能航运体系，为建设交通强国发挥关键作用。

近年来，移动互联网、大数据、物联网、云计算、人工智能等信息化技术的发展与成熟加速了传统航运业与这些新兴技术的融合。航运交易与服务数字化联盟纷纷建立，港口运行和服务管理信息化平台化智能化广泛普及，全自动化集装箱码头在国内外都实现了成功的商业化运行，航海保障数字化技术不断提升，智能船舶技术发展全面加速。从全球范围看，航运领域的智能化发展方兴未艾，多国政府因机而发，相关企业加大投入、积极研发，但从总体来看，国内外智能航运技术都处在发展初期，未来15~30年是全球智能航运技术发展的重要机遇期和关键赛程。

1. 智能船舶技术发展正在提速

从2017年开始，国际海事组织近四届海安会都重点研究了MASS（海面自主航行船舶）的相关议题，启动了现有公约标准与海面自主船舶适应性问题的梳理研究，并于2019年6月第101届海安会批准了MASS测试临时导则。芬兰采用政府基金资助、海事机构支持、企业横向合作的模式，实施了ONE SEA等智能航运科研项目，建立了智能航运技术开发生态系统，研发取得快速进展。芬兰"Suomenlinna Ⅱ"号冰级客渡轮2019年1月在远程遥控下成功穿越了赫尔辛基港附近的测试区域。挪威康士伯公司、Yara公司和威尔姆森公司合作开发的搭载远程驾驶与自主航行控制系统的全电动无人驾驶集装箱船"Yara Birkeland"已于2020年2月在罗马尼亚下水。欧盟公布了推进自主航行船舶研发进程，宣称2025年实现自主航行商船全球营运。新加坡成立了"自主&远程操作船舶卓越中心"，旨在研究自主和远程遥控船舶如何安全有效运行。日本造船和航运企业已深耕细作多年，在船舶智能航行方面形成了一系列的先进技术，2019年9月，日本NYK宣布其已根据国际海事组织（IMO）相关临时指南成功进行了世界上第一次MASS试验。

我国在船舶辅助决策、船舶智能能效管理、船队网络化管理等多方面的推动下，造船、航运等企业联手科研院所、大专院校和高科技企业开展了一系列的项目研究，"大智"号和"明远"号成为中国船级社和外国船级社联合授予世界首艘智能船舶船级符号的商船和超大型矿砂船，招商局集团、中远海运集团、中船工业集团和中船重工集团及其所属单位等都不同程度地参与了技术开发和成果应用示范。中国船级社在智能船舶技术规范方面取得了多项成果。与此同时，我国的海商法专家高度关注无人驾驶船舶发展，从学术角度综合分析了所面临的民事法律问题。

无论国内国外，在过去围绕自主航行船舶开展了一系列实践，有力地证明全球智能航运技术发展正在提速。

2. 集装箱码头作业实现了现场无人化，智能港口技术应用不断向新的领域延伸

港口的智能化发端于自动化和信息化。近几年，我国在港口智能化建设方面比较突出的成果是全自动化集装箱码头的投产和"智慧港口示范工程"。厦门远海、青岛新前湾和上海洋山四期三个全自动化集装箱码头均已实现高度自动化，在码头装卸、水平运输、堆场装卸等环节实现了无人化操作。同时，多个港口正在进行全自动化集装箱码头的建设和现有集装箱码头自动化升级改造。随着自动化码头不断增加、自动化作业工作效率不断加快，在增加港口新活力的同时又节约了人工成本，未来，自动化技术的提高会进一步推进港口作业的智能化。在港口物流方面，我国多个"智慧港口示范工程"项目正在有序推进，在一体化通关、智慧物流、安全监管、智能服务等多方面取得了许多成果，有力推进了港口智慧物流的建设，提升了港口危险货物管理与监管的智能化水平。另外，随着"一带一路"倡议的推进，水铁联运的深化，港口智能物流也将与铁路、航空等交通方式之间进行资源共享，从而创造更多的合作。

3. 航运交易平台化逐步普及，航运企业管理智能化和高度信息化步伐加快

2019 年，新加坡 Shipping Foundation 发起并建设的国际航运智能交易结算平台 MBC 作为全球唯一的国际航运（干散货市场）智能交易平台，将区块链和人工智能技术深度植入国际航运干散货市场，打造真正服务于航运参与者的生态支付系统。马士基航运通过在线订舱平台为客户提供端到端的订舱服务，双方根据线上合约兑现彼此的承诺。纽约航运交易所（NYSHEX）为全球航运业提供数字化货运能力，并提供新的标准化数字货运合同。

中国远洋海运集团有限公司整合集团航运、物流业务板块间数据，探索提升"航运＋物流"交易链效率。招商局能源运输股份有限公司建设船岸一体智能运营管理平台，实现岸基对船舶运行的数字化模拟、远程预测和安全预警。金马云物流科技有限公司通过新技术、新模式，将传统航运与互联网深度融合，通过信息化、标准化体系建设，完善航运业务链和数字链，打造大数据支持、网络信息共享、船货智能匹配的航运生态圈。长江汇 App 集水

上电子商城、水上综合服务区、水上快递和水上船舶维修保养于一体，打造了我国首个专为船员、船舶、航运企业服务的综合性平台。上海亿通国际股份有限公司通过上海国际贸易单一窗口的应用助力航运智能化。随着航运交易平台化逐步普及，全球海运将迈向真正的数字化信息化时代。

（四）航空运输科技发展趋势

发展高效、安全、绿色的现代航空运输体系，提升航空运输在综合立体交通网中的比例，强化航空运输对交通运输结构的支撑作用，改善提升航空运输体验是未来航空运输技术发展的出发点和立脚点。

1. 结合高效、安全、绿色的发展目标，推动现代航空运载工具设计与推广应用

围绕经济、节能、绿色、智能的发展目标，人工智能、机器学习等先进优化技术将在未来飞机起降、巡航效率、燃油经济性、噪声、排放等性能综合优化中得到广泛应用，翼身融合、双气泡机身、桁架支撑翼、联翼等一系列新概念气动布局设计技术将革新飞机布局形式，更精细的主动流动控制、主动降噪等技术发展成熟并在飞机设计和发动机设计中得到深入应用，飞机综合性能将得到大幅提升。

相比现役民航客机，新型飞机至 2035 年其巡航效率将提升 15%～20%，起飞距离降低 40%，机场跑道距离大幅缩短至 1500 米以内，飞机燃油效率提高 20%，飞机的噪声水平下降 30dB 以上，诸多新概念飞机进入应用测试阶段。具有地面行驶与空中飞行两种运行模式，可跨介质运输的飞行汽车也将逐步问世。随着跨介质交通运输模式转化技术逐渐成熟，至 2035 年纯电动飞行汽车将进入应用测试，飞行汽车与现有常规汽车尺寸相当，其巡航速度能达到 200～300 公里/小时，最大航程能达到 1000 公里以上，航程可以覆盖大型城市。至 2050 年前后，更加环境友好的新概念飞机将成为飞行器设计的主要目标，先进主动流动控制技术、飞发耦合一体化设计技术、先进降噪技术、复合材料飞机轻量化设计技术将在飞机上得到大规模成熟应用，混合动力及纯电动力飞机设计技术也将较为成熟，混合动力飞机将替代传统燃油动力飞机成为该阶段飞机的主要形式之一。

相对于 2000 年的技术标准，至 2050 年时飞机燃油效率将提高 70%，二氧化碳及氮氧化物排放将分别减小70%、90%,噪声水平降低65%。飞行汽车主动降噪技术、短距起降以及自主起降技术成熟应用,将使得环境友好、经济性优良、运行状态灵活的飞行汽车逐步在中短途旅客和货物运输中得到示范应用。

2. 未来空管的数字化和自动化是推动现代化空管系统设计和发展的重要方向

到2035年,空管运行方式将从现有的基于空域扇区的运行方式转变为基于航迹的运行方式,空地协同及自主化空管系统将得到广泛推广应用。以航空器四维航迹(4DT)为基础,在空管部门、航空公司、航空器之间共享动态航迹信息,实现飞行与管制之间的协同决策,保证航空器运行全程"可见""可控""可达"。空管系统将拥有更强的适应能力、更少的延误、更自由的航线网络、更少的噪声,可以更安全地运行。

网络电话技术(VoIP)的应用将保障空管员和飞行员进行高质量的地空通信。随着HF(高频通信)、VHF(甚高频通信)、SSR-S模式(二次监视雷达S模式)、SATCOM-S模式(卫星通信技术)等地空数据链技术和地面IP网络技术等通信新技术的发展,数据传输速度将得到量级上的提升,使用错误率也将显著降低,报文传输延迟时间也将减少一半,实现民航通信方式将从话音通信逐步向数据通信过渡。

新一代航空电信网(ATN)的设计应用,将实现多种子网集成来完成统一数据传输服务,为用户提供安全、高效、可靠的航空通信服务,借助其端对端通信能力,可使现存多种通信子网构成一个整体的网络,继承发展已有资源,保证航空通信系统的平稳升级。

陆基导航设施布局将得到进一步完善,满足基于性能导航运行需求的DME/DME网络设计建设,稳步推进星基导航技术的应用,逐步实现从陆基导航向星基导航过渡,形成以星基导航为主要导航源,陆基导航为备用设备的布局形式。

空地一体化的低空监视、一次监视雷达、场面监视雷达、二次监视雷达、自动相关监视(ADS-B)和多点定位等空中交通监视技术的实际应用也将使低空多元监视体系得到完善,基于云管理运行验证平台的自动风险评估与风险控制技术将更为成熟。

在此基础上，到 2050 年，自主监控、智慧化卫星接收广播式自动相关监控技术（ADS-B）具有对全球范围装有 S 模式应答器的航空器进行监视的可能性。该系统依靠全球卫星定位系统和先进的机载航电设备获取航空器的航迹信息以及状态信息，依靠地空数据链传输信息，在地面控制站与航空器之间、航空器与相邻航空器之间，构建多点对多点的网状通信和监控网络，与传统的雷达监控相配合，可以实现更加安全高效的飞行，从而提升空域飞行容量，提高空管效率。

人工智能、通信导航监视、大数据分析等先进技术在空域运行的数字化、网络化、智能化管理，以及突破空域管理、流量管理、感知与避让、指挥与控制等关键技术中得到广泛应用，空管系统智慧化运行能力将得到显著增强，实现全空域智慧运行管理。全空域各类飞行器之间的通信安全保障技术发展成熟，飞行器多链路运行平台及专用网络得到构建，应对复杂的安全威胁与恶意干扰的能力增强。此外，在管制空域内，各类飞行器之间主动探测和规避技术将更加成熟，飞行器防撞方法和技术将更加完善，高精度主动探测网络和抗干扰技术得到发展，飞行器与空管系统之间的智慧化、常态化交互融合运行得到实现。

3. 从提升机场运行管控速度和效率出发，建设高效、智能的机场等基础设施

预计到 2035 年，智能移动设备将普遍应用，基于物联网和 5G 现代通信技术的旅客位置感知、行李感知等技术也将更为成熟，可实现旅客行李全流程跟踪、地面车辆资源的智能调度，机场提供基于位置精细化服务的能力增强。人脸识别技术将完全成熟，并在购票、值机、托运、安检、登机等出行全流程得到应用，旅客出行满意度显著提升。

预计到 2050 年，地理信息系统（GIS）、北斗卫星定位、云计算、物联网、移动互联网、大数据分析、人脸识别、5G 等相关技术将在机场航站楼内得到更广泛成熟的应用。大数据分析技术在机场决策系统中将发挥更大的作用，届时支撑机场运行管理的庞大数据能够在极短时间内完成处理，为空管系统、机场和航空公司提供更加实时、更多维度的机场运行数据

（如旅客流数据、行李流数据、外部交通流数据以及气象数据等）。通过多源数据的汇入、建模优化，实现对地面保障时间、跑道滑行时间、过站时长的准确预测，对机场的整体运行态势进行现状评估和未来的预测，为机场运行信息的准确发布提供支撑。

（五）物流技术发展趋势

2016年7月，国务院常务会议明确提出了加速构建"互联网+"高效物流的战略规划，要求智慧物流在发展中深度融合大数据与云计算等现代信息技术，实现新经济发展中物流行业的提质增效和转型发展目标。伴随着新一代信息技术的革新，数字化和智能化将成为物流新技术发展的必然趋势，是顺应时代要求、助力经济发展的中坚力量。

1. 物流技术向数字化发展

物流新技术将依托新一代信息技术、新能源技术以及新材料技术的发展，逐步由自动化向数字化发展，形成数据的连通与流通。我国经济由高速增长阶段转向高质量发展阶段，对供给质量和水平提出了更高要求。随着消费和产业的升级，物流需求个性化、定制化、精益化趋势明显。

2019年7月，交通运输部印发《数字交通发展规划纲要》，提出要推动互联枢纽等重要节点的交通感知网络覆盖；推动载运工具、作业装备智能化；构建网络化传输体系；大力发展"互联网+"高效物流，加快实现物流活动全过程数字化，推进铁路、公路、水路等货运单证电子化和共享互认，提供全程可监测、可追溯的"一站式"物流服务。要以数据为关键要素，赋能交通运输及关联产业，推动模式、业态、产品、服务等联动创新，提升出行和物流服务品质，让数字红利惠及人民。并提出到2035年，基本形成数字化采集体系和网络化传输体系，实现出行信息服务全程覆盖，物流服务平台化和一体化进入新阶段。物流基础设施及装备的数字化已引起行业的广泛重视。

对于物流企业，物流环节间的高效协同也将成为未来的趋势。如图19-1所示，京东物流提出的《中国智慧物流2025年应用展望》主要体现在智慧化平台、数字化运营、智能化作业三个层面：智慧化平台是"大脑"，负责开放整合、共享协同，通过综合市场关系、商业模式、技术创新等因素进行全局性的战略规划与决策，输出行业解决方案，统筹协同各参与方；数字化运营是"中枢"，负责串联调度，依托云化的信息系统和智能算法，连接、调度各参与方进行分工协作；智能化作业是"四肢"，负责作业执行，依托互联互通、自主控制的智能设施设备，实现物流作业高效率、低成本。

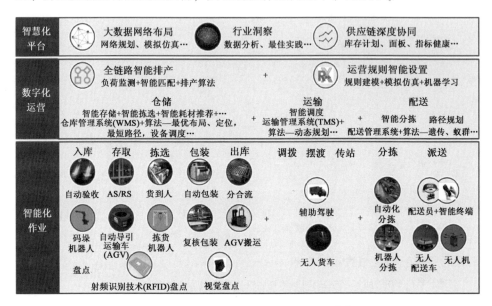

图 19-1 中国智慧物流 2025 应用展望框架[31]

到 2035 年，随着数字化时代到来，人与人、人与物、物与物之间实现全方位互联和信息共享，交通基础设施实现全要素、全周期数字化，"全球 123 快货物流圈"（国内 1 天送达、周边国家 2 天送达、全球主要城市 3 天送达）将基本形成，智能、高效、便捷的物流服务将大大提高生产和生活的效率。

2. 物流技术向智能化发展

从行业的科学技术发展变化趋势来看，每个行业的技术发展大多分为机械化、自动化、数据化到智能化四个阶段。从物联网、人工智能、云计算、大数据到区块链，这些新一代物流中的核心技术说明了新一代物流架构将会以智慧为主要特征。在技术的赋能下，物流领域也将逐步体现其技术优势，无人仓、无人物流车、无人机等各类基于人工智能的机器将进一步提升整个行业的发展效能，推动中国物流行业实现"跨越式"发展。

近年来，物流公司将人工智能算法及技术应用于仓储管理以及最后一公里配送上，柔性无人仓、无人物流车、无人机等技术被广泛试点应用。京东、菜鸟、顺丰的无人仓，都是通过自动化机器来完成，同时系统还能进行分析工作，帮助优化仓储和运输的运营管理。在无人货车方面，京东推出无人货车作为移动的配送站，行驶的时候会不断地释放配送机器人，进行末端派送。2018年5月，菜鸟推出了物流配送车菜鸟小G、新零售物流无人车等设备，搭载刷脸取件柜、零售货架等技术，并计划将物流无人设备量产，打造智慧物流网络。在无人机方面，顺丰计划在成都双流建立大型物流无人机总部基地，从2020年起，实现无人机支线网络对接全国航空网络，推动货运网络全覆盖，实现区域内货物运输全国次日达。京东在2016年设计了VTOL（垂直起降）固定翼无人机等多款载重5~10公斤不等的无人机，2017年在宿迁建立全球首个无人机运营调度中心，并在多省实现常态化运营，完成1000余单配送，并尝试开发大型载重无人机，拓展配送品类，计划在四川、陕西建立约300个无人机机场，建成后将实现24小时内送达中国的任何城市。

随着物联网、大数据、云计算、人工智能等技术的不断发展，并在物流领域的广泛应用，将促使物流技术由数据化向智能化发展，对应工业化4.0、5.0的推进，将形成一个全国性甚至全球性的智能物流和供应链系统。

（六）科技革命带来的交通新业态、新模式和新方式

历次科技革命给交通系统及载运工具、交通管理技术和交通服务模式等带来了变革性影响。以物联网、人工智能、大数据及区块链、新能源技术、新材料技术等为代表的新一轮科技革命正蓬勃发展，这对运输需求结构转型和交通系统结构演化有着深远影响。科技进步与社会经济发展方式、居民生活追求和消费行为等是互动发展的，推动着社会经济业态和模式变革。展望未来，叠加数字与算法经济、平台经济等新商业模式在交通领域中的快速发展、广泛渗透，交通运输服务业态和商业模式将会持续变革。

1. 面向个性化交通运输服务需求的快速响应，以及精准化、智能化、共享化的运输服务组织

如图19-2所示，城市交通领域，在完全私人拥有交通工具和固定路线、时刻运行的公共交通服务之外，涌现了分时共享使用交通工具、合乘出行等新服务的巨大潜在需求；城际客运领域，随着自有交通工具的拥有普及，基于交易匹配平台—出行者合作的合乘出行正在快速发展，预期会对城际客运

市场带来不可忽视的竞争影响。城市物流配送领域，配送总量快速增长、配送物品多样化、配送时间要求精准化等趋势会继续发展，这将带来物流服务需求总量继续增长与服务要求差异化发展；城际物流运输领域，大规模的货物—运力匹配平台将会推动匹配效率提升和运输资源利用效益提高，实现成本节约和运输业负外部性降低。

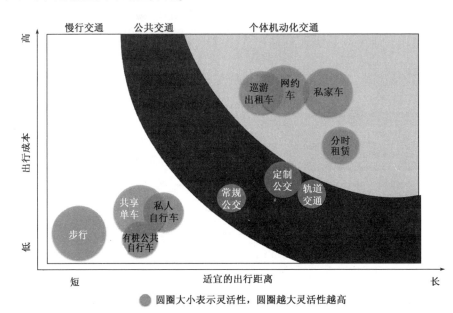

图 19-2 未来城市交通运输服务的市场体系

2. 平台经济主导下的多方式、多主体协同合作的运输服务组织一体化发展

如图 19-3 所示，城市客运领域，将出现包含各类交通方式、整合出行服务与居民活动等在内的一体化出行服务提供商，提供一站式的出行服务与生活服务，也即当前正在快速发展的出行即服务的模式（Mobility as a Service，MaaS）；城际客运领域，依托空—铁联合服务、航空—道路客运联合服务、城际客运与都市圈客运、城市内部出行服务的一体化组织等是未来发展趋势；物流领域，面向生产链和消费链的"第四方物流"存在巨大增长空间，尤其面向生产链的精准及全过程物流服务、端至端的高时效、小批次物流等运作模式将蓬勃发展。

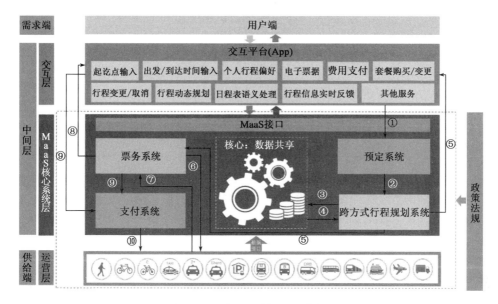

图 19-3 运输组织 体化的运作模式

二、科技发展趋势及其对交通的影响

（一）交通科技发展趋势综述

1. 高速载运工具的发展受到国内外的关注

交通运输一直追求用快捷、经济的方式实现人或物的位置移动。快捷的前提就是速度的提升，因此，人类研制更高速度载运工具的脚步一直没有停止。

近年来，载运工具速度提升的领域主要集中在轨道运输。一方面，不断提升轮轨列车的运行速度。我国在实现 350 公里/小时速度的轮轨列车安全运营之后，正在开展时速 400 公里级高速铁路关键技术的研究。另一方面，通过磁悬浮列车的研制，将进一步提升轨道交通的运营速度。日本常压条件下的低温超导电动悬浮列车最高载人试验速度达到 603 公里/小时；德国常压条件下的常导磁悬浮列车最高试验速度达到 550 公里/小时；我国 600 公里高速磁悬浮试验样车已正式下线，已经着手开展更高速度的低真空管道磁悬浮技术研究。

民航领域也一直在努力提升运营速度，但历史上，仅有法英合作研制的协和号客机（巡航 Ma = 2.02）❶ 以及苏联设计的图-144 客机（巡航 Ma = 2.35）两款超声速客机投入民航运营。出于经济性、噪声及安全性等方面的考虑，两款客机分别在 2003 年及 1997 年退出运营，现今已无超声速民航客机服役。但旅客对较短飞行时间的诉求始终存在，众多研究机构和航空公司仍在推动研制新一代超声速客机，2020 年 2 月，美国国家航空航天局（NASA）航空研究任务部发布《2019 战略实施规划》，规划提出：2015—2025 年，形成超声速民机认证标准；2025—2035 年，引入经济可承受的、低声爆、低噪声、低排放超声速运输机；2035 年后增加任务通用性和实现超声速运输机市场的增长。Aerion 和 Boom 公司也在推动超声速客机的研究，计划 2023 年实现问世。

2. 交通系统信息化、数字化、智能化、协同化趋势日趋显著

从飞机发明至今 100 多年来，综合交通运输系统方式的组成基本不变，但几种运输方式在各个国家或地区的运输系统中所占的比例各有不同，这取决于各个国家或地区的地理环境和载运工具的技术发展水平。20 世纪 80 年代之前，交通运输变革的主要动力来源于载运工具的发展，特别是动力系统的技术进步。但 20 世纪 80 年代之后，对交通运输发展影响最大的是信息技术的发展。信息技术正在推动交通运输的信息化和数字化进程，并使交通系统出现了智能化和协同化的趋势。

（1）信息化。

信息化是以现代通信、网络、数据库技术为基础，将所研究对象各要素汇总至数据库，供特定人群生活、工作、学习、辅助决策等，以及与人类息息相关的各种行为相结合的一种技术。使用该技术后，可以极大地提高各种行为的效率，为推动人类社会进步提供极大的技术支持。从 20 世纪 80 年代开始，信息化技术在交通领域得到了广泛应用，尤其表现在交通管理部门。交通管理部门建立了一系列交通管控中心，极大地提高了管理效率，推动了交通管理现代化进程。随着移动通信和大数据技术的发展，信息化技术应用向交通服务领域扩展，极大地提升了交通服务水平。智能化和协同化交通技

---

❶ Ma 为马赫数，1Ma = 1 倍声速。

术的发展对交通信息化发展提出了新的需求。

（2）数字化。

数字化是将许多复杂多变的信息转变为可以度量的数字、数据，再以这些数字、数据建立起适当的数字化模型，并把它们转变为一系列二进制代码，引入计算机内部，进行统一处理的过程。交通系统的数字化在信息化过程中起步，随着智能化的发展，对交通系统的数字化有了更高的要求。许多研究机构均认为以高精度三维地图为代表的数字化公路建设是推动自动驾驶应用的重要条件。以建筑信息模型（Building Information Modeling，BIM）应用为特征的交通基础设施数字化过程在国内外均得到了广泛发展，并在交通管控、交通资产管理、交通服务、交通应急等信息化应用和交通系统智能化发展过程中不断发展。在数字化趋势下，随着交通大数据技术的发展，交通管控和服务的决策能力将持续提升。

（3）智能化。

智能化是指事物在网络、大数据、物联网和人工智能等技术的支持下，所具有的能动地满足人的各种需求的属性。交通系统的智能化几乎与信息化一起起步，近年来随着高性能计算机的发展，智能化取得了突破性进展，其中具有代表性的就是以智能汽车、智能船舶、无人机等为代表的智能载运工具和以智能管控、智能服务为特征的智能交通系统。2020年11月11日，中国智能网联汽车产业创新联盟发布的《智能网联汽车技术路线图2.0》提出发展目标：PA、CA级智能网联汽车2025年达50%，2030年超过70%。《无人驾驶：人工智能将从颠覆驾驶开始，全面重构人类生活》引用分析师托德·利特曼（Todd Litman）的预测："到2050年时，无人驾驶汽车将占新车销售量的80%~100%"。实现列车运行全过程自动化的智能铁路系统在京张高速铁路首次得到应用。

（4）协同化。

协同是指协调两个或者两个以上的不同资源或者个体，使其一致地完成某一目标的过程或能力。载运工具智能化的初期，是按单机智能化方案推进的，即在载运工具上装载大量传感器去感知周围环境的信息之后作出运动决策。从21世纪初开始，在移动互联技术的推动下，人们开始关注多个载运工具的协同运动，最具影响力的就是世界各国开展了一系列基于车—车、车—路通信的车路协同技术研究。通过实现车辆之间运动的协同、车辆与道路管控的协同，可提升安全水平，进一步提高现有交通资源的利用率。高级别的协同化需要高等级的载运工具智能化做支撑，但其发展又可为载运工具的智能化提供新的技术路径，也会促进载运工具智能化的发展。《智能网联汽车技术路线图2.0》提出发展目标：C-V2X终端新车装配率2025年达50%，2030年基本普及，网联协同感知、协同决策与控制功能不断应用，车辆与其他交通参与者互联互通。预计2035年之前，网联化技术能够满足全部场景下的应用需求；2050年前后，高等级的车路协同技术可以投入使用。

3. 节能环保技术在交通领域的应用不断深化与发展

从畜力、风力到化学能的应用，是交通动力系统的飞跃，也是交通系统的变革。尽管下一代取代化学能的交通能源可能是原子能，但在此之前，化学能源还将是交通系统的主要动力源。

交通运输行业是能源消耗的主要行业，同时能源支出占了交通运输成本的较大部分。因此，节能环保一直是交通技术发展的驱动力之一。节能环保重点从三个方面发展：一是提升能源使用效率，达到节能的效果；二是改变能源结构，使用可再生能源；三是采用排放控制技术，减少有害排放物。

轨道交通系统中，运行速度的提升，增加了能耗，但轨道交通系统已经基本实现能源结构的变革，已经从内燃机时代走入了电气化时代，其节能环保更多的是通过优化高速铁路系统的空气动力学性能、重载化、低真空管道等技术来实现。相对而言，道路运输、航空运输、水路运输还是以化石能源为主，节能环保的压力较大。

道路交通领域的节能环保主要通过两个途径来实现：一是不断降低油耗水平，2020年10月27日，中国汽车工程学会发布的《节能与新能源汽车技术路线图2.0》提出：乘用车（含新能源）整体平均油耗到2025年要降至4.6升/百公里，2030年要降至3.2升/百公里，2035年要降至2.0升/百公里；至2035年，载货汽车油耗较2019年要降低15%～20%，客车油耗较2019年要降低22%～25%。二是改变能源结构，提高以电动汽车为代表的新能源汽车的占比。根据《节能与新能源汽车技术路线图2.0》，2025年，我国新能源汽车在汽车总销量中的占比将达到20%左右，混合动力电动新车占传统能源乘用车的50%以上，氢燃料电池电动汽车保有量达到10万辆左右。2030年，新能源汽车在总销量中的占比提升至40%左右，混合动力电动新车在传统能源乘用车中的占比达75%以上。2035年，新能源汽车成为国内汽车市场主流（占总销量的50%以上），混合动力电动新车在传统能源乘用车中的占比将达到100%，与此同时氢燃料电池电动汽车保有量达到约100万辆。

民航方面，翼身融合、双气泡机身、桁架支撑翼、联翼等一系列新概念气动布局设计技术将革新飞机布局形式，更精细的主动流动控制、主动降噪等技术更为成熟并在飞机设计和发动机设计中得到应用，飞机综合性能大幅提升。相比现役民航客机，新型飞机至2035年燃油效率将提高20%，飞机的噪声水平下降30dB以上；纯电动飞行汽车将进入应用测试。至2050年前后，设计更加环境友好的新概念飞机将成为飞行器设计的主要目标。相对于2000年的技术标准，至2050年时飞机燃油效率将提高70%，二氧化碳及氮氧化物排放将分别减小70%、90%，噪声水平降低65%。

水运方面，随着全球环境治理力度的不断加大，国际海事组织确定2020年在全球海域实行船舶燃油0.5%含硫上限的规定。为应对日益严格的船舶硫排放限制，船舶尾气脱硫、船舶污染监测与控制、清洁能源与新型推进系统等技术将得到大规模应用。新型动力源如液化天然气（LNG）、核能、纯电池、燃料电池、可再生能源（太阳能、风能）等应用比例将逐步提升，岸基能源系统如接触网式、成组更换式、靠岸快充式、无线供电式等技术将逐步成熟。

除了通过载运工具的不断技术升级改善节能环保性能，不断提升交通系统运营管理能力，有效提升满载率，提升铁路、水运在低值大宗物资的运输比例等措施，也是实现节能环保的重要途径。

（二）科技发展对交通的影响

1. 载运工具的技术进步将进一步改变综合立体交通系统的运营速度结构

在五种运输方式中，每一种运输方式都有其独特的技术经济特征，这也是决定每种运输方式在整个综合交通运输系统中所占比例的决定性因素，其中快捷和经济是影响综合交通运输布局的最重要技术经济因素。快捷性与载运工具的运行速度直接相关,所以某一种运输方式运营速度的变化,在人们对快捷性和经济性的主动选择下,必将引起交通运输系统需求结构的变化。高速铁路开通后沿线公路客运量的降低就是一个显著的例子。

在五种运输方式中,管道运输以其特殊的运输用途,与其他运输方式更多的是互补功能,不具备强竞争性;水路运输受地理条件限制,主要发挥经济性好的特长,并不在快捷性方面与其他运输方式产生竞争。在快捷性方面存在竞争关系的主要是道路运输、轨道运输和航空运输。

《中华人民共和国道路交通安全法实施条例》规定,高速公路应当标明车道的行驶速度,最高车速不得超过每小时120公里。尽管多数汽车设计的最高速度都超过每小时120公里,也有人提出了高速公路不限速的建议,但在现有条件下,从安全和道路交通系统运营效率来看,每小时120公里的速度限制是合理的。所以在可预期的未来,道路交通系统的运营速度不会有显著变化。

从各航空公司技术积累和研制进度看,随着减噪、降阻技术的完善成熟,以及新型发动机、新型复合材料的使用,未来超声速飞机设计研发成本将得到大幅降低,其经济性将得到大幅改善,预计2035年左右可实现经济巡航速度达到1200公里/小时左右的超声速客机,至2050年,随着客机飞行性能、舒适性及绿色属性的提升,其将成为部分远距离交通的主要交通工具,但大部分国内航线依然会以时速800公里左右巡航速度的客机为主。

预期最明确的运输速度变化来自轨道运输。时速400公里级并配备600~1676mm变结构转向架的高速轮轨客运列车已完成工程设计,正在开展样车试制和整车试验验证,2035年前可得到大规模应用。预计到2050年,我国将实现时速600公里高速磁悬浮铁路的大规模应用,并建成少量时速800公里、1000公里低真空管道高速磁悬浮铁路试验线/运营线。在货运方面,2018年9月中国中车股份有限公司发布全球首款时速250公里货运动车组,最高运营速度可达350公里/小时。

轨道交通速度的提升,将进一步改变综合立体交通系统的运营速度结构,一方面,将进一步压缩高速铁路沿线的道路客运市场,并将分流航空运输在1500~2000公里以内的部分客运市场;另一方面,高速货运列车的出现,将进一步分流道路运输和航空运输承担的零担运输。

需要关注的是，在出行方面，我国已经形成了由高速铁路、民航、高速公路构建的快速运输网络，在干线上已经获得了较高的出行速度，但在出行两端花费了大量的时间，有时甚至超过了干线上花费的时间（例如北京到天津）。因此，相对通过不断提升干线运营速度而言，减少安检、候机（候车）、城市交通拥堵带来的时间损失，对降低整个出行链的时间成本，显得更有意义。

2. 技术发展对交通基础设施提出了新的要求

高速磁悬浮列车具有快捷舒适、载客量大、编组灵活、快速起停、安全可靠、耐候准点、维护量少等优势，并可补充高速铁路和民航之间的运营速度区间，但磁悬浮铁路与既有铁路网（包括高速铁路网和普速铁路网）不兼容，不能做到互联互通，只能自成体系，现有建设需要考虑和未来高速磁悬浮铁路衔接的问题。

针对时速 400 公里级高速轮轨客运列车，既有投入运营的高铁线路设计速度暂不支持 400 公里高速列车的走行条件，需要建设新线或对既有高速铁路线路进行提速改造。当列车编组重量 3 万吨及以上时，现有货运场站的铁路装卸线、搬运场地等设施的服务能力将难以满足大规模货物装卸存储需求，因此，货运场站的扩建改造将成为基础设施建设重点。针对 250 公里级高速轮轨货运列车，由于我国高速铁路的建设是按照"客运专线"设计的，高速铁路站点的基本功能没有货物搬运汽车运输通道、货物存放仓库、装卸搬运通道、站台堆放等条件，因而要满足时速 250 公里级高速轮轨货运列车技术的货物装卸需求，需要对铁路站点进行适应性改造。

道路交通基础设施要为未来实现全面电动化、自动化和联网化提供基础条件保障，包括充电站设置、路侧智能化设施等。由于自动驾驶和车路协同技术仍需较长时间完全成熟，基础设施需要设置的具体路侧设备和设施尚未完全确定，但预留电力和通信设施，有利于降低后续道路进行智能化改造的成本。

从 2017 年开始，全球智能船舶技术发展正在提速，同时，集装箱码头作业已实现了现场无人化，未来自动化技术的提高会进一步推进港口作业的智能化。随着船舶的智能化水平的不断提升，对港口、航海保障等基础设施也提出了新的要求，船岸信息交互将更加频繁，这就需要对现有大量的岸基基础设施进行改造，从而满足未来的发展需求。

3. 信息化、数字化、智能化、协同化的发展将改变交通系统运营的业态与模式

技术发展的改变不仅使交通载运工具变得更加高效安全、节能环保，还在不断改变着交通的运营模式、管理模式和服务模式，从而使整个交通系统更加高效安全。交通的本质是为了让人与物的空间位置改变，交通供给从本质上说是供给时空资源，对交通系统的时空资源进行优化利用，最大化利用已有的交通时空资源需要借助信息化、数字化、智能化和协同化的技术成果。

（1）对已有资源的充分应用。

以信息化、数字化为基础建立交通大数据系统，以交通大数据为基础，通过智能化分析，可深度挖掘已有的交通资源；通过对物流需求、出行规律的深度智能化分析，发现交通需求及其规律，从而为交通需求与供给的更合理匹配与调度提供依据，为交通运营、管理、决策、服务以及主动安全防范提供科学支撑。

（2）推动了同种交通方式内部的运营协同。

以信息化、数字化为基础的交通大数据及其智能化分析技术，为交通系统的高效运营提供了技术保障，并促进车联网、船联网、智能铁路等协同运行系统的发展。以民航运营为例，基于过往出行信息的大数据分析完成旅客出行行为的预测与建议，明确安检重点人员，实现人到人走，进入航站楼到登机时间可以由现在的 1 小时缩短至 20 分钟，可有效缩减出行时间。

（3）促进不同交通方式的深度协同，更充分地发挥不同交通方式的比较优势。

综合交通运输的各种运输方式各有技术经济特征，信息的互联共享不断完善，将充分发挥各自的优势，按照功能组合、优势互补、结构优化、合理竞争、资源节约的原则，实现综合运输组协调发展，一体化紧密联系，形成高品质、高容量的网络和信息服务系统，使物流和客运企业的信息获取成本降低，并开展综合性的服务模式。到 2050 年，基础设施、运载装备、装卸设

备等的自动化及数字化程度不断提高，车联网、船联网、空地通信网、基础设施网等将有助于数据和信息的高度共享，实现物流和客运系统中枢纽环节的高度自动化和高效协同化，降低社会整体的物流成本。各种交通运输方式的运行将从当前的静态协调，向未来的实时动态协同逐步发展。

（4）运输业转变为自动化、即时需求的服务。

无人驾驶系统的成熟和交通大数据的重复应用，会使传统运输业转变为一个自动化的、响应即时需求的服务。更频繁、更个性化的客货运服务需求，要求运输服务的组织更加智能化与动态优化，要求以实时、全过程的交通状态获知能力、多方式协同的运输资源实时配置能力作为支撑。由此，也提出了多源、异构的交通大数据处理与计算能力，时—空动态并在线反馈的决策配置能力。但是业态多元化、服务一体化在更好满足运输服务需求的同时，也会进一步诱增更多运输服务需求，给交通网络承载能力带来不利影响，对交通网络的供—需调控能力提出更高要求。未来高品质交通与可持续发展更依赖于交通系统供—需的动态调整，要求大幅提升交通网络的调控能力，包括精准化调控技术、法治化调控手段和动态化调控过程管理等。

（5）推动共享出行的深度发展与向更高速度的共享出行服务出现。

自动驾驶技术的成熟将扭转小汽车市场机制，从私人购买占绝对主导向共享使用、商业运营的结构转移。在共享交通新服务替代下，共享出行服务用户中会有30%改变新购车辆计划，也会创造前景广阔的替代性出行服务市场新需求，至2030年全球范围将形成640亿美元的基于平台的出行服务市场规模。《无人驾驶：十万亿美元的大饼怎么分？》（〈经济学人·商论〉选辑）引用瑞银集团的估计："到2030年全球汽车存量将减少一半"。技术的发展将促进调整城际公路班车市场结构，要求提供更多跨城的高频次、广覆盖、灵活服务、衔接一体化的客运服务。在都市圈一体化发展、轨道交通建设和共享出行市场繁荣发展等综合作用下，要求公路客运必须与城市群、都市圈范围内的功能中心、就业中心和公共服务中心等紧密结合，通过中小型车辆、大规模的服务供需匹配及生产组织平台，提供高频次、广覆盖、灵活服务和衔接一体化的客运服务。

拥车行为和小汽车市场机制转变要求更多非住宅端的停车设施供给。商业化、一体化的出行服务供给市场增长，一方面通过削减私人拥有交通工具带来住宅端停车设施需求水平的变化，另一方面会增加城市活动中心、功能场所等停车设施需求，需要城市规划及建设规范进行滚动更新以适应需要。多方式整合、动态响应需求和共享化的出行服务，依托于城市空间中以高时效性、高频次、多方式无缝衔接等特征的运输组织来实现。传统大型交通枢纽不能完全满足新的运输组织要求，未来将依托智慧城市建设，围绕覆盖广、辨识性高、设施齐全的城市公共交通站点、公共服务设施等城市空间，建设微型智慧枢纽，提供运输服务的组织实施空间和便捷、高效的信息服务。

（6）平台经济主导下的多方式、多主体协同合作的运输服务组织一体化快速发展。

随着区块链和人工智能技术深度植入物流市场，服务于航运参与者的国际航运智能交易结算平台，包含各类交通方式并整合出行服务与居民活动等在内的一体化出行服务提供商，依托空—铁联合服务、航空—道路客运联合服务、城际客运与都市圈客运服务、城市内部出行服务的一体化组织，面向生产链和消费链的"第四方物流"，将得到进一步发展。大型物流运输集团将依托电子商务平台，实现客货运服务交易线上操作。第三方运输交易与服务电子商务平台，将为中小微航运企业和广大客户提供线上交易服务、信息服务和延伸服务。

4. 自动驾驶、车路协同对道路交通系统的能力产生影响

自动驾驶车辆的反应速度不断提升，车流间距可以更小，行车安全性可以更高，从而使道路通行效率大幅提升（车头时距减小到1秒，基本通行能力可提升50%以上）；另一方面，充分网联、高度智能的自动驾驶车辆将成为智能交通体系中不可或缺的重要节点，通过出行工具的合理调配与管理，可以极大地改善交通状况。

有研究认为配备自适应巡航控制技术的车辆每增加1%，通行能力将增加约0.3%，并有助于改善交通流的稳定性；车间距变小进而增加道路通行能力的前提是车辆的V2X设备装载率达到40%以上。如果配置协调自适应巡航控制车辆比例达到50%，道路通行能力可提升21%。全面普及智能网联汽车之后，道路通行能力将会被扩大至原有二倍。

《智能网联汽车技术路线图 2.0》提出发展目标：在市场应用方面，PA、CA 级智能网联汽车渗透率持续增加，2025 年达 50%，2030 年超过 70%。C-V2X 终端的新车装配率 2025 年达 50%，2030 年基本普及，网联协同感知、协同决策与控制功能不断应用，车辆与其他交通参与者互联互通。高度自动驾驶车辆 2025 年首先在特定场景和限定区域实现商业化应用，并不断扩大运行范围。因此，可以预见从 2025 年起，智能网联汽车将会对道路交通能力的提升产生积极作用。

尽管自动驾驶与车路协同技术取得了快速进展，但适应全域复杂环境的自动驾驶技术和全方位的车路协同仍存在技术瓶颈。考虑自动驾驶车辆的渗透率，自动驾驶完全取代人工驾驶将是一个长期的过程。《无人驾驶：人工智能将从颠覆驾驶开始，全面重构人类生活》引用分析师托德·利特曼（Todd Litman）的预测：即使无人驾驶汽车在 2020 年就合法化，它的普及应用也还是需要几十年的时间。他预计到 2050 年时，无人驾驶汽车将占新车销售量的 80%～100%。可即便如此，路面上行驶的汽车中仍有 40%～60% 是由人类驾驶的。

有研究表明，在自动驾驶与人工驾驶车辆混行的道路上，自动驾驶车辆的车头时距会影响人工驾驶车辆的车头时距选择。考虑到自动驾驶与人工驾驶车辆混行对交通状态的影响，虽然自动驾驶车辆在技术上可以保持较小的车头时距，但从整个交通系统的安全考虑，在自动驾驶与人工驾驶车辆混行交通中，自动驾驶车辆的车头时距确定需要考虑乘车人的可接受程度和对人工驾驶车辆的行为影响。

在专用自动驾驶车道内，车队内的车头时距可缩小至 0.8 秒，如按照 0.8 秒计算，则瞬时断面的通行能力可达 4500pcu/h，较常规高速公路路段基本通行能力（2200pcu/h）高出 1 倍。但上述车头时距未考虑对邻车道的负面影响和驾乘人员的心理接受水平，如考虑这两方面，研究表明 1.4 秒车头时距是一个负面影响可接受的车队车间距边界值。按照 1.4 秒车头时距来计算，则顺时断面的通行能力为 2571pcu/h，较常规高速公路路段基本通行能力（2200pcu/h）可提高 16.9%。

在自动驾驶与人工驾驶车辆混行的普通车道内，自动驾驶车辆对路段通行能力的影响主要受平均车头时距的影响,而该平均车头时距和自动驾驶策略、自动驾驶车辆占比都有关系。考虑到车队间的安全间距和对相邻车道的负面影响,如果自动驾驶车辆间平均车头时距按 1.4s 计算,人工驾驶车辆平均车头时距按 1.64 秒(对应 2200pcu/h 车头时距)计算,两类车辆 1∶1 混合时的平均车头时距为 1.52 秒,则对应的通行能力为 2368pcu/h,较常规高速公路路段基本通行能力(2200pcu/h)可提高 7.7%。

5. 载运工具的技术进步将进一步改变综合立体交通系统的能源结构

长期以来,以汽油、柴油、航空煤油为代表的化石能源在交通能源系统中占据了绝对地位。由于人们对不可再生能源存在用尽的担忧,一直在寻找替代能源方案。由于电力的生产方式多样(太阳能、水力资源、风力资源、原子能都可用于电力生产),所以电动化一直是交通动力发展的一个重要方向。鉴于电动机的控制要比内燃机的控制简单,智能化的发展也进一步对交通动力系统电动化起到了推动作用。一些国家相继提出了停止销售燃油车的时间表,如荷兰和挪威提出 2025 年禁售燃油车,德国和印度提出 2030 年后禁售燃油车,法国和日本提出 2040 年禁售燃油车。尽管这些计划都并非官方的正式法律,但依然引发了全球的高度关注。

我国新能源汽车发展较为迅速,市场占有率不断提升。《节能与新能源汽车技术路线图 2.0》提出:2025 年,我国新能源汽车在汽车总销量中的占比将达到 20% 左右,2030 年占比提升至 40% 左右,2035 年,新能源汽车成为国内汽车市场主流(占总销量的 50% 以上)。从能源安全和环保约束出发,传统燃油车向使用电能驱动的新能源车过渡是大势所趋。但这很难一蹴而就,预期将是此消彼长的渐进过程。

不仅是电动汽车发展迅速,电动船舶、电动飞机也都在研发中,同时燃料电池、替代燃料以及整车共性节能技术的研发也不断深入。因此,可以预见,2050 年,化石能源在交通运输领域的占比会大幅下降,电力的使用占比会不断增加。《无人驾驶:十万亿美元的大饼怎么分?》(〈经济学人·商论〉选辑)引用瑞银集团估计:到 2050 年欧洲电力消耗将增加 20%~30%。美国《Rethink Transportation 2020—2030》报告估计,2030 年石油使用量将下降 30%。

课题组长：

鲁光泉

主要执笔人：

轨道交通：罗庆中、贾光智、王镠莹；道路交通：吴建平、王林阳；航空交通：吴江浩、张艳来、周超、谷满仓、褚松涛、赵文苑；水路交通：耿雄飞、文捷；物流技术：蔡翠、肖荣娜；交通新业态、新模式：张华、叶建红、王宇沁、褚春超、卞雪航、费文鹏；综述：鲁光泉；报告汇总：鲁光泉，丁川、于滨、蔡品隆、陈发城

主要承担单位：

北京航空航天大学、清华大学、同济大学、中国铁道科学研究院集团有限公司、交通运输部水运科学研究院、交通运输部公路科学研究院、交通运输部科学研究院

本章参考文献

[1] Augustyn J. Emerging science and technology trends: 2016 2045 A synthesis of leading forecasts[R]. Future Scout Los Angeles United States, 2016.

[2] 苏万明,温竞华,阳建.我国时速600km高速磁浮试验样车下线[J].城市轨道交通研究,2019,22(06):84.

[3] 王志强.大秦线开行3万吨重载列车存在安全风险的探讨[J].科技与创新,2014(16):122-123.

[4] 中车货运动车组即将问世,时速250公里以上[J].中国机电工业,2017(12):16-16.

[5] 5G铁路通信有必要吗[EB/OL].[2020-10-30]. https://zhuanlan.zhihu.com/p/265586825.

[6] 许艳芹.5G无线通信技术及其在铁路通信系统中应用[J].交通科技与管理,2021(25):0030-0031.

[7] 国务院办公厅关于印发新能源汽车产业发展规划(2021—2035年)的通知

[EB/OL].[2020-10-20/2020-11-02].http://www.gov.cn/zhengce/content/2020-11/02/content_5556716.htm.

[8] 王泉.从车联网到自动驾驶,汽车交通网联化、智能化之路[M].北京:人民邮电出版社.2018.

[9] 《智能网联汽车技术路线图2.0》在京发布[EB/OL].[2020-11-11/2020-11-12].http://share.gmw.cn/tech/2020-11/12/content_34363348.htm.

[10] 《中国智能网联汽车产业发展报告(2018)》编委会.中国智能网联汽车产业发展报告(2018)[M].北京:社会科学文献出版社.2018.

[11] 工业和信息化部关于印发《车联网(智能网联汽车)直连通信使用5905-5925MHz频段管理规定(暂行)》的通知[EB/OL].[2018-10-25/2018-11-13].http://www.miit.gov.cn/n1146295/n1652858/n1652930/n4509650/c6482536/content.html.

[12] 5GAA.5GAA brings together key actors to share advances on C-V2X deployment in China at MWC Shanghai 2019[EB/OL].[2019-06-27/2019-10-17].https://5gaa.org/news/5gaa-brings-together-key-actors-to-share-advances-on-c-v2x-deployment-in-china-at-mwc-shanghai-2019/.

[13] 智慧城市数字化发展专题分析2018[EB/OL].[2018-09-05/2018-09-06].https://www.analysys.cn/article/detail/20018852.

[14] 中国民用航空局.民航科技发展"十三五"规划[EB/OL].[2016-12-29/2019-10-17].http://www.ndrc.gov.cn/fzggzz/fzgh/ghwb/gjjgh/201708/t20170809_857331.html.

[15] 王刚,张彬乾,张明辉,等.翼身融合民机总体气动技术研究进展与展望[J].航空学报,2019,40(9):623046.

[16] 曹锋,么鸣涛,雷雪媛,等.飞行汽车的发展现状与展望[J].现代机械,2015,2:89-94.

[17] Yuhara T, Rinoie K. Conceptual design study on LH2 supersonic transport for the 2030-2035 time frame[C]. Aiaa Aerospace Sciences Meeting Including the New Horizons Forum & Aerospace Exposition. 2013.

[18] 董亚伟,王杰.地空数据链在民航的应用与发展[J].大众科技,2012,1:

19-20.

[19] 冯军.机场智能化运行技术研究与展望[J].电子世界,2019,12:17-18.

[20] 交通运输部张宝晨:智能技术疾进,无人船时代将加速到来[EB/OL].[2020-01-03]. https://www.ihaiyuan.com/bencandy.php?fid-33-id-250453-page-1.htm.

[21] IMO 海上安全委员会第 101 届会议成果概览[EB/OL].[2019-06-20/2019-07-04].http://imcrc.dlmu.edu.cn/info/1059/3447.htm.

[22] One Sea,无人船发展的引领者[EB/OL].[2019-04-15]. http://www.eworldship.com/html/2019/Manufacturer_0415/148495.html.

[23] 全球首次~又一艘无人驾驶客船通过远程海试[EB/OL].[2019-01-07]. http://www.eworldship.com/html/2019/OperatingShip_0107/146015.html.

[24] 世界首艘自主零排放集装箱船 Yara Birkeland 号最新进展[EB/OL].[2020-04-29]. https://www.ihaiyuan.com/bencandy.php?fid-33-id-265140-page-1.htm.

[25] 历史性!NYK 完成世界上第一次大型自动船舶航行试验[EB/OL].[2019-10-03].https://m.sohu.com/a/344895045_175033.

[26] MBC——全球唯一国际航运智能交易中心[EB/OL].[2019-02-25]. https://www.sohu.com/a/297504693_120085378.

[27] 马士基航运推出全新在线订舱平台[EB/OL].[2017-12-15].http://www.ship.sh/news_detail.php?nid=27944.

[28] 纽约航运交易所 CEO:数字化是新常态[EB/OL].[2018-02-27].http://www.eworldship.com/html/2018/person_character_0227/136730.html.

[29] 李克强主持召开国务院常务会议 部署推进互联网+物流[EB/OL].[2016-07-20].http://www.cac.gov.cn/2016-07/20/c_1119252286.htm.

[30] 交通运输部关于印发《数字交通发展规划纲要》的通知[EB/OL].[2019-07-25/2019-07-28]. http://www.gov.cn/xinwen/2019-07/28/content_5415971.htm.

[31] 中国智慧物流 2025 应用展望[EB/OL].[2017-05-19].https://www.sohu.com/a/141820513_760254.

[32] 腾讯研究院.新技术应用及其影响[EB/OL].[2019-06-11/2019-10-17]. http://www.cbdio.com/BigData/2019-06/11/content_6145013.htm.

[33] PWC. Shifting patterns: The future of the logistics industry, [EB/OL]. [2019-06-11/2019-10-17]. https://www.pwccn.com/en/industries/real-estate/publications/shifting-patterns-the-future-of-the-logistics-industry.html.

[34] Goodall W, Dovey T, Bornstein J, et al. The rise of mobility as a service[J]. Deloitte Rev, 2017, 20: 112-129.

[35] 冯仲伟,方兴,李红梅,等.低真空管道高速磁悬浮系统技术发展研究[J]. 中国工程科学,2018,20(6):105-111.

[36] European Commission. Europe on the move: commission com-pletes its agenda for safe, clean and connected mobility [EB/OL]. [2018-05-17/2019-10-17]. http://www.cbdio.com/BigData/2019-06/11/content_6145013.htm.

[37] 简州新城规划建设东部新城铁路主客站[EB/OL].[2019-07-11/2019-07-12]. http://www.cdrb.com.cn/epaper/cdrbpc/201907/12/c44721.html?spm=zm5056-001.0.0.1.XZHXmU.

[38] 中国汽车技术研究中心有限公司.智能网联汽车技术[M].北京:社会科学文献出版社.2019.

[39] Intelligent Transportation Systems: Vehicle-to-Infrastructure Technologies Expected to Offer Benefits, but Deployment Challenges Exist [EB/OL]. [2015-09-15/2015-10-15]. https://www.gao.gov/products/GAO-15-775.

[40] Highways England. Highways England delivery plan [EB/OL]. [2016-07-13/2019-10-17]. https://www.gov.uk/government/publications/highways-england-delivery-plan-2016-to-2017.

[41] Johnson C. Readiness of the road network for connected and autonomous vehicles[J]. RAC Foundation: London, UK, 2017.

[42] 吴蔚.NASA发布新版战略实施规划 明确未来民用航空发展路线[N]. 中国航空报,2020-03-10(006).

[43] Boom Supersonic 宣布2023年有望试飞超音速飞机[EB/OL].[2019-01-09/2019-01-10]. https://tech.huanqiu.com/article/9CaKrnKgRil.

[44] 胡迪.利普森,梅尔芭·库曼.无人驾驶:人工智能将从颠覆驾驶开始,全面重构人类生活[M].林露茵,金阳,译.上海:文汇出版社,2017.

[45] 中国汽车工程学会.节能与新能源汽车技术路线图 2.0[R].2020.

[46] 陆民敏.IMO:自 2020 年实施 0.5% 的全球硫限制[J].中国水运,2016(11):80 80.

[47] 中华人民共和国道路交通安全法实施条例[EB/OL].[2004-04-30/2005-08-23].http://www.gov.cn/banshi/2005-08/23/content_25579.htm.

[48] 经济学人·商论.无人驾驶,十万亿美元的大饼怎么分[M].杭州:浙江出版集团数字传媒有限公司,2018.

[49] Gouy M, Wiedemann K, Stevens A, et al. Driving next to automated vehicle platoons: How do short time headways influence non-platoon drivers' longitudinal control?[J]. Transportation research part F: traffic psychology and behaviour, 2014, 27: 264-273.

[50] ENSEMBLE. Enabling Safe Multi-Brand Platooning for Europe: ENSEMBLE[DB/OL]. https://platooningensemble.eu/storage/uploads/documents/2018/11/06/Ms._Marika_Hoedenmaeker,_ENabling_SafE_Multi-Brand_Platooning_for_Europe....pptx.

[51] Rethink X Research and Co-Writing Team. Rethinking Transportation 2020-2030[DB/OL]. https://www.rncan.gc.ca/sites/www.nrcan.gc.ca/files/energy/energy-resources/Rethinking_Transportation_2020-2030.pdf.

第二十章
国家综合立体交通网环境影响研究

国家综合立体交通网涵盖时空范围宏大，潜在环境影响不容忽视。本章建立了全国资源环境数据库，开展了交通生态空间分析、大气污染和碳排放情景分析与模型预测，论证了国家综合立体交通网的环境合理性，提出了优化调整与实施的建议。

本章重点研究了三方面影响：一是生态环境影响，关注国家综合立体交通网与生态格局和环境敏感目标的空间冲突；二是资源能源承载力，关注土地资源和能源的供给能否满足国家综合立体交通网建设规模；三是大气环境及碳排放，关注国家综合立体交通网所承载运输活动的排放是否满足大气污染防治和温室气体减排的要求。

一、我国资源环境概况

（一）生态格局

我国生态系统，具有地球上各种所有类型的陆生生态系统类型，如森林、灌丛、湿地、草原、草甸、荒漠、高山冻原以及复杂的农田生态系统等；水域生态系统类型也十分丰富，包括各类河流、湖泊和海洋生态系统。国务院印发的《全国主体功能区规划》明确提出构建"两屏三带"为主体的生态安全战略格局，对这些区域进行切实保护，使生态功能得到恢复和提升。根据《中国生物多样性保护战略与行动计划（2011—2030年）》，我国划定了35个生物多样性保护优先区域，包括大兴安岭区、三江平原区、祁连山区、秦岭区等32个陆域生物多样性保护优先区域，分布在27个省份904个县，总面积占陆地国土面积的28.8%；3个海洋与海岸保护优先区，分别是黄渤海保护区域、东海及台湾海峡保护区域和南海保护区域。

（二）环境敏感目标

环境敏感目标包括具有法定意义的各类自然保护地及水源保护区，主要包括全国自然保护区、国家公园、风景名胜区、森林公园、地质公园、中国重要湿地、水产种质资源保护区、重要饮用水水源地和世界自然与文化遗产地等。

1. 国家公园

国家公园是指由国家批准设立并主导管理、边界清晰、以保护具有国家代表性的大面积自然生态系统为主要目的、实现自然资源科学保护和合理利用的特定陆地或海洋区域。截至2019年底，我国已公布10个国家公园试点地区，即三江源、东北虎豹、大熊猫、祁连山、北京长城、神农架、武夷山、钱江源、南山、普达措国家公园。

2. 自然保护区

自然保护区是指对有代表性的自然生态系统、珍稀濒危野生动植物物种的天然集中分布区、有特殊意义的自然遗迹等保护对象所在的陆地、陆地水体或者海域，依法划出一定面积予以特殊保护和管理的区域。截至2019年底，我国已建立各种类型、不同级别（国家级、省级、市县级）的自然保护区2750个，其中国家级自然保护区共有474个，面积14733万公顷，占全国陆地国土面积的约15%。自然保护区的建立对保护自然资源和生态环境，特别是保护珍稀濒危物种发挥了重要作用。

3. 世界自然与文化遗产地

根据联合国教科文组织《保护世界文化和自然遗产公约》，截至2019年7月，中国已有55项世界自然和文化遗产列入《世界遗产名录》，其中世界文化遗产37项、世界文化与自然双重遗产4项、世界自然遗产14项，在世界遗产名录国家排名第一位。

4. 国家级风景名胜区

截至2019年底，国务院总共公布了9批、244个国家级风景名胜区，面积约10.4万平方公里，涉及除上海外的30个省（自治区、直辖市）。

5. 国家森林公园

国家森林公园是指森林景观特别优美，人文景物比较集中，观赏、科学、文化价值高，地理位置特殊，具有一定的区域代表性，旅游服务设施齐全，有较高的知名度，可供人们游览、休息或进行科学、文化、教育活动的场所。截至2019年底，我国已设立国家级森林公园898个，共计保护面积约12.8万平方公里。

6. 国家地质公园

地质公园对保护地质遗迹、发展社会精神文明建设、开展科学研究、普及科学知识、利用地质资源、发展地方经济以及地质工作服务社会经济等具有重大的意义。截至2019年底，国家正式命名的国家地质公园达214个。

7. 国家级水产种质资源保护区

截至2019年底，国家级水产种质资源保护区共公布12批次457个，总面积约1560万公顷，占中国陆地和海域面积的1.2%。其中，内陆水产种质资源保护区面积约815万公顷，占中国内陆水域面积的46.4%；海域（含河口区）水产种质资源保护区面积约745万公顷，占中国海域面积的2.5%。

8. 重要湿地

参考2000年国务院公布的《中国湿地保护行动计划》中附录1《中国重要湿地名录》，我国重要湿地共173处。

9. 重要饮用水水源地

根据《全国重要饮用水水源地名录（2016年）》，全国重要饮用水水源地共有618个，包括全国供水人口20万以上的地表水饮用水水源地及年供水量2000万立方米以上的地下水饮用水水源地。

（三）大气环境概况

2019年，全国337个地级及以上城市中，157个城市环境空气质量达标，占全部城市数的46.6%。各城市累计发生严重污染452天，比2018年减少183天。以PM2.5、PM10和O_3为首要污染物的天数分别占重度及以上污染天数的78.8%、19.8%和2.0%，未出现以SO_2、NO_2和CO为首要污染物的重度及以上污染。京津冀及周边地区城市、汾渭平原城市平均超标天数比例较高，成渝地区受复杂地形和独特盆地气象条件的影响，大气污染较为严重。

另外，长三角和珠三角地区是我国船舶大气污染防治的重点区域。

（四）水环境概况

2019年，全国地表水监测的1931个水质断面中，Ⅰ~Ⅲ类水质断面（点位）占74.9%，劣Ⅴ类水质断面（点位）占3.4%。主要污染指标为化学需氧量、总磷和高锰酸盐指数。根据生态环境部公布的历年生态环境质量公报和全国地表水环境质量状况的通报，近年来我国地表水环境质量总体呈明显改善趋势，水质优良断面比例逐年增多。黄河流域、松花江流域、淮河流域、辽河流域和海河流域为轻度污染。

（五）土地资源概况

根据《第三次全国国土调查主要数据公报》，2019年底，全国共有耕地12786.19万公顷，园地2017.16万公顷，林地28412.59万公顷，草地26453.01万公顷，湿地2346.93万公顷，城镇村及工矿用地3530.64万公顷，交通运输用地955.31万公顷，水域及水利设施用地3628.79万公顷。交通运输用地中，铁路用地56.68万公顷，占5.93%；轨道交通用地1.77万公顷，占0.18%；公路用地402.96万公顷，占42.18%；农村道路476.50万公顷，占49.88%；机场用地9.63万公顷，占1.01%；港口码头用地7.04万公顷，占0.74%；管道运输用地0.72万公顷，占0.08%。

（六）能源利用概况

2019年我国能源消费总量达到48.7亿吨标准煤，同比增长5%。煤炭占能源消费的比例为57.7%，天然气、水电、核电、风电等清洁能源消费量占能源消费总量的25.4%，电能占终端能源消费比例继续提高。我国能源净进口量达到约9.7亿吨标准煤，对外依存度达到约21%。其中，石油对外依存度提高到70%，天然气对外依存度为43%。

二、交通环境影响回顾性分析

近年来，我国交通运输行业取得了长足发展，逐步成为交通大国，其中规划发挥了重要的引领作用。针对不同方式交通运输发展，国务院及有关部门相继出台了《国家公路网规划（2013—2030年）》《中长期铁路网规划》等。针对重要战略区域综合交通运输发展，相继发布了《长江经济带综合立体交通走廊规划（2014—2020年）》《京津冀协同发展交通一体化规划》等。相关规划分别以环境影响报告书、环境影响篇章等形式开展了环境影响评价工作。

（一）生态环境影响回顾分析

1. 生态影响回顾

铁路、公路等陆路交通网建设的生态影响主要集中在对森林、草地、水体等自然生态系统的影响，体现在造成生境破碎化，影响生态系统的完整性和生态系统结构，阻碍野生动物迁徙从而割断基因交流，加剧区域的水土流失和土壤侵蚀等方面。交通网对沿线生态环境的影响范围一般在路线两侧 0~5 公里范围内。根据路线所经地区地理环境和生态环境的不同，其影响程度也有所差别。为减缓对重要生态敏感目标的影响，近十年来，对不可避免穿越自然保护区核心区、缓冲区的铁路、公路项目均采用隧道下穿或桥梁一跨而过的形式，在一定程度上实现了立体空间避让。

港口、航道等水路交通的环境影响在沿海和内河表现不同。沿海水运建设的生态影响主要集中在港口围填海，以及港池和锚地的开挖活动，造成海岸带湿地生境丧失。特别是在渤海区域，唐山港、天津港、黄骅港等填海造陆引起较大生态损失。内河水运的生态影响主要表现在航道工程改变局部河道环境和水流形态，对鱼类栖息、活动及繁衍迁移和洄游产生一定影响，施工悬浮物污染导致水体浑浊、透明度下降，使得施工区域浮游生物量下降。其中，长江干流四川、湖南、江西、安徽段港口和航道涉及多个河流型自然保护区，在部分自然保护区核心区和缓冲区内存在一定数量的航运活动。

总体而言，交通基础设施规模越大、通过地区生态系统越复杂、动植物丰度越高，其影响的范围和程度可能就会越大。铁路、公路建设对生态系统影响较大，港口、航道、机场对环境的影响主要集中在水域和城市，相对限于局地但不容忽视。

2. 大气环境影响回顾

近年来，随着我国交通运输行业发展，运输装备保有量快速上升，移动源污染问题日益突出，已成为空气污染的重要来源，特别是京津冀等大气污染防治重点区域交通运输装备产生的 NO_x、PM、VOCs 等污染问题突出。针对交通大气污染防治，国务院及交通运输部先后印发了《推进运输结构调整三年行动计划（2018—2020年）》《柴油货车污染治理攻坚战行动计划》《船舶与港口污染防治专项行动实施方案》等重要文件，从优化货物运输结构、机动车船大气污染治理等方面提出了多项管控举措。这些措施的逐步实施，使得交通运输排放得到一定控制。

3. 水环境影响回顾

各种交通方式基础设施的建设运营，均会对水环境产生一定影响，从排放量和影响程度来看，港口、航道等水运基础设施对水环境的影响较为突出。目前，我国港口已自建污水处理厂，各港口城市也印发了港口和船舶污染物接收转运及处置设施建设方案，并完成了相关的建设任务，港口码头和船舶排放的水污染物基本得到了妥善处置，对水环境的影响正在逐步减小。

（二）资源能源与碳排放影响回顾分析

1. 土地资源利用回顾

近10年来，全国交通用地规模持续增加，年平均增速为2.7%左右，交通用地约占总建设用地的10%。同时，交通建设集约节约用地水平不断提升，公路建设实际用地小于规范指标（特别是低技术等级公路建设在路基、排水沟等方面用地节约明显），单位运输周转量交通用地年均减少2.2%。

2. 能源利用和碳排放回顾

近年来，交通运输能耗总量与碳排放总量呈现快速增长趋势，其中公路运输的能源消耗和碳排放占比均在70%左右。随着交通运输需求的持续增长，交通能源消耗和碳排放仍有可能面临增长趋势。目前，已经采取了加快调整运输结构、提升交通运输装备能效水平、优化交通运输能源消费结构、推进节能降碳制度创新与技术应用等节能降碳措施，取得了初步成效。

（三）主要环境问题

1. 交通网络对生态空间的阻隔和干扰明显

我国生态敏感区面积广阔，初步划定的生态保护红线面积比例不低于陆域国土面积的25%，其中各类自然保护地约占国土面积18%，仅自然保护区就达2750个。我国交通运输经过新中国特别是改革开放以来的快速发展，已经从"制约瓶颈"走向"总体缓解"再到"基本适应",西部地区,尤其是需要帮扶地区、高陡山区的交通基础设施建设任务还相对较重,而这些地区恰恰是生态敏感区集中分布的区域。为实现空间布局主骨架功能,铁路、公路等线性交通基础设施与生态敏感目标的空间冲突非常普遍,对于面积较大的生态敏感区(如三江源)或呈线性分布的生态敏感区(如横断山),往往难以避免穿越,从而产生土地侵占、植被损失、生态阻隔、动物致死、外来物种入侵等生态影响。

2. 基础设施建设用地供需存在矛盾

近年来,交通基础设施占地面积增速较快,总占地面积已经达到国土面积的1%,对耕地、林地、草原,特别是基本农田、生态公益林、基本草原等占用面积较大,土地资源供应日趋紧张。这种矛盾在土地资源紧张的城市群地区、林地和草地广布的中西部地区、基本农田集中的东北和中原地区,均有不同程度的表现。

3. 局部运输活动加重大气污染

随着我国运输活动连年递增,汽车、火车、船舶、飞机等交通运输装备产生的NO_x、PM、VOCs等污染问题日趋凸显。数据显示,全国NO_x排放中移动源排放占到30%以上,部分城市移动源排放已经成为PM2.5的首要来源,占比可达50%以上。近年来,随着国家交通污染管控措施的逐步实施,交通运输排放得到一定控制,但交通运输排放占全国排放总量的比例却逐年上升,交通运输减少排放仍然存在巨大压力。

4. 交通运输是能源消耗和碳排放大户

我国交通运输能耗连年增长,2019年交通仓储邮政能耗约占全社会总能耗的10%,其中石油消耗量占比超过80%,对能源供给产生了较大压力。同时,能源消耗所带来的二氧化碳排放也逐步增加,可能导致全球气候变化加剧,对我国承诺国际社会"力争2030年前二氧化碳排放达到峰值,努力争取2060年前实现碳中和"目标的实现带来一定压力。未来,随着经济社会发展,交通运输需求还将保持持续增长,随之而来的能源消耗和碳排放仍有可能面临增长趋势,因此交通运输行业节能降碳工作仍将面临巨大挑战。

三、生态影响评价

（一）生态格局影响

1. 对生态系统影响

本研究将国家综合立体交通网与各类自然生态系统叠加，分析其对自然生态系统的影响情况。交通线网涉及森林和草地生态系统增幅约1/4，新增铁路、普通国道、国家高速中有部分线路穿越森林、草地及湿地。其中，普通国道穿越里程最长，其次是铁路。

2. 对生物多样性保护优先区的影响

将国家综合立体交通网中的铁路、公路与全国32个陆域生物多样性保护优先区进行空间叠加和景观格局分析，结果如下。

（1）所有陆域生物多样性保护优先区均有涉及新增交通基础设施。

（2）路网密度最大的生物多样性保护优先区是黄山 怀玉山区，其次为大别山区。

（3）路网密度增幅最大的生物多样性优先区为库木塔格区，其次为塔里木河流域区、呼伦贝尔区、三江平原区。

（4）各生物多样性优先区的最大斑块面积指数均有所下降，其中：最大斑块面积指数降幅在0～10%的区域有9个；降幅在10%～30%的有6个；降幅在30%～50%的有10个；降幅在50%以上的有2个，分别为横断山南段区和西双版纳区。

（二）生态敏感目标影响分析

1. 生态敏感目标情况

我国环境保护目标众多，现有10个国家公园、2750个自然保护区、244个国家级风景名胜区、55项世界文化和自然遗产、898个国家级森林公园、214个国家地质公园、457个国家级水产种质资源保护区、173个重要湿地、618个全国重要饮用水水源地。此外，还有32个陆地生物多样性保护优先区及3个海域生物多样性保护优先区。

2. 与生态敏感目标空间冲突分析

由于研究路线与未来实际建设路线存在较大不确定性，根据各种运输方式特点，设置 2~5 公里缓冲区，将国家综合立体交通网与各类生态敏感目标叠加，分析研究路线与各类敏感区之间潜在的空间冲突。评价结果如下：

新增的铁路、公路、航道等线性交通基础设施中，共有约 1.5 万公里可能涉及国家公园、自然保护区、饮用水水源保护区等生态敏感区，占新增线网总里程约 10%。针对生态敏感区影响较大的交通基础设施（影响总量或比例位于所有路线前 5%），包括涉及敏感区个数 25 个以上的、涉及自然保护区及国家公园里程超过 90 公里的、涉及重要敏感区长度比例在 25% 以上的线性交通基础设施，以及部分生态影响较大的港口和航道，共计 56 处新增交通基础设施段落或点位，建议未来在建设中重点关注。

四、大气环境影响评价

（一）情景分析设置

根据国家大气污染防治形势和要求，本研究通过情景分析方法，预测未来国家综合立体交通网基本建成后，交通运输活动产生的大气污染物排放影响。情景设置主要包括对未来交通量的预测情景（基准情景）、运输结构调整情景、能源的清洁化和电动化情景、技术进步情景等（表20-1）。

减排情景设置及组合方式　　　　　　　表 20-1

方　式	基准情景	减排情景一	减排情景二	减排情景三
新能源汽车比例	—	客车 50%	客车 70%	客车 90%
		货车 30%	货车 40%	货车 50%
铁路电力机车比例	61.3%	75%	80%	85%
港口岸电使用率	—	55%	70%	85%
内河新能源船舶比例	—	20%	35%	50%
运输结构调整（货运周转量占比）	公路：48.2% 铁路：19.4% 水运：32.2% 航空：0.2%		公路：44.6% 铁路：21.3% 水运：33.9% 航空：0.2%	

注：运输结构调整情景根据现状和《国家综合立体交通网规划纲要》各运输方式基础设施增长情况计算，详见"资源能源及碳排放影响评价"一节。

（二）整体大气环境影响评价

分别针对国家综合立体交通网中铁路、公路、水运及航空四种运输方式，采用上节中设置的多种情景进行大气污染物排放环境影响定量分析。由于未来各运输方式污染物排放因子不易确定，机动车排放因子暂借鉴《道路机动车大气污染物排放清单编制技术指南》相关数据及机动车国六排放标准限值要求进行测算，其余运输方式暂用目前公开印发的标准指南中最新的排放因子进行估算。

1. 排放总量分析

核算到2035年的铁路、公路、水运、航空大气污染物排放，合计大气污染物（NO_x、CO、HC、SO_2、PM10、PM2.5）排放总量约为500万吨/年，其中NO_x排放量约为180万吨/年。

根据《第二次全国污染源普查公报》，2017年全国NO_x排放量为1785.22万吨。根据中国工程院有关研究，要实现党的十九大报告提出的"2035年生态环境质量实现根本好转"目标，包括交通运输行业在内的国民经济各行业排放总量需要削减超过2/3。按此估算，在不采取控制措施情况下，2035年国家综合立体交通网建设完成后各运输方式排放的NO_x总量可能占未来全国总排放量的30%左右。

2. 控制情景分析

按照设置的几种交通能源清洁化和污染排放控制情景分析，得到国家综合立体交通网建设完成后各污染物排放情况。其中不同控制情况大气污染物排放总量为190万吨/年~480万吨/年。从分析结果可以看出，在运输结构调整的基础上，通过交通能源清洁化和实施有效的污染排放控制措施，可显著降低交通污染物排放总量。分析三种减排情景，预计2035年国家综合立体交通网建设完成后各交通运输方式排放的NO_x占未来全国NO_x总量比例为15%~21%。

与基准情景相比，实施减排情景一中各项控制措施后，各污染物减排比例可达到33%~42%；实施减排情景二中各项控制措施后，各污染物减排比例可达到43%~56%；实施减排情景三中各项控制措施后，各污染物减排比例可达到53%~69%。同时，随着控制措施的不断加严，公路运输排放占比将不断下降，水运和航空运输排放占比将有所上升。

虽然由于不同地区气象条件的差异导致污染物的排放很难直接对应到对区域空气质量的影响上，但当前我国大气污染物排放量仍处于高位，因此，污染物减排仍是改善环境质量最重要的手段之一。

3. 技术进步情景分析

在以上各运输方式大气污染物排放量核算中，机动车排放因子的选取仅仅是考虑国六排放标准限值要求，而其余交通运输工具污染物排放因子使用的则是目前公开印发的标准指南中最新的因子。但随着未来科技的进步，必将带来运输装备单位排放强度的显著下降，届时交通运输排放总量将会进一步大幅削减，交通运输排放的减排目标也将会提前完成。

本章假设通过排放标准不断加严，到 2035 年各运输装备单位排放强度下降为现状的一半，计算得到各种情景下，国家综合立体交通网基本建成后，交通运输活动大气污染物排放量。其中基准情景大气污染物排放总量约为 250 万吨/年，运输结构调整情景、减排情景一、减排情景二、减排情景三下大气污染物排放总量为 95 万吨/年~240 万吨/年。

由此可见，运输装备单位排放强度的下降将会使得污染物排放总量显著降低，在不考虑其他控制措施的情况下，预计 2035 年各运输方式排放的 NO_x 总量占未来全国总排放量的比例将降至约 15%。通过三种减排情景，NO_x 排放占比将进一步降至 7%~11%。

4. 小结

根据上述预测，结合国家综合立体交通网和交通强国建设阶段性目标，在实施减排情景二（或减排情景三）中各运输方式减排控制要求，并考虑技术进步的情况下，国家综合立体交通网所承载的交通运输活动产生的大气污染物排放可以满足国家生态环境质量实现根本好转的目标限值要求。

五、水环境及环境风险评价

（一）水环境影响分析

1. 对水质的影响

在港口和船舶水污染物得到妥善处理处置的前提下，国家综合立体交通网建设不会对水环境产生显著影响。运河水系连通工程将影响水功能区水质状况，但在严格控制污染物进入运河，并确保运河水体由水质较好的区域流向水质较差的河流后，运河建设不会引起水质显著变化。

2. 对水生生境的影响

沿海港口围填海将对水生态环境造成一定压力，内河港口建设也会对河势和水生生境产生一定影响。新增沿海和内河主要港口中，宜宾、黄骅等10个港口可能涉及部分自然保护区和水产种质资源保护区。港口码头、港池、锚地、航道建设将对周边水生态环境产生影响，应避让各类保护区，修复港口生态环境，降低对水生态的影响程度。

另外，运河水系连通工程将建设航电枢纽，造成生境割裂，阻碍鱼类洄游通道，赣粤运河、湘桂运河航道涉及部分河流型生态敏感区。建议航道建设工程应主动避让河流型生态敏感区；在航电枢纽建设时同步建设鱼类洄游通道，确保水生生物的种群沟通不受阻；充分论证运河水系连通工程引起水量变化带来的生态影响，确保河流的生态流量，降低运河建设对水生生态环境的影响程度。

（二）危险品运输水环境风险分析

1. 沿海航运环境风险

新增沿海主要港口中，唐山港、黄骅港位于现状高风险的渤海湾—辽东湾海域。两个港口均为现有港口，吞吐量位列沿海港口前十，且煤炭、金属矿石吞吐量占比较高。渤海湾—辽东湾海域的环境风险可能随着港口吞吐量的增长而进一步增加。为防范过高的环境风险，建议加强渤海湾—辽东湾等高风险水域的危险品运量管控。

2. 内河航运环境风险

新增内河主要港口中，宜宾港、清远港位于现状高风险的长江干线、北江水域，其余港口位于相对中低风险水域。现状来看，这些港口吞吐量均不大，纳入主要港口后，港口吞吐量可能会有所增加，港口所在水域环境风险也会随之有所增加，需要建设与之匹配的环境风险防控和应急能力。

浙赣运河、赣粤运河、湘桂运河、平陆运河、京杭运河北段等水系连通工程实施后，会带来运河及相邻航道船舶流量、密度较大幅度地增长，部分区段船舶流量会从无到有，运河的环境风险会有所上升。但同时，水系运河连通工程的建设和运营，能够促进铁路、公路等陆路运输向水运转移，可以减少陆路运输量，在一定程度上对陆路运输环境风险防范有积极意义。内河水域饮用水水源保护区众多，且部分航段利用调水工程段，如京杭运河北段部分航段与南水北调东线工程重合，因此水系连通工程实施后船载危险品运输对饮用水水源保护区的影响应是关注的重点。为避免可能的危险品运输事故对饮用水水源保护区水质产生影响，建议在饮用水水源保护区严禁危险品运输船舶停留和装卸作业，并采取相应措施确保危险品运输船舶航行安全和风险可控。

六、资源能源及碳排放影响评价

（一）土地资源影响

根据相关标准测算，铁路、公路和民航基础设施将新增占地约77万公顷；参考2018年港口占用交通用地的比例，预计港口将新增用地约1.5万公顷；考虑未来部分交通基础设施等级提升需求，估算将新增用地约80万~100万公顷。

近年来，我国新建高速公路、高速铁路和铁路客运专线通过采用较高的桥隧比设计，有效降低了土地占用。已有经验表明综合交通枢纽和空港物流园区等也能够节省对土地资源的占用。主要通道多种运输方式土地合用，也将进一步降低单体交通基础设施的占地规模。在考虑线位共用、枢纽共建、提高桥隧比等技术因素情况下，实际占地规模可能会比估算更低。总体上讲，土地资源不会对国家综合立体交通网建设形成明显制约。

（二）能源和碳排放影响评价

1. 评价方法

交通运输能源消耗和碳排放主要受交通运输规模、结构和技术水平三个主要因素的影响。开展交通运输能源消耗和碳排放预测，需要对这三个因素分别开展分析预测。对于运输周转量，主要基于经济发展水平和交通基础设施网规模进行预测。对于运输结构和技术水平，采用情景分析的方法进行分析。主要从两个方面设置情景：一方面是基于运输结构优化的结构情景，另一方面是基于能源清洁化的减排情景，共有7个组合情景（表20-2）。

能源和碳排放情景设置 表20-2

情 景 设 置	减排情景	结构情景
基准情景	基准	基准
结构情景	基准	规划结构
低碳情景	减排情景一	规划结构
强化低碳情景	减排情景二	规划结构
结构优化情景	基准	优化结构
结构优化低碳情景	减排情景一	优化结构
结构优化强化低碳情景	减排情景二	优化结构

根据不同运输方式的比例，设置三个运输结构情景。

基准结构情景：到2035年，各种运输方式结构占比与2019年水平保持一致，即客运周转量结构中铁路、公路（含小汽车）、水运、民航占比分别为12.9%、77.3%、0.1%和9.7%；货运周转量结构中铁路、公路（含小汽车）、水运、民航占比分别为19.4%、48.3%、32.2%和0.2%。

规划研究结构情景：到2035年，基于国家综合立体交通网规划研究提出的基础设施情况，得出相对优化的各种运输方式结构占比，即客运周转量结构中铁路、公路（含小汽车）、水运、民航占比分别为14%、73.2%、0.1%和12.7%；货运周转量结构中铁路、公路（含小汽车）、水运、民航占比分别为21.3%、44.6%、33.9%和0.2%。

优化结构情景：根据《推进运输结构调整三年行动计划（2018—2020年）》要求，"2020年与2017年相比，全国铁路货运量增加11亿吨、增长30%；全国水路货运量增加5亿吨、增长7.5%"，该运输结构调整是在路网规模几乎变化不大的情况下，通过政策手段实现的。借鉴此增长比例，进一步优化货运结构，即2035年铁路货运量、水路货运量在规划情景基础上分别增长30%和7.5%，得到2035年货运周转量结构中铁路、公路、水运、民航占比分别为27.6%、35.8%、36.4%和0.2%。

根据能源清洁化程度的不同，设置两个减排情景。

减排情景一。公路方面：公路客运领域全面实现电动化，货运领域清洁能源汽车比例达到 1/3；铁路方面：铁路电力机车占比达到 75%；水运方面：港口岸电覆盖率达到 60%、使用率达到 70%，同时内河 LNG 动力船舶比例达到 15%；

减排情景二。公路方面：公路客运领域全面实现电动化，货运领域清洁能源汽车比例达到 2/3；铁路方面：铁路电力机车占比达到 85%；水运方面：港口岸电覆盖率达到 70%、使用率达到 80%，同时内河 LNG 动力船舶比例达到 30%。

2. 能源影响结果分析

2035 年交通运输铁路、公路（含小汽车）、水运、民航能源消费总量在基准情景、结构情景、低碳情景、强化低碳情景、结构优化情景、结构优化低碳情景、结构优化强化低碳情景下的能源消费总量为 5 亿～8 亿吨标准煤，占全社会能源消耗的 10%～14%。其中，结构优化强化低碳情景下，能源消费总量最低，最能支撑我国能源消费总量尽早达峰。交通运输能源消费强度逐年下降，能源消费总量虽然保持增长，但增速放缓。

3. 碳排放影响结果分析

2035 年交通运输在基准情景、结构情景、低碳情景、强化低碳情景、结构优化情景、结构优化低碳情景、结构优化强化低碳情景下的碳排放总量为 12 亿～17 亿吨，占全社会碳排放的比例为 10.5%～14.9%。其中，结构优化强化低碳情景下，能源清洁化水平和结构优化程度显著提高，带来了明显的二氧化碳减排效果，交通运输碳排放在 2030 年左右达到峰值，随后逐步下降。

4. 运输系统效率提升的节能减排效益分析

国家综合立体交通网布局将减少各种运输方式单独规划带来的浪费，能源消耗和碳排放大大降低。

国家综合立体交通网布局充分考虑了各种运输方式的匹配、衔接和方式之间的换乘，将最大化地发挥各种运输方式的能力，提高路网通行能力，提升货物运输效率，缩短客运枢纽换乘时间，全面提高全网客货运输效率，最终实现能源消耗强度和碳排放强度的降低。

七、环境合理性论证

（一）协调性分析

本研究分析了国家综合立体交通网建设与相关政策、规划、战略环评的协调性，见表20-3。

协调性分析　　　　　　　　　　　　　　表20-3

类别	政策或规划	协调性
生态文明战略政策	关于加快推进生态文明建设的意见	协调
	关于建立国土空间规划体系并监督实施的若干意见	基本协调
	关于建立以国家公园为主体的自然保护地体系的指导意见	基本协调
	中国落实2030年可持续发展议程国别方案	协调
交通强国战略政策	交通强国建设纲要	协调
能源战略政策	能源生产和消费革命战略	协调
资源环境重要规划	全国国土规划纲要（2016—2030年）	协调
	耕地草原河湖休养生息规划	基本协调
	全国重要生态系统保护和修复重大工程总体规划（2021—2035年）	基本协调
五大区域战略环评	环渤海沿海地区	基本协调
	海峡西岸经济区	基本协调
	北部湾经济区沿海地区	基本协调
	成渝经济区	基本协调
	黄河上中游能源化工区	基本协调
西部大开发重点区域战略环评	云贵重点地区	基本协调
	甘青新重点地区	基本协调
中部地区发展战略环评	长江中下游城市群	基本协调
	中原经济区	基本协调
三大地区战略环评	京津冀地区	基本协调
	长三角地区	基本协调
	珠三角地区	基本协调

总体上，国家综合立体交通网建设与《关于加快推进生态文明建设的意见》《关于建立国土空间规划体系并监督实施的若干意见》等生态文明政策规

划要求相符，与《交通强国建设纲要》、能源生产和消费革命战略要求相符。国家综合立体交通网在资源利用、基本农田和林地占用、生态保护、污染排放达标方面，均能满足相关要求，与上述规划没有明显冲突。国家综合立体交通网在建设规模、布局、实施安排等方面，考虑了相关区域生态环境保护要求，与五大区域、西部大开发重点区域、中部地区、三大地区等区域战略环评总体协调。

同时，国家综合立体交通网建设会穿越国家公园、自然保护区、风景名胜区、森林公园、地质公园等一系列环境敏感区，尤其会在生态环境脆弱的西部地区造成自然保护地的侵入和切割、野生动物通道的阻隔、冻土稳定性的变化等不利影响。因此，国家综合立体交通网建设将面临《全国国土规划纲要》《耕地草原河湖休养生息规划》等自然资源和环境保护类规划的一定制约。部分交通通道和枢纽对区域生态环境产生的影响，需要在项目实施中着重研究，进一步优化交通基础设施布局，并通过建设绿色交通基础设施、采用绿色交通装备、开展绿色交通活动，尽可能提高交通与环境的协调度。

（二）环境合理性

国家综合立体交通网实体线网总规模合计约 70 万公里（不含国际陆路通道、空中及海上航路里程），新增铁路、公路、航道等交通线网里程约 15 万公里，新增港口、机场等交通点状设施 170 余个。

铁路、公路和民航等基础设施共新增占用土地面积约 80 万~100 万公顷，为现有交通基础设施用地面积的 8.3%~10.5%，占全国陆地总面积 0.08%~0.1%。在考虑线位共用、枢纽共建、提高桥隧比等技术因素情况下，实际占地规模可能会比估算更低。总体上讲，土地资源不会对国家综合立体交通网建设形成明显制约。

2035 年国家综合立体交通网建设完成后，在现有装备和技术水平条件下，大气污染物（NO_x、CO、HC、SO_2、$PM10$、$PM2.5$）排放总量约为 500 万吨/年，其中 NO_x 排放量约为 180 万吨/年。在考虑新能源利用、运输结构调整、燃油效率和清洁化提升的多种组合情景下，交通运输装备排放的各类污染物将显著减少，减排比例最高可达 80% 左右。交通运输 NO_x 排放占全国 NO_x 排放总量的比例将有望降至7%~21%。此外，提高了综合交通整体运输效率，在一定程度上减少了交通枢纽和节点运输工具大气污染物排放，对交通运输大气污染有一定减缓作用。总体上，交通运输大气污染可控。

2035年交通运输铁路、公路（含小汽车）、水运、民航能源消费总量在基准情景、结构情景、低碳情景、强化低碳情景、结构优化情景、结构优化低碳情景、结构优化强化低碳情景下的能源消费总量为5亿~8亿吨标准煤。2035年交通运输在基准情景、结构情景、低碳情景、强化低碳情景、结构优化情景、结构优化低碳情景、结构优化强化低碳情景下的碳排放总量为12亿~17亿吨。其中，结构优化强化低碳情景交通碳排放在2030年左右达到峰值，随后逐步下降。总体上，交通运输能源消费将由2017年的以化石能源消耗为主转变为化石能源与清洁能源（天然气和电力）并存的局面，清洁能源尤其是电力消耗占比将大幅提升。

此外，国家综合立体交通网建设还将进一步提高整体交通效率，节约能源消费量，降低交通运输大气污染物和碳排放总量。综上所述，从土地资源、大气环境、水环境、能源及碳排放等方面来看，国家综合立体交通网规模对环境的影响总体合理。

（三）布局环境合理性

国家综合立体交通网布局点线兼具、水陆均有，广泛分布于各地水陆空间。根据分析，新增的铁路、公路、航道等线性交通基础设施中，共有约1.5万公里可能穿越国家公园、自然保护区、饮用水水源保护区等生态敏感区，占线网总里程约10%。这些路段需要在项目工程可行性研究中优化避绕。实在难以避绕的，也可以通过空中或地下形式穿越相关保护区域以减小环境影响。

水运方面，共有10个新增主要港口和4条新纳入的国家高等级航道（含3处运河）涉及部分水域型自然保护区、水产种质资源保护区。可通过减少航道整治工程、建设洄游通道、建设生态航道等举措，降低对水环境和水生态环境的影响程度。水系连通工程会影响水功能区水质状况，但连通的河流水质基本为地表水Ⅱ类或Ⅲ类，在严格控制污染物进入运河的基础上，水体连通性、自净能力和纳污能力将会增强。

此外，交通基础设施相当部分相互或与既有路线/枢纽位于同一廊道、同一空间，可以通过廊道共线、枢纽综合化大型化等举措，提高资源利用效率，减少土地资源消耗和生态空间阻隔。总体上，国家综合立体交通网布局方案具有一定的环境合理性，但需在项目建设论证阶段详细评价，并在建设和运营阶段严格采取环保措施。

（四）运输结构环境合理性

货运结构方面。2019年铁路、公路、水路和民航货运周转量占比分别为19.4%、48.3%、32.2%和0.2%。结合国家综合立体交通网里程情况，预测2035年铁路、公路、水路和民航货运周转量占比分别为21.3%、44.6%、33.9%和0.2%。根据国家运输结构调整要求设置货运优化结构情景，铁路、公路、水运、民航货运周转量占比将为27.6%、35.8%、36.4%和0.2%。总体上，铁路和水运货运周转量占比进一步上升，公路占比明显下降，运输结构更加优化。

客运结构方面。2019年铁路、公路（含小汽车）、水路和民航占比分别为12.9%、77.3%、0.1%和9.7%。结合国家综合立体交通网里程情况，预测2035年铁路、公路、水路和民航客运周转量占比分别为14%、73.2%、0.1%和12.7%。总体上，铁路、民航客运周转量占比明显上升，公路占比明显下降，客运结构更加优化。

运输结构调整将有力促进大气污染防治和碳减排。从大气污染物减排效果来看，即使单纯交通方式调整带来的运输结构变化也可以降低大气污染物排放约5%。从能源节约和碳减排效果来看，结构优化强化低碳情景下的能源消费总量最低，将支撑交通碳排放在2030年左右达到峰值。

八、生态环境保护措施

（一）生态敏感区保护

国家综合立体交通网建设应尽量避绕国家公园、自然保护区、世界遗产地、饮用水水源保护区等生态敏感区。在项目实施过程中进一步分析工程建设对自然保护地的可能影响，明确影响范围与程度。交通基础设施应严格避让国家公园核心区、自然保护区核心区和缓冲区、饮用水水源保护区一级区等，或通过隧道、一跨而过的桥梁等方式实现"无害化"穿（跨）越。

（二）生态格局和自然生态系统保护

一是降低生物多样性保护优先区内交通网密度，降低道路导致的栖息地隔离对物种的影响，最大限度减小物种的生存空间破碎化程度。二是避开珍稀濒危物种的集中分布区域，保护原生、珍稀野生动植物。三是对于森林生态系统，国家综合立体交通网建设应禁止在天然林保护范围内采石、采砂和采土，尽量保留道路两旁的树木，开展异地生态补偿。四是对于水体和湿地生态系统，国家综合立体交通网建设应尽量采用桥梁方案，不改变天然水流方向，不压缩过水断面。对于沿海港口围填海与港池航道疏浚、内河航道整治与航运枢纽建设等关键工程，综合采用生态保留、生境修复、生境再造、人工鱼道、增殖放流等措施改善水生生物生境，特别是保护湿地、红树林、鱼类"三场"和洄游通道，保护鱼类种群资源、水生生物多样性。五是对于草原生态系统，应从工程角度研究路基、通道、立交以及桥梁等构筑物的建设标准，适当调整路基高度，尽量减少对沿线的地貌破坏，尽量保持地表植被，减少水土流失量。

（三）大气污染防治

国家综合立体交通网大气污染防治工作应以铁路、公路、水运、民航运输为重点对象，以京津冀区域、汾渭平原、成渝地区等为重点区域。一是加强区域综合交通运输体系建设，提升运输组织水平，减少交通运输的能源消耗和大气污染物排放。二是加强公路运输大气污染防治，推进老旧车辆淘汰更新，推广使用新能源和清洁能源车辆，全面实施汽车排放检验与维护制度（I/M制度），减少道路扬尘等。三是开展船舶大气污染防治，严格遵守国家船舶排放控制区的有关政策，按规定使用船用燃油，推进港口岸电建设与使用，鼓励船舶加装排气污染治理装备，全面实施营运船舶燃料消耗量限值准入制度。四是加强港口大气污染控制力度，大型煤炭、矿石码头堆场建设防风抑尘等设施，散货码头积极改进设备设施，推广散货封闭运输、喷淋除尘和防风抑尘。推广码头油气回收处理技术，控制码头油气排放，加快港口作业机械和港内工作车辆"油改气""油改电"改造。五是开展铁路及民航大气污染控制工作，提高飞行效率，建设辅助动力装置（APU）替代设施。提高电力机车比例，鼓励应用内燃机车、空调发电车增效节能和清洁化燃烧技术、排气处理技术和装置。

（四）水环境污染防治

一是加强港口和船舶污染物接收、转运及处置能力建设，港口建设各类污水处理设施，并在水上服务区、船闸及航道沿线港口码头配备建设船舶水污染物接收设施。二是减缓地下水影响，强化隧道选址和施工中地下水防、排、截、堵。三是加强危险品运输环境风险应急处置能力建设，加强运量管控和准入制度，加强重点区域和敏感目标防护，强化应急设备物资和人员配备，制订应急预案，建立应急反应联动机制，中长距离、运量较大的危险品运输优先采用铁路、管道。

（五）噪声污染防治

做好交通基础设施周边土地噪声敏感性分类规划，在项目选址选线和设计阶段尽量避让噪声敏感目标，推广低噪声路面等材料，限制高噪声运输装备的使用，在建设和运营过程中加强噪声监测并对敏感目标开展声屏障、隔声窗等降噪措施。

（六）土地资源节约集约利用

在线路走向上，尽量并行既有铁路、公路、电力等通道，原则上线位、桥位共用，减少对城市的分割和干扰，并尽量避开成片占用耕地。在功能布局上，尽可能将交通场站及其他生产单位集中布置，避免分散布置形成"夹心地"，造成土地浪费。工程施工过程中，宜采取低路堤和浅路堑、互通立交、以桥代路等方案，通过设置挡墙、护坡、护脚凳防护措施节约用地。临时用地尽可能利用既有用地或荒坡、废弃地，大力开展土地复垦复耕工作。

（七）节能降碳

一是持续优化客货运输结构，按照"宜铁则铁、宜公则公、宜水则水、宜空则空"的原则，统筹考虑铁路、公路、水路和航空等各种运输方式的特点和优势，不断优化客货运输结构，组织实施交通运输结构性减排示范工程。引导长距离大宗货物运输由公路运输更多转向铁路和水运，提高铁路、水路运输在综合运输中的承运比重，系统性降低交通运输能耗和排放强度。二是不断提升装备清洁化水平，加大新能源汽车和清洁燃料汽车在交通运输领域的应用，推广应用天然气船舶，加快港口和船舶使用岸电设备设施建设，严格运输装备、交通建设工程机械能效和排放标准。三是推广应用节能减排技术。铁路领域推广应用线路与牵引动力、供变电设计、通号系统、高效能水平电力变压器等各个领域的节能减排技术；公路领域推广应用汽油机节能技术、先进柴油机技术、车辆传动系统节能技术和整车节能技术等节能减排技术；水路领域推广应用船舶发动机改进技术、船舶推进系统节能改造技术、船舶优化运行管理、船舶能效管理、船舶燃油监控等各类技术；民航领域推广应用发动机技术升级、优化运力和航线航班、飞行操纵和建中配载技术。

九、小结

国家综合立体交通网研究提出将绿色发展作为重要目标和基本原则，贯彻落实生态文明建设和国土空间开发管控的要求，力争将生态破坏和污染损害降至最小，从而推动交通运输行业全方位绿色发展。

国家综合立体交通网在资源利用、土地占用、生态保护和污染排放等方面总体符合国家重大战略、相关规划、战略环评的要求。国家综合立体交通网建设可能会对部分区域生态环境产生影响，主要体现在资源占用、生态影响、污染排放、能源消耗等方面。各类交通基础设施建设需要占用一定的土地、岸线、通道资源，新增占地80万~100万公顷。新增的铁路、公路、航道等线性交通基础设施中，共有约1.5万公里可能影响各类生态敏感区，占总里程约10%；建议重点关注56处可能涉及国家公园和自然保护区的新增交通基础设施，需要在下一步研究或工程可行性研究中进行优化予以更大范围地避绕，或以地下或空中等低影响形式穿越相关保护区域。国家综合立体交通网基本建成后，在现有装备和技术水平条件下，大气污染物（NO_x、CO、HC、SO_2、PM10、PM2.5）排放总量约为500万吨/年，其中NO_x排放量约为180万吨/年。国家综合立体交通网基本建成后，在考虑新能源利用、运输结构调整、燃油效率和清洁化提升的多种组合情景下，交通运输装备排放的各类污染物将显著减少，减排比例最高可达80%左右，综合立体交通网 NO_x 排放量占全国排放总量的比例将有望降至7%~21%，交通运输大气污染总体可控。此外，综合交通运输活动将消耗全社会10%~14%的能源，碳排放占全社会比例为10.5%~14.9%，其中结构优化强化低碳情景交通碳排放在2030年左右达到峰值，能够有效支撑我国"力争2030年前二氧化碳排放达到峰值"的承诺实现。国家综合立体交通网建设还将产生一定程度的水环境污染，但总体占比较小，且主要为局部影响，采取相应环境保护措施后影响可控。

综上所述，研究提出的建设规模、网络布局、方式结构等方面总体合理，建设阶段在有效避让环境敏感目标、不断强化污染防治管控、切实加强环境执法管理等措施的前提下，从生态环境角度看总体可行，应严格落实环境影响评价制度，在专项规划环评和建设项目环评中深入论证相关内容的生态影响和污染排放，严格落实"三线一单"管控要求，确保不良环境影响总体可控，国家生态安全和环境质量得到有效保障。

课题组长：

徐洪磊（组长）、朱高儒（副组长）

主要执笔人：

李小敏、刘杰、杨孝文、高玉健、谭晓雨、李亚飞、高美真、林晶、雷立、肖杨、姜文汐

主要承担单位：

交通运输部规划研究院、中国环境科学研究院

本章参考文献

[1] AGNIESZKA STEFANIEC A A, KEYVAN HOSSEINI A A, AEMAIL S A A, et al. Social Sustainability of Regional Transportation: An Assessment Framework with Application to Eu Road Transport [J]. Socio-Economic Planning

Sciences, 2021: 10.1016/j.seps.2021.101088.

[2] AIROKA M, PILIČIĆ S, MILOŠEVIĆ T, et al. A Novel Approach for Assessing the Ports' Environmental Impacts in Real Time-the IOT Based Port Environmental Index[J]. Ecological Indicators, 2021,120: 106949.

[3] BISSET R. Quantification, Decision-Making and Rnvironmental Impact Assessment in the United Kingdom [J]. Journal of Environmental Management, 2005, 24(3): 43-58.

[4] FAITH-ELL C, FISCHER T B. Strategic Environmental Assessment in Transport Planning[C]// Fischer H B, González A (eds.). Handbook on Strategic Environmental Assessment. London, UK: Edward Elgar Publishing, 2021: 164-181.

[5] FISCHER T B. Transport Policy Making and Sca Lin Liverpool, Amsterdam and Berlin—1991 and 2002[J]. Environmental Impact Assessment Review, 2004, 24(3): 319-336.

[6] GIUNTA M. Assessment of the Environmental Impact of Road Construction: Modelling and Prediction of Fine Particulate Matter Emissions[J]. Building and Environment, 2020,176: 10.1016/j.buildenv.2020.106865.

[7] KARLSON M, MOERTBERG U, BALFORS B. Road Ecology in Environmental Impact Assessment[J]. Environmental Impact Assessment Review, 2014, 48: 10.1016/J.EIAR.2014.04.002.

[8] MARTÍN B A B, ORTEGA E A B, DE ISIDRO Á B, et al. Improvements in High-Speed Rail Network Environmental Evaluation and Planning: An Assessment of Accessibility Gains and Landscape Connectivity Costs in Spain(Article) [J]. Land Use Policy, 2021: 10.1016/j.landusepol.2021.105301.

[9] MATEICHYK V, KHRUTBA V, KHARCHENKO A, et al. Developing a Tool for Environmental Impact Assessment of Planned Activities and Transport Infrastructure Facilities [J]. Transportation Research Procedia, 2021, 55: 1194-1201.

[10] NAILYA I, MARINA L, AISLU T, et al. Post-Project Assessment of Transport

and Environmental Risks of the "Western Europe-Western China" International Corridor[J]. Procedia Computer Science, 2019, 149: 441-449.

[11] SORIA-LARA J A, ARCE-RUIZ R M, ARRANZ-LÓPEZ A, et al. Environmental Impact Assessment for Transport Projects: A Review of Technical and Process-Related Issues[C]// van Wee B, Mouter N (eds.). Advances in Transport Policy and Planning. Cambridge, USA: Elsevier, 2020: 10.1016/bs.atpp.2020.07.002.

[12] VLADISLAV Z, VLADIMÍR L', ONDREJ S, et al. Comparative Analysis in Terms of Environmental Impact Assessment Between Railway and Air Passenger Transport Operation: A Case Study[J]. International Journal of Sustainable Aviation, 2020, 6(4): 10.1504/IJSA.2020.108088.

[13] 程时广,孟娟.战略环评在城市群生态综合交通规划中的应用分析[J].交通与运输(学术版),2017(2):85-89.

[14] 高吉喜,吕世海,姜昀.战略环境影响评价方法探讨与应用实践[J].环境影响评价,2016,38(2):48-52.

[15] 韩志勇,王忠伟,韩志刚.生态交通研究进展[J].生态经济,2017,33(12):198-202.

[16] 黄木林.基于指标体系法的高速公路工程环境影响分析评估研究[J].公路,2017,62(8):261-264.

[17] 李宗禹,周伟.综合交通网规划环境影响评价指标体系研究[J].环境保护,2012(22):28-30.

[18] 刘珊,姚刚,张雯,等.公路建设项目环境影响的多级模糊综合评价[J].长安大学学报(自然科学版),2007,27(1):80-83.

[19] 王晨,陈捷.城市综合交通规划环境影响评价指标体系的建立[J].工程技术研究,2019,4(16):229-230.

[20] 杨美霞.成渝城市群综合交通规划环境评价方法研究[D].北京:北京交通大学,2017.

[21] 尹礼唱,王晓峰,张琨,等.国家屏障区生态系统服务权衡与协同[J].地理研究,2019,38(9):2162-2172.

[22] 张杰,庞博,杨鹏超.公路对环境影响的定量评估[J].长安大学学报(自然科学版),2013,33(1):33-38.

[23] 周伟.综合交通网规划环境影响评价的公众参与研究[J].综合运输,2015,37(6):32-38.

[24] 朱高儒,刘杰,王兰,等.区域综合交通规划环境影响评价指标体系研究[J].公路,2020(3):279-284.

第二十一章
国家综合立体交通网重大工程研究

本研究立足构建便捷顺畅、经济高效、绿色集约、智能先进、安全可靠的国家综合立体交通网，围绕强化布局、提升功能、推进高质量发展等重点任务，谋划提出一批对构建现代化高质量综合立体交通网具有重要意义并起关键性引导作用的重大交通基础设施和重点领域的重大工程。

一、重大工程的功能定位与主要特征

（一）重大工程的功能定位

重大工程是国家综合立体交通网的重要组成部分，突出体现"人民满意、保障有力、世界前列"的要求和"一流设施、一流技术、一流管理、一流服务"的目标，是新时代交通支撑国家重大战略实施、促进国土空间开发利用的重要依托，是完善综合交通运输体系、加快建设交通强国的重要抓手，也是我国交通基础设施高质量、智能化与绿色化发展水平跻身世界前列的重要举措。

（1）重大工程是新时代交通支撑国家重大战略实施的重要依托。重大工程是国家综合立体交通网的重要组成部分和关键内容，对于打通国土空间存在的自然地理障碍、带动国土空间开发利用，提高跨区域的联通性、促进区域协调发展，提高边疆区域的可达性、保障国家总体安全等具有至关重要的作用。

（2）重大工程是完善综合交通运输体系、加快建设交通强国的重要抓手。重大工程紧扣综合交通运输体系发展短板进行重点突破，有利于尽快完善各种运输方式布局；强调科技创新赋能交通发展，通过自主核心技术研发，在交通领域深度应用前沿科技，培育壮大交通发展新动能，助力交通强国建设。

（3）重大工程是我国交通基础设施高质量、智能化与绿色化发展水平跻身世界前列的重要举措。建设一批交通基础设施高质量、智能化与绿色化发展水平跻身世界前列的重大工程，将进一步提升我国交通在国际上的影响力，培育国际竞争新优势，提升我国全球交通治理的话语权和引领世界交通发展的能力，与世界前列的发展目标相适应。

（二）重大工程的主要特征

重大工程应具备以下主要特征：

（1）战略性。对形成安全、便捷、高效、绿色、经济的现代化综合交通体系发挥关键性作用，充分体现国家意志，有效支撑国家重大战略实施。

（2）全局性。对畅通关键通道、打通关键环节、突破瓶颈制约作用突出，优化国家综合立体交通网功能显著，有利于发挥交通基础设施的整体效益和核心功能，促进区域间融合协调发展，服务国民经济发展大局。

（3）先进性。符合未来科技发展方向，在科技创新应用等方面具有足够的前瞻性和先进性，对加快新一代信息技术、新材料、新能源等领域前沿技术与交通运输深度融合，构建形成数字化、网络化、智能化、绿色化的综合交通运输系统具有支撑和引领作用。

（4）综合性。强调综合立体发展和多元融合，在多种运输方式融合、产业融合、设施装备融合等方面实现突破或显著提升，更好地服务于经济社会协调发展。

二、总体思路

（一）研究方法

（1）深刻认识内涵特征。紧密围绕加快建设交通强国、构建国家综合立体交通网的内涵和战略目标，准确理解开展国家综合立体交通网重大工程研究的目的和意义，科学把握研究范围和研究重点。

（2）充分借鉴已有基础。我国对一批重要交通建设工程开展了前期基础研究工作，如已对渤海海峡跨海通道工程开展了20多年研究论证工作，对项目建设条件、总体建设方案、环境影响、技术经济等进行了初步研究，形成了一系列初步研究成果；对进出新疆、西藏的连疆入藏工程等开展了不同深度和广度的研究。以上构成本次研究的重要参考。

（3）广泛吸纳相关意见。强化行业内外专家咨询，充分吸收国内外研究机构及专家的研究成果与建议，多次征求各方意见建议，并做好与其他相关研究的衔接。

（4）严格筛选分类整合。充分结合重大工程特点，牢牢把握重大工程的功能和特征，科学确定选取原则，严格按照选取原则进行筛选。

（5）科学推进动态调整。国家综合立体交通网重大工程面向未来15年，年限较长，且受未来生产方式、产业变革、新兴技术、新型模式等各种因素的影响较大，未来需要结合交通运输行业和新兴科技的发展，不断动态调整、滚动更新。

（二）研究范围

本研究是国家综合立体交通网的专题研究之一，聚焦2035年，立足全国陆、水、空域国土空间全尺度，涵盖铁路、公路、水运、民航、管道、邮政及未来可能出现的新型交通运输方式全领域各方式。

（三）选取原则

（1）坚持目标导向，选取一批对服务国家战略实施意义重大、作用突出的代表性工程。着眼有效支撑对外开放、区域协调、总体国家安全、生态绿色、创新驱动等国家重大战略实施，选取一批意义重大、作用突出的代表性工程，着力发挥交通运输基础性、先导性、战略性和服务性作用，保障国家战略目标的实现，体现国家战略意志。

（2）坚持问题导向，选取一批对完善实体线网、促进各种运输方式衔接转换具有关键作用的重大工程。一是在补足短板、消除瓶颈制约方面，选取一批对突破国土空间自然地理障碍、提高跨区域连通的可靠性和边疆区域的可达性等具有关键作用的实体线网，完善交通基础设施网络，全面提升网络化水平；二是从促进各种运输方式一体化融合发展、实现多种运输方式的有效衔接方面，选取一批对促进交通基础设施衔接转换具有显著作用的枢纽工程，为畅通经济循环提供有力支撑。

（3）坚持功能导向，选取一批对提高交通运输运行效率和服务水平有显著作用的数字化、网络化、智能化工程。推进新一代信息技术、人工智能、新材料和新能源技术等在交通领域的深度应用，选取实施一批对提高交通运输运行效率和服务水平有显著作用的数字化、网络化、智能化工程，提高综合立体交通网的运行效率和服务水平，降低全社会物流和交易成本。

（4）坚持创新导向，选取一批技术领先、生态绿色的引领示范工程。强化科技创新作用，面向世界工程实践前沿和科技前沿，选取一批在工程技术上取得重大突破具有里程碑意义，或利用新技术对交通运输模式和业态带来重大变革具有标志性作用，或对加快推进新型基础设施建设具有典型示范作用的工程，引领交通运输行业高质量发展。

（5）坚持立足当前、着眼长远的原则。一是提出一批方案比较成熟的重大工程项目或者重点领域项目包，率先推进，有效提升重大工程建设的社会效益和国际影响力；二是从战略角度大胆设想一批突破性的世纪工程，着手安排开展前期论证，条件成熟后逐步纳入交通发展规划，择机建设实施。

（四）体系结构

本研究采用"类—包—单体"的三级体系结构，以2035年为时间节点，在重大通道工程、重大枢纽工程、技术创新引领工程、安全绿色低碳工程4个方向（类），提出实施一批重大工程，具体如下。

重大通道工程类：以突破国土空间自然地理障碍、提高跨区域连通的可靠性和边疆区域的可达性、完善国家综合立体交通网布局为主要目标，提出大型跨海通道、西部陆海通道、连疆入藏通道、南北疆连接通道、运河连通、水运通道扩能提升6个工程包。

重大枢纽工程类：以全面提升各种运输方式的衔接转换效率为主要目标，提出综合客运换乘系统、物流枢纽系统和寄递物流网络3个工程包。

技术创新引领工程类：以强化科技创新和新技术在交通运输领域的应用、培育交通运输发展新模式新业态、增强转型升级发展新动能、提升综合交通运输现代化功能为主要目标，提出交通基础设施数字化、交通运输北斗应用、空管运行效率和容量提升、智能航运、自动驾驶、高速磁悬浮、智慧管道、智慧寄递网络、交通运输天地一体化信息网、综合交通大数据、重点科研平台 11 个工程包。

安全绿色低碳工程类：以贯彻落实新发展理念、提高交通发展质量效率为主要目标，提出海上交通安全监管和救捞、交通旅游融合发展、交通廊道生态化、寄递网络绿色发展、交通基础设施安全保障、运输结构调整及污染防治等 6 个工程包。

鉴于上述重大工程具有不同属性，本研究仅对单一性重大工程包提出代表性单体工程内容，复合性重大工程需要随着工作的深入，在实施中逐步延伸到单体工程。

三、重大工程

（一）重大通道工程

重大通道工程具有明显的物理意义上的大通道贯通功能，重点打通国土空间上存在的自然地理障碍，提高跨区域连通的便利性，对于强化和完善国家综合立体交通网具有至关重要的作用，进而充分发挥国家综合立体交通网重要通道在空间布局上的支柱作用。

1. 大型跨海通道工程

我国海岸线长，多半岛、多岛屿。大型跨海通道工程的建设，可打通国土空间上存在的天然地理障碍，有效缩短半岛间、陆岛间的空间距离，提高运输效率，完善综合交通运输体系，推进区域一体化发展，提高交通保障能力，为国家重大战略实施提供坚实的交通支撑，经济社会效益显著。

大型跨海通道工程由一系列单体工程组成，代表性单体工程有渤海海峡通道、琼州海峡通道以及沪舟甬通道、沪甬通道等。渤海、琼州海峡通道均已开展多年研究论证工作，对项目建设条件、总体建设方案、技术经济可行性等进行了初步研究。沪甬、沪舟甬通道直接沟通杭州湾两岸，均已纳入长三角交通一体化规划。

（1）渤海海峡通道。

渤海海峡通道直接连接辽东半岛和山东半岛，是辽宁、山东两省乃至东北与华东两大地区之间最便捷的跨区域交通运输大通道，较山海关通道可减少运距 400～1000 公里，运输效率将得到极大提高，也可大大提升环渤海区域城市连通度,改善环渤海地区的投资环境。渤海海峡通道的实施,对于加强我国与东北亚国家和地区的经济合作,实现东北振兴和推进区域交通及经济一体化发展具有重要意义。

渤海海峡通道南起山东半岛蓬莱角,北至辽东半岛老铁山角,两端相距106公里,其间分布数十条东西向的水道(最宽水道超过40公里、水深超过50米)。根据初步研究成果,渤海海峡通道长约130公里,可采用驮背运输(全隧道方案,兼顾公路)或公铁合建(桥隧组合,可一次建成或分期实施)模式建设。具体建设条件、建设方案、技术标准、经济可行性和环境影响等方面有待进一步研究论证。

(2)琼州海峡通道。

目前,海南岛与大陆的日常交通联系和货物运输主要依靠轮渡,平均过海时间(等待+轮渡航行时间)为4~5个小时。2018年春节期间由于大雾影响,导致琼州海峡上万辆过海车辆积压,发生严重交通拥堵。随着海南自由贸易试验区、自由贸易港建设的快速推进,琼州海峡的交通瓶颈问题将日益显现。琼州海峡通道是国家综合立体交通网的重要组成部分,直接连接海南省与广东省,可形成海南岛与大陆间的全天候交通通道,陆路交通较琼州海峡轮渡可节省时间4小时左右,将大大改善海南省进出岛的交通运输条件。其建设对于加快海南自由贸易试验区发展、促进海南国际旅游岛繁荣、推进西南沿海区域经济社会快速协调发展等具有重要意义。

琼州海峡东西方向长约80公里,南北宽16~30公里。根据初步研究成果,西线方案海面宽约30公里、最大水深超过40米;中线方案海面宽约20公里、最大水深超过80米。琼州海峡通道可采用公铁合建或分建模式建设。该通道具有水深、风大、地质构造复杂、存在火山与地震活动等特点,桥梁工程面临深水基础多、建设难度大,隧道建设面临超高水压、长距离掘进、水下对接、联络通道施工等多项技术挑战。具体的建设条件、建设方案、技术标准、技术经济可行性和环境影响等有待进一步深入研究论证。

(3)沪舟甬通道。

沪舟甬通道连接了世界上最大的港口群,上海港域、洋山港域、舟山港域和宁波港域,以及中国上海、浙江自由贸易试验区,其建设对于实施海洋强国战略、完善跨海通道布局、推进长三角世界级城市群和环杭州湾大湾区发展等具有重要意义。

沪舟甬通道起自上海临港，经大洋山、岱山、舟山本岛，止于宁波北仑，全长约180公里，规划为公铁通道，目前已完成沪舟（大洋山—岱山段）跨海通道战略规划及相关专题研究。2020年上海市人民政府批复的《上海浦东综合交通枢纽专项规划》，要求规划预留沪舟甬铁路通道的接入。

（4）沪甬通道。

沪甬通道是我国沿海运输大通道的重要组成部分，是长三角地区城际公铁交通网络的组成部分，是上海都市圈与宁波都市圈之间相互联系的便捷通道，也是实现"轨道上的长三角"重点规划建设的通道之一。沪甬通道直接连接上海和宁波两市，较杭州湾跨海公路大桥可减少绕行约50公里，其建设对于贯彻落实国家"一带一路"倡议和"长江经济带"战略部署，加快推动长三角区域一体化发展，完善长三角综合交通运输体系等具有重要意义。

沪甬通道北起上海金山，南连宁波慈溪，跨海段约50公里初步考虑采用公铁合建，公路两端均接沈海高速公路、全长约70公里；铁路新建线路全长约120公里。上海和宁波两市将在"十四五"期间开展沪甬通道项目可行性研究，适时推动建设。

2. 西部陆海通道工程

西部陆海通道位于我国西部地区腹地，北接丝绸之路经济带，南连21世纪海上丝绸之路，协调衔接长江经济带，在区域协调发展格局中具有重要战略地位。西部陆海通道工程是以重庆、成都为支点，以广西为门户枢纽，以西部地区重大基础设施为支撑的对外开放的重要战略性经济通道，是连接我国西部地区与东南亚国家字联盟（东盟）国家运距最近、时间最短、方便快捷的国际贸易大通道，是新一轮西部大开发的关键工程，也是推动西部地区高质量发展的重要动力和促进交通、物流、经济深度融合的重要平台，对于充分发挥西部地区连接"一带"和"一路"的纽带作用、深化陆海双向开放具有重要意义。

西部陆海通道由三条通道组成：一是自重庆经贵阳、南宁至北部湾出海口（北部湾港、洋浦港），二是自重庆经怀化、柳州至北部湾出海口，三是自成都经泸州（宜宾）、百色至北部湾出海口。主要建设内容包括：重点建设通道沿线的铁路、公路、港口、航道等基础设施，打造国际性综合交通枢纽。

3. 连疆入藏通道工程

新疆、西藏是我国陆地面积最大的两个边疆自治区，连疆入藏通道工程可显著提升两地与内地间综合交通运输通道的服务能力和运输效率，推动两地融入"一带一路"发展，推进西部大开发形成新格局，其建设对于促进民族团结、维护社会稳定、保持经济平稳健康发展，以及强化国土开发和国防安全保障等意义重大。

连疆入藏通道工程由青新、青藏、川藏、滇藏等多个通道组成，代表性单体工程有川藏铁路、新疆南线公路通道、川藏高速公路、青藏铁路电气化改造、青藏高速公路等。

川藏铁路总里程约1700公里，雅安至林芝段约1000公里正在建设，其他路段已经建成。

新疆南线公路通道长约1630公里，是南疆地区东进西出的交通运输大通道。

川藏高速公路（含南线、北线）建设里程约1900公里。其中，川藏南线高速公路起自成都，经雅安、康定、林芝，止于拉萨，全长1875公里，待建里程约1110公里；川藏北线高速公路起自成都，止于昌都，利用西宁至丽江国家高速公路和川藏高速公路南线到拉萨，全长1982公里，待建里程约790公里。

青藏高速公路西宁至拉萨段全长约1900公里，待建的格尔木至那曲段长约800公里。该项目有长约550公里处于多年冻土路段，需要加强多年冻土路基处治技术储备。

4. 南北疆连接通道工程

天山山脉呈东西走向，在国土空间上将新疆大致分割为南北两个区域，是制约南北疆间经济社会联系的天然屏障。南北疆连接通道工程的建设，可显著降低天山的阻隔影响，强化南北疆间的经济社会联系，对于完善国家公路网和新疆骨架公路网，推进西部大开发形成新格局，推动"一带一路"倡议和新疆丝绸之路经济带核心区建设发展，实现南北疆资源优势互补，促进南疆经济发展和资源开发，维护新疆社会稳定和长治久安具有重要意义。

南北疆连接通道工程由两条纵贯天山的公路通道组成，其中，G0711乌鲁木齐至若羌国家高速公路全长约680公里，控制性工程天山胜利隧道（长约22公里）已开工建设；独山子至库车公路通道建设里程约470公里，正在有序推进前期研究工作。

5. 运河连通工程

我国内河水运具有运能大、成本低、能耗小、排放少的比较优势，但在通达性、水资源综合利用、跨省和流域机构协调能力等方面仍存在不足，水运优势尚未得到充分发挥。利用既有的京杭运河、长江、赣江、湘江等高等级航道，通过开挖部分人工运河，形成京广、汉湘桂、浙赣粤三条水运纵向大通道，对于完善综合立体交通网络，沟通长江、珠江、淮河、海河、钱塘江五大水系航道网，加强南北经济融合、促进区域协调发展、连通"一带"和"一路"、服务国家新发展格局具有重要意义。

运河连通工程由京杭运河黄河以北段复航工程、浙赣运河、赣粤运河、湘桂运河、平陆运河等多个段落组成，主要建设内容包括航道整治、船闸枢纽建设、桥梁改造、人工运河开挖等，线路全长超过4000公里。运河连通工程体量较大，途经的省份多，并涉及航运用水、环境保护、征地拆迁等方面，存在较大的技术和协调难度。目前几条运河仍处于前期研究阶段。

（1）京杭运河黄河以北段复航工程。

京杭运河黄河以北段复航工程起自北京，经天津、河北至山东东平湖，全长约790公里，其中新开挖航道约40公里。

（2）浙赣运河。

浙赣运河沟通钱塘江与鄱阳湖、赣江和长江，是浙赣粤水运大通道的组成部分。其东起浙江杭州七堡船闸，西至江西信江褚溪河口，全长约760公里，其中新开挖航道约10公里。

（3）赣粤运河。

赣粤运河直接连通长江和珠江两大水系，是京广和浙赣粤水运大通道的重要组成部分。其北起长江鄱阳湖口，南至广东西江三水河口，全长约1200公里，其中新开挖航道约30公里。

（4）湘桂运河。

湘桂运河连通长江水系与珠江水系，是汉湘桂水运大通道的组成部分。其北起长江城陵矶，南至广西梧州西江口，全长约1280公里，其中新开挖航道约42公里。

（5）平陆运河。

平陆运河直接沟通西江与钦江水系，是汉湘桂水运大通道的组成部分。平陆运河的建设可开辟南向出海新通道，增加北部湾海河联运出海口，是西南、中南地区内河出海的捷径。平陆运河北起广西南宁横县西津水电站库区平塘江口，南至钦州钦江出海口，全长约140公里，其中，新开挖航道约7公里。

6. 水运通道扩能提升工程

充分利用内河航道的存量资源，通过扩能提升，进一步发挥内河水运运能大、成本低、能耗少、污染小的比较优势，对于推进我国运输结构调整、推动内河水运高质量发展、提高内河水运现代化水平，进一步增强长江黄金水道的战略支撑作用具有重要意义。

水运通道扩能提升工程由长江干线航道扩能提升工程、内河千吨级航道提升工程、三峡枢纽水运新通道工程和葛洲坝航运扩能工程等组成。

（1）长江干线航道扩能提升工程。

长江是世界上运量最大、通航最繁忙的黄金水道，实施长江干线航道扩能提升工程，可充分发挥长江航运在综合运输体系中的优势和作用，为长江经济带发展提供坚实支撑和有力保障。该工程重点整治长江上游的宜宾至重庆段和朝天门至涪陵段航道、长江中游的荆江二期和武汉至安庆段6米水深航道、长江下游的江乌二期和土桥二期航道、长江口南槽一期航道工程。

（2）内河千吨级航道提升工程。

目前我国内河航运主要存在航道等级低、通航能力差、深水航道比重小等问题。该工程在现有1.35万公里千吨级航道基础上，通过进一步升级改造，使全国内河千吨级以上航道里程达到2.5万公里以上。

（3）三峡枢纽水运新通道工程和葛洲坝航运扩能工程。

三峡工程自建成运行以来，过闸货运量持续快速增长，货运量由2004年的 4300 万吨增长至 2019 年的 1.48 亿吨，年均增长率约 9%。三峡船闸自 2011 年（提前 19 年）达到设计通过能力以来，过闸拥堵已呈常态化，2018 年船舶平均待闸时间 150 余小时。三峡枢纽水运新通道工程和葛洲坝航运扩能工程主要是通过新建或改建船闸，从根本上解决长江干线上游航道的瓶颈制约，提高过闸能力、缩短待闸时间。具体建设方案、经济可行性和环境影响等方面需要深入研究论证。

（二）重大枢纽工程

重大枢纽工程具有服务国民经济发展大局、畅通经济大循环等作用，并有利于完善综合立体交通运输体系，实现多种运输方式的有效衔接和高效运行，为国民经济健康运行提供有力支撑。

1. 综合客运换乘系统工程

依托国家综合立体交通网主骨架和国家综合交通枢纽系统，构建以综合客运枢纽站场为换乘组织核心的公共客运基础设施网络，对于支撑全国 123 出行交通圈建设，推动区际、城际、城乡、城市公共客运一体联动发展具有重要意义。

综合客运换乘系统工程重点关注在旅客出行换乘全过程链条上，交通运输组织或门户作用突出、承担国家或区域客流集散转换的关键性客运枢纽节点，通常与国际及区域枢纽机场、高速铁路或城际铁路重要客站、沿海邮轮系统重点港口等一体化规划建设，主要建设内容包括综合客运枢纽站场、集疏运道路设施、枢纽间铁路联络线工程等。研究提出在全国新建和改扩建 300 个左右一体化示范引领作用强的综合客运枢纽站场（含集疏运工程）、约 30 个枢纽城市内的重要枢纽间的联络线工程。

2. 物流枢纽系统工程

物流枢纽系统工程是支撑国民经济运行的重要载体，其依托国家综合立体交通网主骨架和国家综合交通枢纽系统，构建以"干线运输+区域分拨"为主要特征的国家物流枢纽网络，形成"通道+枢纽+网络"综合货运服务系统，可进一步提升物流运行效率和服务质量，降低全社会物流和交易成本，畅通经济双循环，为优化国家经济空间布局和构建现代化经济体系提供有力支撑。

物流枢纽系统工程重点关注在物流服务全链条上，辐射区域广、集聚效应强、运行效率高，承担国家或区域物资中转分拨集散关键性节点功能的综合货运枢纽，通常与国际及区域枢纽机场、国际枢纽海港及全国主要港口、国际铁路货运枢纽及重要铁路物流基地等一体化规划建设，主要建设内容包括综合货运枢纽站场与枢纽集疏运铁路、公路等。研究提出在全国打造100个左右港口型、陆港型、空港型的国家物流枢纽（含集疏运工程）。

3. 寄递物流网络工程

寄递物流网络具有"连接千城百业，联系千家万户""直连生产消费、贯通一二三产业"等特点和"点多、线长、面广"的优势，是畅通"生产—流通—消费"经济循环的战略性基础设施和深入千家万户的社会服务系统。寄递物流网络是国民经济的重要基础设施，其发展水平直接决定经济运行效率和人民生活质量，实施寄递物流网络工程，对于提升寄递流通速度、畅通经济循环、持续实现降本增效具有重要意义。

寄递物流网络工程主要包括三个方面：一是打通大动脉，建设100个左右全球性、区域国际性、全国性寄递物流枢纽，形成一批具有国际影响的枢纽经济增长极；二是畅通微循环，推动建成城市公共投递体系和县、乡、村三级公共投递体系，在城市地区探索管道化运递模式，打造世界前列的农村寄递物流网络；三是破除"中梗阻"，加大冷链基础设施投入，建设国家骨干冷链物流基地，建设全程全网、集约共享、层次丰富的互联网+冷链快递物流网络。

（三）技术创新引领工程

技术创新引领工程代表了交通科技发展的先进方向，瞄准新技术、新材料、新能源应用等世界科技前沿，重点着眼于新技术在交通运输领域的应用，实现传统运输方式数字化、网络化、智能化，可明显提高交通运输的服务水平和运行效率，创新作用显著，并在实践中有较强的示范效应。

1. 交通基础设施数字化工程

交通基础设施数字化工程的实施，可提供更加丰富、及时的动态数据和服务手段，可有效提升交通基础设施网络管理与应急处置能力，可有力支撑自动驾驶、车路交互等发展需求，对于提高交通出行的质量和效率，带动人工智能、大数据、北斗导航、5G以及信息服务等先进技术的产业化发展，实现先进信息技术与交通运输深度融合具有重要意义。

交通基础设施数字化工程主要内容包括：建设数字化交通基础设施、车路协同路侧基站系统、交通网络运行综合管理系统、"互联网＋"交通服务系统等。

2. 交通运输北斗应用工程

交通运输北斗应用工程的实施，可为全行业提供自主可控、高精度的时空基础信息，可为公路自由流收费、自动驾驶等新兴应用提供基础支撑，对于支撑交通强国建设、推进高质量发展、改善民生等具有重要意义。

交通运输北斗应用工程主要内容包括：构建交通运输北斗地基增强系统基准站网，建设行业北斗系统高精度地理信息地图，开展绿色智能交通运输、安全应急救援、交通智慧化服务等领域的应用。

3. 空管运行效率和容量提升工程

空中交通管理（简称"空管"）系统运行效率低下和空域资源利用率不足是制约我国民航持续发展的主要瓶颈之一。空管运行效率和容量提升工程的实施，可有效提升我国空管运行服务能力和基础保障能力，推进空管现代化建设，满足中长期航空运输需求。

空管运行效率和容量提升工程主要内容包括：合理划设空域结构，优化航路航线布局，推动主要机场群之间建设"平行并进"为主、"平行对进"为辅的大容量编组航路，构建职责清晰、层次分明、划分合理、功能齐备的区域管制中心—终端（进近）管制中心—塔台管制室的空管运行基础格局，建设复合型、功能型、智慧型、融合型的智慧空管运行体系。

4. 智能航运工程

智能航运工程的实施，对于加快我国航运产业转型升级，进一步提升航运服务、安全、环保水平与经济性，促进高新技术与航运要素深度融合，带动智能航运技术及产业发展，形成以充分智能化为特征的航运新业态具有重要意义。

智能航运工程通过开展先导示范工程进行先期探索、示范带动，主要内容包括：在青岛、上海、江苏等地建设2~3个智能航运综合示范区，在青岛、大连等地建设 2~3 个海上测试场和 1~2 个实验基地，在沿海、长江黄金水道、京杭大运河建设 3 条智能航运示范航线，在沿海和内河典型水域建设与智能船舶匹配协同的 2~3 个智慧港口示范，建设智能航运示范服务平台，打造救助、巡航等多类型智能航行示范船舶。

5. 自动驾驶工程

自动驾驶工程的实施，对于推进新型基础设施建设，引领道路基础设施的智能化改造和运行维护管理方式变革，促进交通运输装备升级换代，带动自动驾驶技术和产业发展，形成我国现代制造业发展新的增长点，提升交通运输效率，增强交通出行安全水平，缓解交通拥堵，减少空气污染，引领支撑交通强国和科技强国建设等具有重要意义。

在长三角地区、京津冀地区、"一带一路"地区，选择高速公路、港口、半开放及开放试验区、重大活动区等典型区域，开展自动驾驶技术与应用示范工程。代表性单体工程有京雄和杭绍甬高速自动驾驶技术应用示范项目、第 29 届世界智能交通大会（苏州）自动驾驶试点示范工程包、洋山港—东海大桥—芦潮中心站自动驾驶技术应用试点示范项目等。

6. 高速磁悬浮工程

高速磁悬浮铁路突破既有高速铁路的速度瓶颈，融合磁悬浮技术、车辆装备、基础设施和材料等多领域的先进技术，是未来发展方向之一。高速磁悬浮工程的实施，对于保持我国高速铁路技术引领地位，促进相关技术的自主创新，带动相关设备及产业链的发展，加快建设交通强国具有重要意义。

研究在沪杭、京沪、京广等发达地区间谋划高速磁悬浮系统试点示范工程。其中，沪杭磁悬浮试点工程长约 200 公里，京沪磁悬浮高速铁路长约 1200 公里。

7. 智慧管道工程

智慧管道工程的实施，对于提升油气管道智慧化发展水平和输送保障能力，降低管道建设运行成本，提高管道本质安全水平，实现油气管网高质量发展具有重要意义。

智慧管道工程主要建设内容为：建立智慧管道建设运行标准体系，新建管道工程按照智能管道标准建设，完成典型在役干线管道智能化提升示范工程；初步形成具备自适应优化能力的管道智能调控体系；完成数字孪生体平台总体架构搭建，建立涵盖关键核心业务的管道知识库，基本具备综合性预判能力，初步实现智能辅助决策。具体包括管道工程建设、调控运营、线路巡护、站场管理、安全环保、应急危抢6个方面的智能化建设。

8. 智慧寄递网络工程

我国人口众多，未来寄递处理需求大（日均10亿件、峰值超30亿件），寄递网络连接千家万户。智慧寄递网络工程的实施，对于提升国家基础能力，提高国家寄递服务水平，满足人民群众美好生活需要等具有重要意义。

智慧寄递网络工程由智慧寄递的调度指挥平台建设、邮政快递智能化装备推广应用和智慧安全监管体系建设三部分组成。其中，智慧寄递的调度指挥平台建设包括：在全国布局建设5~10个邮政快递数据中心和智能计算中心，建成应急应战一体化的"国家—省—市/县"分级指挥调度平台。邮政快递智能化装备推广应用包括：布局建设由"智能仓储—智能拣选—智能包装—智能分拣—无人装卸"等组成的"无人仓"，"干线—支线—末端"的无人机运递网络、由"无人投递车辆—智能收投终端"构成的无人收投设施。智慧安全监管体系包括：建设全国统一的安检识别数据资源总库，采用区块链技术建设智能安全监管平台，建设5~10个智慧邮政快递创新中心等。

9. 交通运输天地一体化信息网工程

实施交通运输天地一体化信息网工程，可建立高通量、高速率、高可靠、低延时、多连接的综合交通通信网络，满足天地一体、全球覆盖、随遇接入的综合交通安全应急通信需求。

交通运输天地一体化信息网工程由VSAT（小孔径终端）卫星通信系统升级扩容工程、基于北斗的导航通信平台、甚高频数据交换系统（VDES）搭载工程、全球组网融合通信系统4个部分组成。

10. 综合交通大数据工程

综合交通大数据工程的实施，可形成面向交通运输行业的大数据集，实现综合交通运输信息资源的深度共享，使大数据在综合交通运输各业务领域得到更加广泛的应用，对于保障大数据安全、加快建设交通强国、助力数字经济勃兴具有重要意义。

综合交通大数据工程主要内容包括：搭建面向行业的综合交通大数据中心体系框架，实施部级大数据中心能力提升工程，建设省级大数据中心、重要市级数据中心和关键数据节点、企业节点，升级部级信息资源交换共享平台和虚拟化资源池云平台，新建行业区块链等基础支撑平台，开展综合交通大数据在交通基础设施规划、设计、管理、运行监测、政务服务与综合监管、运输安全管理以及客货运输服务等领域的融合应用。

11. 重点科研平台工程

在交通运输领域实施重点科研平台工程，是交通强国建设和科技强国建设的内在要求，对于集聚各方面优势科技资源，加快交通领域重大原创和关键核心技术突破，提高科技创新服务国家战略实施和行业发展的能力，支撑现代化高质量国家综合立体交通网建设等具有重要意义。

重点科研平台工程主要包括四个方面内容：一是聚焦关键核心技术和前沿技术领域，建设一批重点实验室和研发中心；二是在基础设施长期性能、重大工程结构安全和自然灾害防灾等方面建设一批野外科学观测研究基地；三是加强重大科技基础设施、高端仪器设备、关键工程软件等基础条件建设，提升基础条件保障能力；四是组建由优势重点科研平台组成的创新联合体，打通创新链和产业链。

（四）安全绿色低碳工程

安全绿色低碳工程体现了安全、绿色、低碳等交通可持续发展的理念以及交通与相关产业的融合发展。

1. 海上交通安全监管和救捞工程

经过多年发展，我国海上交通安全监管和救助能力建设取得了长足发展，但仍存在差距。海上交通安全监管和救捞工程的实施，对于提高我国海上安全监管、海上救助和航海保障能力，实现海上交通治理体系和治理能力现代化，保障海上重要通道航行安全，维护海上主权，履行海上搜救国际义务等具有重要意义。

海上交通安全监管和救捞工程主要内容为：一是陆海空相结合的立体监管体系，包括深远海通信及综合导航服务系统、深远海船舶动态监控及应急搜救系统、监管救助飞机及船舶、监管救助基地等助航设施、深远海溢油监测系统及应急处置设备；二是深远海救助打捞装备，包括大吨位大深度打捞工程船舶、深海搜寻及打捞设备、大型深远海航标船和测量船、半潜船、溢油回收船、移动式深潜水设备等；三是远洋搜救装备，包括建设全球航行巡航搜救船队和深远海测绘系统项目等。

2. 交通旅游融合工程

交通旅游融合是实现交通运输高质量发展的重要途径，是交通运输行业供给侧结构性改革的有力抓手。实施交通旅游融合工程，有利于盘活交通设施存量资产、挖掘内需潜力、培育经济发展新动能，对于适应人民群众旅游需求新变化、促进经济社会发展、巩固脱贫攻坚成果、建设美丽中国等具有重要意义。

交通旅游融合工程主要内容包括：以适应消费升级需求为主要目的，以沿边疆、沿海岸、沿黄河、沿长江、沿长征路、沿长城、沿运河等景观因子丰富的自然和历史廊道为重点，通过交通运输条件和旅游服务品质的双提升，通过多部门协同，打造新时期高品质特色旅游廊道，丰富人民精神生活，增强历史文化认同。

3. 交通基础设施绿色低碳工程

实施交通基础设施绿色低碳工程，将生态环保理念贯穿交通基础设施规划、建设、运营和养护全过程，对于贯彻生态文明建设理念。落实《交通强国建设纲要》要求、建设绿色交通等具有重要意义。

交通基础设施绿色低碳工程主要包括三方面内容：一是在新建交通基础设施中，积极应用绿色创新技术，全面推进绿色公路、绿色铁路、绿色机场、清洁港口、生态航道建设；二是以涉及生态敏感区较多的长三角—成渝、京藏、成渝昆、川藏、三北沿边等廊道为重点，有序开展既有公路、铁路、港口、航道的生态修复提升改造工程；三是在公路、铁路、航道沿线开展以环境整治、资源循环利用和节能降碳提升行动。

4. 寄递网络绿色发展工程

寄递网络连接千城百业，具有"点多、线长、面广"的特征，在寄递网络领域实施绿色发展工程影响深远，对于推进绿色交通发展具有重要意义。

寄递网络绿色发展工程主要包括三方面内容：一是全面普及环保包装，

加强绿色包装研发，推进包装容器标准化、循环化、减量化，提高资源再利用和循环利用水平；二是推进全流程节能减排，加快淘汰高能耗装备设备，推广新能源和清洁能源车辆，推广节水、节电和节能等新技术新设备；三是包装循环体系建设，设置智能循环包装箱，建设分级循环包装调度及周转场所，构建循环包装智能化管理调度平台。

5. 交通基础设施安全保障工程

交通基础设施安全保障工程的实施，可提升交通网络的系统安全监测能力、风险辨识能力、评估和防控能力，对于提升我国综合交通网络体系的安全性和可靠性、增强交通基础设施的防灾抗灾能力、提高应对突发或重大事件的支撑保障能力等具有重要意义。

交通基础设施安全保障工程的主要内容：一是利用集中监控系统，全面监测综合交通网络，实现综合交通运输系统监测信息的准确性、实时性、智能化、可视化。二是开展多场景、多因素、多指标的综合交通运输安全评估，攻克复杂环境下灾害影响快速评估技术、综合交通网络关键路段/节点辨别技术、网络影响分析和模拟集成技术、突发事件下综合运输体系规划和优化技术、应急救援运输组织与决策支持技术等。

6. 运输结构调整及污染防治工程

运输结构调整及污染防治工程的实施，对于推进生态环境根本好转、促进交通运输行业绿色发展、打造现代综合交通运输体系、支撑美丽中国目标实现等具有重要意义。

运输结构调整及污染防治工程的主要内容：一是在京津冀及周边地区、长三角地区、粤港澳大湾区、晋陕蒙煤炭主产区，开展港口集疏运铁路和铁路专用线完善、城市轨道＋公交＋慢行三网融合、城际交通公交化运营工程；二是在排放控制区及低排放区，推进新能源和清洁能源供给设施、污染物防治设施建设工程；三是在交通运输行业搭建绿色交通数据统计与分析体系。

四、实施安排

为加快建设交通强国，重大工程大部分项目可在"十四五"期间启动或开展主体建设，部分项目还需要深入研究论证，力争2035年前建成或开工建设。对于条件相对成熟或已经部分启动建设的项目纳入"加快实施类";对于目前条件尚不成熟的项目列入"研究推进类",有序开展专题研究,做好项目储备。

加快实施类。此类工程已经开展了一定的规划研究、工程方案论证等工作,部分建设内容正在实施,包括:连疆入藏通道、西部陆海通道、长江干线航道扩能提升、内河千吨级航道提升、交通运输北斗应用、海上交通安全监管和救捞、寄递物流网络、智慧寄递网络、寄递网络绿色发展、智能航运和交通旅游融合发展、交通基础设施节能降碳提升等工程。

研究推进类。此类工程需持续深化研究论证,加强前期基础研究储备,适时建设。包括:大型跨海通道工程、运河连通工程、南北疆连接通道工程(独山子至库车公路)、三峡枢纽水运新通道工程和葛洲坝航运扩能工程、高速磁悬浮工程等。

课题组组长:
丽萌(组长)、奚宽武(副组长)
主要执笔人:
奚宽武、黄雪冬、李颖、左天立、李鹏林、崔姝、王佳丽
主要承担单位:
交通运输部规划研究院

附件

重大工程研究清单　　　　　　　　　附表21-1

类别	工 程 包	代表性工程或子包
重大通道工程	大型跨海通道工程	渤海海峡通道
		琼州海峡通道
		沪舟甬通道
		沪甬通道
	西部陆海通道工程	三条通道沿线铁路、公路、港口、航道等基础设施建设，打造国际性综合交通枢纽
	连疆入藏通道工程	新疆南线公路通道
		川藏铁路
		川藏高速公路（含南线、北线）
		青藏铁路电气化改造
		青藏高速公路
	南北疆连接通道工程	乌鲁木齐至若羌高速公路
		独山子至库车公路
	运河连通工程	京杭运河黄河以北段复航工程、浙赣运河、赣粤运河、湘桂运河、平陆运河
	水运通道扩能提升工程	长江干线航道扩能提升工程
		内河千吨级航道提升工程
		三峡枢纽水运新通道工程和葛洲坝航运扩能工程
重大枢纽工程	综合客运换乘系统工程	
	物流枢纽系统联网工程	
	寄递物流网络工程	
技术创新引领工程	交通基础设施数字化工程	
	交通运输北斗应用工程	
	空管运行效率和容量提升工程	
	智能航运工程	
	自动驾驶工程	

续上表

类别	工 程 包	代表性工程或子包
技术创新引领工程	高速磁悬浮工程	沪杭磁悬浮试点工程
		京沪磁悬浮高速铁路工程
	智慧管道工程	
	智慧寄递网络工程	
	交通运输天地一体化信息网工程	
	综合交通大数据工程	
	重点科研平台工程	
安全绿色低碳工程	海上交通安全监管和救捞工程	
	交通旅游融合工程	
	交通基础设施绿色低碳工程	
	寄递网络绿色发展工程	
	交通基础设施安全保障工程	
	运输结构调整及污染防治工程	

第二十二章
国家综合立体交通网投融资政策研究

本研究从我国综合交通投融资现状和存在问题出发，对构建国家综合立体交通网资金保障面临的形势和挑战进行了分析研判，提出了综合立体交通网资金保障方面的下一步工作思路和政策建议，包括强化政府主导的公共财政保障制度，积极利用市场资源多渠道筹集资金，科学规范资金管理，提高资金使用效率等方面，旨在为构建现代化高质量国家综合立体交通网提供规模稳定、可持续、风险可控的资金保障。

一、我国交通发展投融资政策现状

（一）我国交通建设维护资金来源概况

目前我国交通建设维护资金来源渠道可以分为中央财政资金、地方财政资金、企事业单位自筹、政府投资基金、银行贷款等。

中央财政资金包括：车辆购置税、铁路建设基金、民航发展基金、中央基建投资、成品油消费税转移支付部分、其他中央一般预算内投资等。铁路、公路、水运成品油消费税用于公路和航道养护，铁路建设基金、民航发展基金分别用于铁路和民航的基础设施建设和维护。原用于水运基础设施建设维护的港口建设费自2021年1月1日起取消征收。

地方财政资金包括：上级政府的转移支付资金、地方一般预算资金（含地方债）、车辆通行费等。其中车辆通行费用于收费公路基础设施的建设和偿债。

企事业单位自筹包括相关建设和运营企业发行的债券、贷款或直接融资

（如国铁集团发行的铁路建设债券、高速公路公司上市）、自身盈利及资产处置等。

政府投资基金以铁路发展基金为代表，主要通过一定的财政性投入作为底金并保障回报率的方式吸引社会资本进入。现有较多地方政府也设立了相似的交通领域政府投资基金。

根据全国财政决算公开数据，2019年全国共完成交通（含铁路、公路、水运、民航，不含邮政和管道）固定资产投资3.2万亿元。其中，公路水路投资2.3万亿元，占比72%；铁路投资0.8万亿元，占比25%；民航投资950亿元，占比3%。在交通固定资产投资中各级政府财政支出规模约1.35万亿元，其中，中央财政支出约0.6万亿元。中央财政支出中车辆购置税转移支付约3400亿元、二级还贷路收费取消后中央财政补助约300亿元、铁路路网建设支出约500亿元（中央本级支出）、车辆购置税用于铁路发展基金支出150亿元。中央政府性基金中的铁路建设基金约550亿元、民航发展基金约400亿元、港口建设费中央分成部分约150亿元以及中央基本建设支出约500亿元。

（二）各运输方式投融资政策现状

1. 铁路

2013年以来，国家相继出台了若干支撑铁路建设投融资的政策，如2013年国务院出台的《关于改革铁路投融资体制加快推进铁路建设的意见》（国发〔2013〕33号）、2014年国务院办公厅发布的《关于支持铁路建设实施土地综合开发的意见》（国办发〔2014〕37号）、2015年国家发展改革委等部委出台的《关于进一步鼓励和扩大社会资本投资建设铁路的实施意见》（发改基础〔2015〕1610号）等。上述政策建立了铁路项目分类投资建设机制，拓宽了社会资本投资铁路渠道，建立了铁路公益性服务财政补贴机制，开放了城际铁路、市域（郊）铁路、资源开发性铁路和支线铁路的所有权、经营权，除干线铁路及延伸线外，区域铁路均由地方政府主导融资、建设及管理，鼓励社会资本参与铁路沿线土地开发和其他经营性开发。通过一系列政策的实施，在一定程度上缓解了铁路建设资金筹措困难、渠道单一的压力，形成了目前我国铁路的投融资框架。

"十三五"以来，我国每年完成的铁路固定资产投资均在8000亿元左右，累计共完成投资32082亿元。截至2019年末，全国铁路营业里程13.9万公里，比2018年增长6.1%，其中高速铁路营业里程达到3.5万公里。全国铁路路网密度达到145.5公里/万平方公里，同比增加9.5公里/万平方公里。

2. 公路

公路建设方面，资金来源主要包括中央财政资金、地方财政资金、企事业单位自筹、银行贷款等。其中，国家高速公路中央财政资金全国平均投入水平约占项目总投资的15%~20%、地方财政资金和企事业单位自筹资金约占20%、国内贷款占55%~60%；普通国道中央财政资金平均投入水平占项目总投资的25%~30%、地方财政资金和企事业单位自筹资金占40%~50%，国内贷款占15%~20%；农村公路中央资金全国平均投入水平占项目总投资的20%~25%，地方财政资金和企事业单位自筹资金占50%~60%，贷款和其他资金约占20%。

公路养护方面，收费公路管养资金来源于车辆通行费；普通国省干线养护资金主要来源于中央燃油税转移支付资金，地方财政配套资金较少；农村公路养护资金同样依赖燃油税资金，其中农村公路养护工程要求按"7351"投入资金（即县道每年每公里7000元，乡道每年每公里3500元，村道每年每公里1000元），在实际落实中也主要来源于燃油税资金，地方政府特别是中西部地区普遍配套不足。

公路运输枢纽方面，其部分资金来源于车辆购置税等中央财政资金。

3. 水运

2019年全国完成水运建设投资1137亿元，其中，内河航道及港口建设完成投资614亿元，沿海港口建设完成投资524亿元。

内河航道建设方面，内河航道的效益主要体现为社会效益，长期以来我国内河航道的建设一直以中央和地方政府投资为主，此外还通过民工建勤、以工代赈，发挥社会力量促进航道建设发展。各级政府和企事业单位投入总计超过60%，其中中央财政资金占比约25%、地方财政资金占比约20%、企事业单位自筹资金占比为15%~25%，其他资金（包括国内贷款、外资等）约占投资总额的30%。

港口建设方面，我国港口"投资主体多元化、融资渠道多样化"投融资格局已基本形成，企业自主投资决策，市场融资渠道，特别是银行贷款成为最主要资金来源，政府资金则投向了公益性设施，政府和企业的投资角色得到明确和理顺。其中，沿海港口公共基础设施（如航道、防波堤、锚地等）建设，国家财政预算内资金、地方政府预算内资金、交通运输部专项资金会提供一定的补助，这部分资金占比为20%～30%。码头泊位和装卸设备、仓储设施等港口生产经营性基础设施，则主要以企业投资的方式进行建设和经营。

交通运输支持系统方面，主要包括海事、救助、打捞、科研、教育、信息、通信等领域，其固定资产投资资金来源以中央财政资金、企事业单位自筹资金为主。

4. 民航

民航基础设施资金来源渠道主要包括民航发展基金、各级政府财政资金、银行贷款和证券投融资等。其中，民航发展基金是大型民用机场建设的重要资金来源，占每年全国民航固定资产投资规模的比例约20%，中央预算内投资占5%～10%、地方政府投资占20%～30%，其余以企业自筹和银行贷款为主，占40%～50%。

5. 邮政快递

我国实施邮政普遍服务的体制框架，邮政普遍服务以国家作为主体，由邮政企业代理承担的社会公共责任，是政府委托邮政企业来行使的职责。这种委托代理的方式是各国政府为提供邮政普遍服务最常采用的方式。

目前，我国邮政普遍服务的体制框架具体安排如下：中国邮政集团公司接受国家的委托，代为提供邮政普遍服务业务；国家邮政局作为政府监督管理机构，制定普遍服务标准并代表政府实施监管职能；中国邮政集团公司由于履行邮政普遍服务而发生的政策性亏损，由政府给予适当财政补贴。

"十三五"期间，在中央政策的指引下，在财政、金融等各部门的支持下，在全国各省（自治区、直辖市）的努力下，交通运输行业较好地完成了投资计划。

（三）存在的主要问题

一是地方财政资金投入不足、资金保障缺乏稳定性。各地财政资金投入交通领域比例有限，在交通领域普遍缺少常态化的财政投入机制，部分省份用于交通投资的地方政府债券资金还很少。

二是债务负担重。政府还贷型高速公路通行费收入无法覆盖利息偿还和养护管理支出的省份较多，多是通过借新还旧、短改长、息转本等方式维持，偿债压力大；目前我国铁路项目建设高度依赖于国内贷款。

三是事权与财权不匹配，投融资机制不完善。目前，中央与地方财政事权和支出责任划分改革仍在推进中，地方投融资工作存在较大的不确定性和难度；同时，投融资新旧机制还存在转换慢、不顺畅的问题。尤其是部分中西部省份，仍依赖平台解决融资需求，融资平台后续融资空间有限，投融资新机制尚未及时建立。

四是相关法规与融资实践需求不相符，存在技术缺陷。目前，新的《收费公路管理条例》尚未出台，收费公路融资遇到法律瓶颈。交通投资基金发展仍处于探索阶段，尽管一些省份已设立了交通投资基金，但在基金运作机制、投资回报等设计上仍处于探索阶段，基金的长期可持续发展还有待接受市场检验。

五是市场融资面临推进难度大、落地困难、对社会资本吸引力不够等问题。当前 PPP（Public-Private Partnership，又称 PPP 模式，即政府和社会资本合作，是公共基础设施中的一种项目运作模式）项目推进中普遍存在前期审批程序复杂、手续繁多且与现行相关政策衔接不够、操作层面难以落实等问题。新建交通项目经济效益普遍较差，对社会资本吸引力不够，尤其是民营企业因交通项目投资门槛高、对地方政府履约能力担忧等缘故，投资意愿不强。

二、国家综合立体交通网资金保障面临的形势

（一）国家综合立体交通网资金保障需求

到 2035 年，国家综合立体交通网实体线网总规模合计 70 万公里左右（不含国际陆路通道境外段、空中及海上航路、邮路里程）。其中铁路 20 万公里左右，公路 46 万公里左右，高等级航道 2.5 万公里左右。沿海主要港口 27 个，内河主要港口 36 个，民用运输机场 400 个左右，邮政快递枢纽 80 个左

右。经研究测算，2020—2035 年建设资金总需求规模超过 20 万亿元，维护资金总需求规模约 9 万亿元。

总的来看，交通运输行业现行资金来源渠道能够保障完成规划布局方案的建设。当前，各运输方式的资金保障渠道和能力已基本稳定，根据"十三五"期我国交通基础设施资金投入现状水平，经分析测算，铁路、公路等主要投资领域的待建项目年均建设资金需求低于或持平于现状，其他领域建设资金规模需求相对较小，且市场化程度高，考虑到布局方案各年度建设资金需求与建设时序密切相关，通过科学合理安排建设节奏，优化资金投向结构，并建立、完善与交通运输发展阶段特征相适应的资金保障制度，可保障建设方案顺利实施。但从长远看，建立健全长期稳定的资金筹措渠道，对于实现交通运输可持续发展具有重大意义，需要相关部门合力推进，进一步深化研究。

维护资金方面，截至 2020 年，我国铁路、高速公路、港口、民航、邮政领域的维护主要依靠运营企业完成，其维护资金来源包含企业运营收入、车辆通行费、港口建设费、民航发展基金以及相关政府补贴等，渠道相对稳定。普通国道和国家航道的维护资金主要由成品油消费税（替代原六费转移支付资金、港口建设费）和少量地方财政解决。

目前，我国普通国道的维护资金来源仍存在缺口，随着路网规模的进一步增加，未来的情况将更加严峻，需要进一步健全普通公路养护体制机制，保障维护资金投入，消除资金来源缺口。同时，港口建设费自 2021 年 1 月 1 日起取消征收，民航发展基金自 2021 年 4 月 1 日起，在《财政部关于调整部分政府性基金有关政策的通知》（财税〔2019〕46 号）降低 50% 的基础上，再降低 20%，此外，《财政部关于民航发展基金等 3 项政府性基金有关政策的通知》（财税〔2020〕72 号）提出"优化民航发展基金使用方向，将民航发展基金重点投向不具备市场化条件的公共领域，逐步退出竞争性和市场化特征明显的领域；将航空物流体系建设纳入民航发展基金补助范围；不再对通用航空机场建设和运营予以补贴"，这些变化均会影响到现有的水运、民航基础设施建设维护资金供给。此外，邮政发展基金的体制也因为邮政行业的巨大变化亟须进一步调整。因此，需尽快调整完善相关交通领域的资金保障政策。

综上所述,要保障国家综合立体交通网布局方案的顺利建成和相关基础设施的正常运转,首先需维持并强化政府主导的公共财政保障制度,保障现有资金政策体系的稳定;同时优化资金投向结构,在交通运输的资金投向和支出方面更加重视运营维护投入,从重建设转为建养并重;还要注重提升资金使用效率以及做好债务风险防范。

(二) 财税体制改革的主要趋势

十八届三中全会《关于全面深化改革若干重大问题的决定》提出,必须完善立法、明确事权、改革税制、稳定税负、透明预算、提高效率,建立现代财政制度,发挥中央和地方两个积极性。此次财税体制改革主要内容有三大方面:

一是改进预算管理制度,二是完善税收制度,三是建立事权和支出责任相适应的制度。财税体制改革对交通运输行业影响较大的方面有:

(1) 建立事权和支出责任相适应的制度。中央财政承担中央事权的主要支出责任,中央与地方共同事权由中央财政和地方财政分担支出责任,对于跨区域且对其他地区影响较大的公共服务,中央财政通过转移支付承担一部分地方事权支出责任。

(2) 完善地方税体系。消费税全部划归地方税收。调整消费税征收范围、环节、税率,并将高耗能、高污染产品及部分高档消费品纳入征收范围;增值税改为中央税收后给地方带来的财政收入缺口由中央财政弥补。加快资源税改革,推动环境保护费改税的相关工作。

(3) 完善一般性转移支付增长机制。逐步减少专项转移支付规模,扩大促进公共服务均等化目的的均衡性转移支付。

(4) 清理、整合和规范专项转移支付。逐步取消竞争性领域专项和地方资金配套,严格控制引导类、救济类、应急类专项,对保留专项进行甄别,属地方事务的划入一般性转移支付。

(5) 建立规范合理的中央和地方政府债务管理及风险预警机制。

2017年,在该轮财税体制改革取得一系列阶段性成果的基础上,党的十九大报告进一步提出要"加快建立现代财政制度,建立权责清晰、财力协调、区域均衡的中央和地方财政关系。建立全面规范透明、标准科学、约束有力的预算制度，全面实施绩效管理。深化税收制度改革，健全地方税体系。"

（三）财税体制改革对交通运输行业投融资领域的影响

1. 财税体制改革对交通投融资主体的影响

财税体制改革涉及事权关系的调整，而事权关系的调整将涉及管理体制的相应改革，管理体制的改革将对交通投融资主体产生相应的影响。《交通运输领域中央与地方财政事权和支出责任划分改革方案》（国办发〔2019〕33号）提出："中央承担国家高速公路建设资本金中相应支出，承担普通国道建设、养护和管理中由中央负责事项的相应支出。"这意味着中央相应成为了投资主体，与以往高速公路和普通国道以地方为投资主体有所不同；类似的还有西江航运干线，"中央承担专项规划、政策决定、监督评价职责，建设、养护、管理、运营等具体执行事项视改革进展情况，逐步由中央实施；在改革到位之前，按照现行管理体制执行。……上述水路领域事项由中央承担支出责任"，由此也可以看出，改革方案对西江航运干线的投资主体也会产生重大影响。

2. 财税体制改革对交通资金来源的影响

《交通运输领域中央与地方财政事权和支出责任划分改革方案》的实施，将改变现有的事权及支出责任，相应地会对资金来源产生一定的影响。例如：中央事权和支出责任中增加了国道的养护事权，这就需要在中央层面增加养护经费的来源；西江航运纳入中央事权及支出责任，同样也需要解决建设、养护、管理等所需资金的来源问题。此外，以往公路养护资金是以收定支，受养护资金的制约，养护标准常年偏低。今后随着国家综合立体交通网高质量、高水平、现代化的发展建设，现阶段以收入定支出的资金供给模式将无法适应未来的支出需求，新的资金需求将对资金来源提出新要求。

3. 财税体制改革对专项财政转移支付的影响

根据《交通运输领域中央与地方财政事权和支出责任划分改革方案》，部分中央财政事权事项需要委托地方代行事权，例如界河桥梁、边境口岸汽车出入境运输管理、国境及国际通航河流航道等，由中央承担专项规划、政策决定、监督评价职责，建设、养护、管理、运营等具体执行事项由中央委托地方实施，主要支出责任由中央承担。由此可见，此类支出仍需保留相应的专项财政转移支付，以确保中央事权及其支出责任的履行。

4. 财税体制改革对交通建设养护资金稳定供给的影响

就当前财税体制改革的趋势来看，长期支持交通发展的专项资金走向仍不明朗，预计交通发展的财政性资金来源将发生调整。按照减少专项转移支付规模的改革要求，车辆购置税、燃油税可能被取消专项税收的性质，改为一般税收。如果以往车辆购置税、燃油税作为财政专项转移支付被取消，而作为一般性财政转移支付，那就意味着这部分转移资金有可能不是百分之百地用于交通建设支出，由此会对交通建设、养护资金稳定供给产生较大影响，同时也可能影响到中央委托地方代行事权所需资金的保障。

三、国内外经验借鉴

（一）典型发达国家基础设施投融资框架和概况

1. 总体情况

基础设施作为一个国家重要的社会经济部门，其资金保障的基本思路和总体框架受到国家经济体制模式的重要影响。根据世界经济合作组织的研究报告《转轨到市场经济中》，可以将典型发达国家基础设施投融资框架按照政府管制与参与程度粗略归类为市场主导型和政府主导型两种，分别对应以美国、英国为代表的市场导向型市场经济体制（或称为自由市场经济体制），以及以日本、法国、德国为代表的行政管理导向型市场经济体制。

市场主导型基础设施投融资框架的主导思想是充分鼓励自由竞争，认为政府应尽可能少地介入经济运转中，只扮演"市场增进"的辅助作用。具体而言，一是基础设施以私有制为基础，私营企业是经济活动、基础设施投融资和运营的主体，政府对基础设施投资比重较小；二是政府不采用直接手段调控经济，主要依靠财政政策和货币政策对国民经济进行间接调控，政府干预经济的目的是维护自由竞争的市场经济体制。

政府主导型基础设施投融资框架的主导思想是以市场制度为基础，同时充分发挥政府的作用。根据项目属性和重要程度确定基础设施投资主体，政府会在重要基础设施投资决策中起着主导作用。同时，主要采用企业国有化（或国家持股）、制定产业政策或计划指导等手段应对基础设施投资方面的市场失灵问题。

普遍来讲，政府主导型的基础设施投融资框架会带来财政支出负担过重、国有部门效率较低等问题；而市场主导型的基础设施投融资框架主要会出现市场失灵带来的各种弊端（包括规模不经济或自然垄断等）以及国家安全存在隐患等问题。这些问题都会随着模式的固化而越发突出，从而制约经济发展。因此，从较长的时间尺度（主要指第二次世界大战结束至今）看，各国基本都开展过一系列的制度改革，使得基础设施投融资框架在"偏向市场主导"和"偏向政府主导"间不断转化或更迭，呈现一种随着时代变化的螺旋式上升趋势，并逐渐趋于完善。

2. 美国的基础设施投融资框架概况

美国一直以来就推崇自由主义的市场经济，虽然多年来美国政府也多次调整政府对基础设施的投资管制力度，经历过政府管制放松和收紧的更迭过程，但美国政府作用的基调总体依然是"减少干预市场"，可以说美国采用的是典型的市场主导型基础设施投融资框架（此处指的是广义范畴的基础设施领域。在少部分纯公益性基础设施，如公路建设领域美国的政府管制和引导较多，出台了一系列法案并投入了大量财政资金）。

美国的基础设施投融资总体特点：①投融资模式以私人或社会投资为主，政府只重点参与纯公共产品（如公路建设）的提供，而对铁路、通信、电力、供水等有一定经营属性的基础设施投资较少，主要由民营资本投资完成。②政府投资主体以州和地方政府为主，联邦政府基础设施投资额占各级政府总投入的20%~30%。③政府一般只提供投资资助，不采取直接投资，国有企业的比重极小。④在资金来源结构方面，政府财政性资金主要包括上级转移支付、税收、市政债券等，社会资本主要包括企业债券、使用者付费融资、PPP模式等，同时政府通过完善投资法规、健全投资服务、制定优惠政策、提供政府补贴和优化投资环境等方式增加基础设施领域对私人部门的投资吸引力。

3. 日本的基础设施投融资框架概况

日本作为第二次世界大战后兴起的资本主义国家，为了在短期内将有限并相对稀缺的资源集中起来用于最迫切的环节,需要充分发挥政府在资源配置中的计划和导向作用,政府在基础设施投融资中扮演举足轻重的角色。如在高速公路建设领域,从1956年成立的道路公团特殊法人到2005年公团解散后成立的日本高速公路机构,均是政府设立的对高速公路进行建设经营和管理的专门机构,拥有全部高速公路的资产、债务和收益权。

日本基础设施投融资的总体特点:一是日本政府除了运用中央资金、地方资金外,还采用独特的财政投融资制度(有些类似于我国的政策性金融或政府投资基金)作为基础设施投融资体系中的重要资金来源。二是投资主体以地方政府(通过发债等)、事业机构和私人部门为主。三是政府鼓励社会资本投入基础设施建设。各级政府对基础设施投资提供税收优惠、低息贷款政策和担保等,降低社会资本进入成本;同时积极推进PPP事业的发展,政府对公私合作项目的事业推进、资金支持、监督和专业咨询方面提供必要的支持。

4. 法国的基础设施投融资框架概况

法国也采用的是政府主导型基础设施投资框架,政府管理职能明确,分工也更为科学,并且有相对较多的基础设施国有企业。虽然近年来开展了一系列民营化改革(如2005年的高速公路民营化改革),但政府依然会对私营公司提供风险担保和其他各类支持。

法国的基础设施投融资总体特点:一是投资主体包括中央和地方各级政府和社会资本。对重要基础设施部门,如铁路、公路、航运等部门,中央政府常通过设立国有企业的方式或直接由中央政府投资(例如巴黎香榭丽舍大街内外环线是由中央政府投资建设)。城市基础设施中,非经营性或公益性较强的项目主要由地方政府投资;带有经营性的基础设施允许私人企业进入。二是国有化的程度较强,全国性垄断公司在基础设施建设和运营中起到重要作用。三是同样鼓励社会资本采用特许经营等方式投资基础设施,但政府保持对项目的所有权。

(二)财政性资金使用方面的经验借鉴

1. 美国公路信托基金和公路使用者税

美国政府在(非收费)公路建设领域起到了主导作用,出台了一系列法案且投入了大量财政税收资金，主要通过公路信托基金投入公路建设。

美国公路信托基金是依法建立的由联邦政府为州际及国防公路系统建设、养护等提供资金保障的机制安排。公路信托基金成立之后，加强了对公路项目的支持力度，联邦政府在州际公路项目支出中的份额由50%提高到90%，大大促进了高速公路建设与发展，见表22-1。

公路信托基金来源税种、税率　　　　　　　表22-1

税　种			税率（美分/加仑）	税收去向	
				公路账户	公共交通账户
燃油税	汽油		18.4	15.44	2.86
	柴油		24.4	21.44	2.86
	酒精—汽油混合燃料		13	6.94	2.86
	特种燃料	一般税率	18.4	15.44	2.86
		液化石油气	13.6	11.47	2.13
		液化天然气	11.9	10.04	1.86
		M85混合燃料[1]	9.25	7.72	1.43
		压缩天然气[2]	48.54	38.83	9.70
汽车相关税收	汽车相关税收全部进入公路账户				
	轮胎税	40磅以下	免税		
		40~70磅	40磅以上每磅15美分		
		70~90磅	4.5美元+70磅以上每磅30美分		
		90磅以上	10.5美元+90磅以上每磅50美分		
	卡车、拖车税		征收对象：拖拉机；车辆总重超过33000磅的卡车；车辆总重超过26000磅的拖车。税率：零售价格的15%		
	重车使用税（年税）		征收对象：重量超过55000磅的卡车。税率：100美元+55000磅以上每千磅22美元		

注：1. 85%甲醇与15%天然气的混合燃料；
　　2. 单位：1立方英尺=0.0283平方米；3.1磅=0.454千克。

公路信托基金的资金来源主要是公路使用者税，主要包括燃油税，轮胎税，卡车、拖车税等。公路信托基金成立至今，其筹资能力在不断扩大，截至2007年，美国公路信托基金总收入达到53亿美元，是1957年的33倍。其中燃油税是公路信托资金主要资金来源，平均占比为80%，具体的税种包括汽油税、柴油及特种油税，1983年开始增加了酒精汽油混合燃料税。在燃油税的诸税种中，汽油税是主体，占到了80%左右的份额，如图22-1所示。

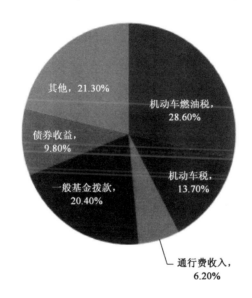

图22-1 公路信托基金（公路账户）资金来源（2012年）

2. 美、日港口建设专项基金

日本设"港口建设专项基金"，资金来源是进出口货物所征关税和船舶吨位税，地方政府对港口投资的资金来源为特种货物附加税和港口使用费。

美国也建立了专门的基金，如港口维护信托基金，该信托基金包括港口维护用户税（占绝大部分）、港口投资收益和圣劳伦斯航道通过费等。港口维护信托基金全部用于港口航道的维护，政府对新建港口的投资来源是财政拨款，主要来自普通税。

3. 美国基础设施政府债券

美国几乎所有的州和地方政府及其代理机构都通过发行市政债券作为融资工具筹资，用于交通、市政公用设施等基础设施的投资，至今已有200多年的历史。根据担保来源不同，美国市政债券可分为政府担保债券、收益债券和统一债券三类。

政府担保债券包括一般责任债券和特种税收债券，一般责任债券以政府无限制的征税权利为担保，特种税收债券以政府某种特定的收入来源作为担保。收益债券是以项目的未来收入进行偿还，政府不负还本付息的责任，通常期限很长、最长期限可达30年。统一债券是一种混合型债券，它具有政府担保债券和收益债券的某些特征，又具有独特的结构，它由商业保险公司或银行担供担保，这种债券目前已占到市场债券发行总量的30%以上。

例如，美国俄勒冈州交通局以州政府收缴的分摊于本州内高速公路的税收收入及其他相关收入为基础，发行高速公路收益债券，发行期限20～25年不等，偿债资金主要包括三方面：一是按重量及里程计算收取的税收收入及道路使用准入费等，二是燃油税收入，三是车辆牌照费、车辆注册费、驾驶员执照费等。

4. 日本收费公路债券和长期收费

日本的收费公路建设发展主要由中央政府实施，2005年，日本对收费公路的投融资和管理体制进行了改革，在中央政府层面创建了收费公路法定机构，全面承接四家道路公团的公路资产管理并履行债务偿还职能，实现日本全国收费公路的"长期收费"（收费期定为45年，后又调整为60年）、"统借统还"和降本增效。由日本中央政府担保、通过法定机构发行政府债券的方式进行融资，部分债券期限长达40年，主要用于偿还或置换现有债务、降低利息支出、新建高速公路、整修和翻新现有高速公路。

5. 日本"财政投融资"制度

日本政府通过公共金融机构为公共事业和需要扶植的基础设施筹集、融通资金，并按照有效利用、有偿使用资金的原则进行直接投资。如利用邮政储蓄、养老金和居民简易生命保险等负债期限较长的国家储备资金作为对道路公团、电信公社等的财政投资贷款，道路公团等再利用收取的高速公路通行费进行偿还。

通过制度性安排，在保证政府宏观管理和决策权的基础上，利用非一般预算资金投入基础设施建设，算是一种政府利用金融政策实施财政政策的有效手段。

(三) 对市场融资的利用

1. 日本新干线铁路"双委托"和建成后租赁

20世纪90年代之前，日本新干线建设资金来源主要是国家投资、银行贷款和自筹资金，基本没有引进民间或境外资本。1989年日本铁路系统开展民营化改革，民营化后，日本新干线建设费用分摊比例为日本铁路公司50%、日本政府50%。建设后期政府采用"双委托模式"，即日本政府委托投资机构如运输设施整备事业团向铁路建设公团投资，并和铁路建设公团负责新干线的建设、管理和处置，同时委托铁路客运公司经营新干线。这种双委托模式保障了新干线建设、管理专业化以及资金来源的稳定性，也保证了政府的主导和宏观调控。

在高速铁路网骨架建成后，尤其是1987—1991年，日本政府分别把新干线的经营权转让给东日本、东海、西日本等区域性客运公司，从而获得了大量转让收入，进一步推进了新建铁路的发展。

2. 美国铁路企业融资模式

美国铁路大部分是私营企业，自负盈亏，绝大多数没有得到政府补贴，铁路公司必须通过其他融资途径来筹集用于基础设施建设、维护以及设备购置等的费用。美国铁路的主要融资途径有：①发行股票和债券融资。美国Ⅰ类铁路都是上市公司，可以通过发行、出售股票和债券来募集资金。②贷款。虽然美国政府不直接投资铁路建设项目，但是每年都会提供一定额度的贷款担保。此外，铁路也可以向银行进行抵押贷款。③租赁。铁路公司可以通过租赁设备维持运营，特别是在业务不稳定的线路上，这样能够节约大量的设备购置资金，降低设备维护成本。

1970年以前美国并未实行客货分运，但是铁路公司在经营客运业务时绝大部分是亏损的，需要利用货运业务进行补贴，客运业务成为各铁路公司的沉重负担。为了帮助铁路公司摆脱困境，1970年，美国组建美国国家铁路客运公司（Amtrak），各铁路公司就把所有客运业务移交给Amtrak，美国铁路开始实行客货分运，Amtrak是美国唯一一家经营客运的铁路公司。美国的现有铁路中，阿拉斯加铁路由州政府直接管理，Amtrak为联邦政府直接经营管理，联合铁路公司为联邦政府与私人投资独立经营，其余铁路基本都是由私营铁路公司拥有并经营管理，其中包括所有的Ⅰ类铁路。Amtrak拥有的路网线路很少，但全国所有的货运路网都向其开放。Amtrak主要通过与货运公司签订长期路网租赁合同并支付路网使用费未使用货运路网。Amtrak自成立以来，最初完全依靠联邦政府补贴，目前联邦政府只为其提供部分补贴。

3. 法国、意大利的特许经营制度和政府的作用

法国72%的高速公路是收费的，收费公路采取特许经营模式。国家授权特许经营公司具体负责筹资、建设、运营、养护管理工作，经营期满，归还国家。一般经营年限为20~30年。国家与特许经营公司的关系以合同形式明确，合同期满后，经双方协商，可续签合同延长经营年限。

依托高速公路通行费收入，法国特许经营企业主要依靠三种方式来筹集资金：一是贷款集资，在20世纪60年代政府采取无息贷款（在现金流入充足之前不需要归还）鼓励高速公路发展，占到了建设成本的30%~40%，其后逐渐减少。二是向国内外发行长期建设债券，利用这两种方式筹集来的资金，通过项目建成后收取车辆通行费进行偿还，法国高速公路建设资金的50%来自银行的借贷。三是政府资金补助，但比例不大。

意大利政府对项目的投资主要依据政府的公路发展政策以及项目的投资规模和收益水平。支持在路网发展规划中应优先建设的项目，对建设成本高的项目、收益水平低的项目，政府的投入比例较高，反之则投入比例较低。随着高速公路的快速发展，政府已无足够的财力进行高速公路建设的巨额投资。因此，意大利对收费高速公路项目无偿投资补助的比例降低到10%以内，转而利用政府对高速公路投资的股权收入建立"担保基金"，以这笔基金为公司发行的公路债券提供担保。这对于降低项目的前期财务成本，增强银行和公众对债券信任程度的作用非常明显。

4. 法国收费公路公司间的互相补贴机制

法国政府为避免不同路段、公司收费标准的差异过大问题，20世纪70年代在公司内部各路段间推进交叉补贴的资金管理方式；在20世纪80年代进一步引入了在不同公司间交叉补贴的资金管理方式，交叉补贴方式保证了足够的建设运营资金，实现了高速公路网的快速扩充。

法国的6家大型高速公路公共公司按照一一对应的形式组成3对，包括SAPN-SUNEF、SAPRR-AREA和ASF-ESCOTA。结成对的公共公司共同支配取得的收费收入。在确定结对对象中一般要考虑运营方便（地理上衔接在一起）、收入互补可行、财务总体可行、对出行者不会造成大的影响等条件。

一般而言，结对的两家公司总是一个收益较好、一个收益较差。这样，交叉补贴能够有效提高收益较差公司的财务状况，并协调收费标准（即减少不同路段的收费标准差别）。

5. 澳大利亚基础设施产业基金

澳大利亚发展基础设施产业基金在世界上起步较早、规模较大，在全球市场中具有重要地位。该基金一般私募设立，运营一定年限后可以上市转为公募。目前澳大利亚投资基金总量已经超过10400亿澳元（大约合7690亿美元），其中上市基金总量达到2000亿澳元。澳大利亚基础设施产业基金通常可在证券交易所上市，2006年其上市的总规模达到430亿澳元，占澳大利亚流通市值的5%以上。

发展基础设施产业基金能加快基础设施建设，降低政府在基础设施方面的投入，使有限的财政收入提供更多的社会服务。目前，澳大利亚政府在基础设施建设的支出已经从原来占预算的14%下降到现在的5%左右，基础设施产业投资基金的出现是一个重要原因。

发展基础设施产业基金还有以下几个优点：

一是资金运作的专业化。通过每个基金的设立和运作，在对投资资金的筹集、资产评估、收益分配和风险控制等方面，形成了效益较优和机制完善的基础设施投融资制度。

二是资产管理的专业化。通过专业化的基金管理公司的长期运作，形成了相关基础设施领域具有稳定性和高水平的技术与管理专家团队。

三是使广大投资者能够通过基金参与具有稳定和较好收益的基础设施投资，分享了经济增长的成果，也促进了社会的公平分配与和谐。例如，麦格理通讯基金、麦格理机场基金和澳大利亚基础设施基金的回报率分别是31.8%、24.7%和18.1%。在澳大利亚，基础设施投资基金的发展为养老基金等需要长期稳定回报的投资提供了最好的投资工具。

（四）经验和启示

一是由于投融资总体框架是随时代螺旋式上升的，因此要考虑宏观的经济社会发展和财税体制变化，预判未来的基础设施资金保障框架。对我国而言，重点需要从财税体制和中央与地方事权关系长期变化的角度，进一步考虑中央与地方政府间、政府与市场间在基础设施资金保障方面宏观职能和相互关系❶，清晰的政府投资边界和合理的事权划分是交通基础设施投融资模式确立的先决条件。

二是专项税费和政府债券是各国通用基础设施投资财政性资金来源，其保障了各国特定行业（如公路、港航等）的迅速发展，发挥了关键性的投资作用，也为后续的各类融资打下了良好的基础。

三是典型发达国家在最近十几年内均加大了吸引私营部门进入基础设施投资领域的力度，并开展了一系列国有企业民营化改革。有利于减轻政府的财政负担，并提高资金和设施运营效率。政府通过税收优惠、贷款担保和贴息等方式鼓励各类企业融资和项目融资方式的开展和创新。

四是在筹集资金之外，政府也要起积极作用。政府在鼓励社会资本入场投资交通基础设施的同时，也要进行相应的引导、规制和监督，遏制各类"市场失灵"现象的发生，促进行业健康发展并做好重大风险防范。

四、国家综合立体交通网资金保障政策研究

（一）强化政府主导的公共财政保障制度

1. 确保公共财政对交通运输发展的基础性保障

财政应承担公益性强的交通基础设施建设和养护支出，承担交通基础设施和运输服务领域的基本公共服务支出。对于公益性交通基础设施的建设，应由各级政府加强公共财政保障，按照规划稳步实施交通重点项目的建设，保证政府资金落实到位，不产生财政资金缺口；对于公益性交通基础设施的

---

❶ 自新中国成立以来，我国财税和央地关系经历了集权—分权—适度集权的过程，目前正处于下一个下放阶段或趋势中。因此应进一步考虑在基础设施投融资框架的央地政府关系层面，未来地方政府可能需要也应该比现阶段承担更多的权利和义务。

养护，各级财政承担起相应的支出责任。

对于可利用收费机制运作的交通基础设施，财政应保证充足的资本金投入，或根据需要给予必要的补助。

2. 构建常态化资金支出安排

采用公共财政资金进行国家综合立体交通网的建设养护，应统筹一般公共预算资金和政府性基金，形成常态化的资金支出安排。其中，一般公共预算资金主要依靠专项税、政府债券等，政府性基金主要包括政府收费还贷公路通行费、民航基金、铁路建设基金等。

（1）一般公共预算资金。

①专项税。稳定和规范现有财政性资金来源，以具有专项用途的车辆购置税、燃油税等作为国家综合立体交通网的财政支柱和融资基础。其中车辆购置税主要用于建设，燃油税首先要用于养护管理支出。从预测结果看，国家综合立体交通网建设和养护仍有很大的资金需求，在养护方面还存在较大资金缺口。同时，庞大的交通存量债务也存在较大的风险。因此，必须坚持车辆购置税、燃油税的专项用途，保持现有中央和地方各级财政投入交通运输发展资金的总体稳定。此外，也可根据社会经济发展形势和交通行业发展阶段需要，适时开展新增专项税费的研究工作。

②政府债券。依托以政府债券为主体的地方政府举债融资新机制，筹集国家综合立体交通网的建设和养护所需的资金。政府债券具有融资期限长、融资成本低、筹资数额大、可以滚动式连续发债等优势，能够给交通建设项目提供稳定、可靠的政府资金，是解决未来国家综合立体交通网发展的重要资金保障渠道。积极开展中央长期债券研究工作，鼓励地方加大地方政府债券在交通领域的投入。政府债券主要用于新建项目筹资或置换存量债务，可用车辆购置税、燃油税等财政资金做担保和偿还。地方政府交通债务实行限额控制，并纳入同级预算管理。各级政府应建立交通项目偿债保障机制，统筹安排综合财力，及时支付债券本息、发行费等资金，切实履行偿债责任，维护政府信誉。

③专项债权。对于有一定收益的交通项目，如有稳定、长期的现金流入的收费公路等可发行专项债券，需进一步加大交通领域专项债券的发行额度，

并加强债券的实用性。专项债务收支应当实现项目收支平衡。

（2）政府性基金。

完善政府还贷公路通行费、民航基金、铁路发展基金等政府性基金的征收及使用规范，确保各项资金能够充分用于国家综合立体交通网的相应领域。探索通过设立综合交通运输发展专项基金的制度，确保交通发展资金来源的稳定和使用的规范高效。研究设立邮政普遍服务（邮政快递业发展）基金，完善邮政快递基础设施建设资金保障机制。

3. 建立事权与支出责任相适应的投资体制

（1）理顺各级政府在交通基础设施领域财政事权关系。

形成与现代财政制度相匹配，与国家治理体系和治理能力现代化要求相适应，权责清晰、财力协调的交通运输领域中央与地方财政事权关系，调动各方交通投资的积极性，形成合力推进交通运输发展。

（2）落实各级政府支出责任。

通过加强交通运输领域财政收入和支出、优化转移支付分配、提高资金使用效率等方式，保障各地区各级政府支出责任的有效落实。中央层面，要进一步完善中央交通专项资金政策，结合财政事权划分和各省实际优化交通转移支付机制，研究探索与交通基础设施使用相挂钩的交通税费制度并适时推进实施。地方各级政府层面，要进一步巩固完善地方政府债券和其他财政资金在交通运输领域的常态化使用，并进一步开展交通融资模式合规创新，强化地方交通投入保障，切实落实支出责任。

根据事权和支出责任的调整，清理、规范交通专项转移支付项目，严格控制引导类、救济类、应急类交通专项，规范专项转移支付资金的使用。

（二）积极利用市场资源多渠道筹集资金

1. 鼓励和支持社会资本投资交通基础设施的建设运营

国家综合立体交通网的建设和运营需要充分利用政府和市场两种资源，多渠道筹集资金。核心是要拓展交通项目的融资潜力，吸引社会资本参与。

鼓励和支持社会资本投资交通基础设施的建设运营。在公共事业特许经营制度框架内，通过建立和规范公共部门与民营企业的合作模式发挥政府和企业的各自优势。以风险共担、利益共享为原则，用特许协议规范政府和企业的责任和权利，利用 BOT（建设—经营—转让）、TOT（移交—经营—移交）、影子收费以及与已有设施签订运营维护协议等多种方式吸引社会资本。鼓励社会资本、机构投资者通过购买债券、投资基金等渠道间接参与交通基础设施投资。多渠道盘活存量资产，研究开展基础设施不动产投资信托基金试点。

2. 加强金融创新工具利用

不断进行探索创新，有序推动交通资产重组、债转股、并购、上市等方式，做大做强交通运输企业的整体实力，提高企业资信级别。支持交通运输企业在依法合规、风险可控的前提下，通过资产证券化（ABS）、基础设施不动产投资信托基金（REITs）等方式有效盘活交通存量资产；大力推进交通与旅游、物流、互联网、新能源、金融等其他产业的融合发展，以新的产业形态盘活存量收费公路资产。探索将交通设施建设与土地开发、资源开发等有机结合，通过"肥瘦搭配"捆绑开发、"资源变资本"滚动开发等方式，盘活优质旅游资源、公路沿线资源，有效补充公路建设资金；结合广告传媒、服务区休闲购物综合开发、物流服务及旅游商业地产开发等，做大做强高速公路配套产业。

3. 充分利用政策性金融

政策性金融是在政府支持下，以国家信用为基础，采取优惠性利率的方式，为配合国家特定的经济和社会发展政策而进行的特殊性资金融通行为，是我国特色现代金融体系的重要组成部分，其作为逆周期调节的重要工具以及产业政策调整和助推稳增长的重要抓手，在支持交通项目建设方面有独特的优势。国家综合立体交通网建设项目可以充分利用政策性金融的优惠政策，获得低息融资，但当前对政策性金融的利用主要以一事一议的模式开展，且规模相对较小，难以匹配国家综合立体交通网的布局规模和资金需求。需要进一步破除当前政策性金融资金利用存在的障碍和问题，进一步发掘交通运输领域利用政策性金融的潜力，促进政策性金融保障的常态化、规范化以及资金供给规模的稳定，支撑国家综合立体交通网建设。

（三）科学规范资金管理，提高资金使用效率

1. 优化资金投向

财政资金要发挥好维护既有基础设施正常使用、确保交通基本公共服务

的提供、引导交通行业转型升级发展、吸引民间资金进入交通运输各领域的作用。各级财政要根据事权职责和所在区域交通发展的阶段特征，优化投资结构。总体上应优先保障已有资产的维护和重点规划项目资金需求，同时促进交通运输结构调整和转型升级。

2. 建立全生命周期资金保障制度

建立并完善与交通运输发展阶段特征相适应的覆盖全生命周期的资金保障制度。构建财政保障有力、有效吸引社会资金、风险可控的健康有序发展的投融资机制，创新投融资政策，健全与项目资金需求和期限相匹配的长期资金筹措渠道。建立项目全过程成本控制制度，加强设计、施工、养护等各环节资金管理。

3. 规范资金使用

逐步建立全面规范的预算公开制度。加快构建覆盖资金筹集、预算编制、预算执行、资产管理和审计监督等各个环节的内部控制制度体系。推进部门预决算信息公开，提高财政资金的规范性和有效性。加强重大项目和重点资金审计监督，推行重点建设项目跟踪审计，加强相关银行账户管理和动态监控。

4. 控制筹融资风险

建立交通债务风险预警及化解机制。建立交通债务风险识别和评估制度，定期评估交通行业债务风险状况，通过把握建设节奏、增加财政投入等手段，合理控制交通债务规模。将政府性交通债务收支、还本付息支出纳入地方财政预算管理，推动建立偿债准备金，优化存量债务结构。

课题组长：

马衍军（组长）、崔敏（副组长）

主要执笔人：

崔敏、罗诗屹、黄丽雅、马衍军、王晖军、黄谦、冯宏琳、王达川、陈文来、李育天、兰艳丽

主要承担单位：

交通运输部规划研究院

本章参考文献

[1] 何军,王烈.国外高速铁路投融资模式及启示[J].铁路运输与经济,2010,32(7):62-65.

[2] 闫慧.以政府为主体的邮政普遍服务投融资管理体制研究[D].北京:北京交通大学,2011.

[3] 交通运输领域财政事权与支出责任划分改革研究[R].北京:交通运输部规划研究院,2018.

[4] 交通运输可持续发展中央财政资金保障对策研究[R].北京:交通运输部规划研究院,2017.

[5] 财政事权改革后成品油消费税转移支付资金分配调整机制研究[R].北京:交通运输部规划研究院,2019.

[6] 交通运输领域财政事权和支出责任划分细化实施方案和"十四五"期投资政策研究[R].北京:交通运输部规划研究院,2020.

第二十三章
国家综合立体交通网实施保障研究

本研究从分析我国交通运输规划体系编制实施入手，充分借鉴国外交通运输规划体系建设实施的经验，有针对性地提出了保障国家综合立体交通网实施的各项措施。

一、我国交通运输规划编制实施现状

（一）交通运输规划构成分析

目前，交通运输规划大致可以归为交通基础设施空间布局类规划和交通运输发展规划具体情况如下。

1. 交通基础设施空间布局类规划

交通运输领域的基础设施类规划均属于空间规划类。国家层面出台的交通基础设施规划，主要有铁路行业编制的《中长期铁路网规划》，公路行业编制的《国家公路网规划》《农村公路建设规划》，水运行业编制的《全国沿海港口布局规划》《全国内河航道与港口布局规划》《国家水上安全监管和救助系统布局规划》及各港口总体规划，民航行业编制的《全国民用机场布局规划》及机场总体规划，邮政的邮政网点规划等。

由于各交通运输方式所处发展阶段不同，加之行业发展自身规律不同，因此，在空间设施规划编制方面各成体系，形成了诸多基础设施布局规划和总体规划，交通运输空间规划体系可谓既庞大繁杂又各具特色。铁路行业编制的《中长期铁路网规划》等，重在解决铁路网布局和建设时序安排问题。公路行业编制的《国家公路网规划》《农村公路建设规划》等，则重在解决公路网的布局及线位安排问题。水运行业编制的《全国沿海港口布局规划》《全国内河航道与港口布局规划》《国家水上安全监管和救助系统布局规划》和各港口总体规划等,解决港口分层布局和总体布局及水上救助安全问题。民航行业编制的《全国民用机场布局规划》、机场总体规划等,主要是解决机场布局和建设问题。邮政行业编制的邮政网点规划,则主要是解决邮政网点分层布局问题。

2. 行业发展规划

交通运输是国民经济的基础性、先导性、战略性产业和重要的服务性行业,对保障国民经济持续健康快速发展、改善人民生活和促进国防现代化建设,具有十分重要的作用。交通运输发展规划是国民经济和社会发展规划的重要内容和专项规划之一。

1992年,我国确立了建立社会主义市场经济体制的改革目标,交通部提出用几个五年计划的时间,实施公路主骨架、水运主通道、港站主枢纽和支持保障系统的"三主一支持"交通基础设施建设战略构想和长远规划。"八五""九五"期间,公路、水运建设发展规划相继出台,制定了加快建设步伐的目标任务。

随着交通运输发展进入综合交通运输发展阶段,国家发展改革委在2007年曾先后编制出台了《"十一五"综合交通体系发展规划》和《综合交通网中长期发展规划》。2008年大部门制改革后,交通运输部被赋予了综合交通运输发展规划编制职能。《"十三五"现代综合交通运输体系发展规划》是由部委联合编制报国务院印发的第一个涵盖各种运输方式的五年发展规划,该规划包括综合交通运输体系总规划及综合运输服务、铁路、公路、水运、民航、邮政、信息化、节能环保、支持系统、科技、标准化、公共交通、安全应急、交通扶贫等子规划。

总体而言,目前交通运输领域编制的行业发展规划,主要是以五年发展规划为主,各运输管理领域五年发展规划编制的主要内容和技术方法大致类似。在五年规划的指引下,再编制三年滚动计划和年度计划。

(二) 规划编制实施制度要求

目前,交通运输领域尚未建立全面完善的规划管理制度体系,只有部分运输方式出台了规划编制办法。如公路领域出台了《公路网规划编制办法》《农村公路发展规划编制大纲》和《公路运输枢纽总体规划编制办法》。水运领域出台了《港口规划管理规定》《港口总体规划编制内容及文本格式》和《港口布局规划编制内容及文本格式》。民航领域出台了《民用机场总体规划编制内容及深度要求》。另外，城市交通领域印发了《城市公共交通规划编制指南》，对规划编制的总体要求、主要内容、技术要点和主要成果进行了规定和规范。

综合交通、铁路、邮政等领域则一直未出台相关规划管理制度或编制办法。另外，上述规划管理制度主要都是针对交通运输基础设施空间规划编制的相关要求，而未涉及规划的实施监督、后期评估、绩效评价等诸多方面；而行业发展规划的编制实施，也缺少相应的管理规范和制度要求。因而我国在交通运输规划管理制度建设方面尚存明显短板，不利于交通运输规划战略导向作用的充分发挥。

（三）存在的主要问题

1. 规划的制修编方面

对于交通运输行业而言，其面临着规划体系构成不明确、规划类型过多、规划效力不一、各运输方式规划和综合交通运输规划之间的关系不确定、各类规划间有效衔接不到位等诸多问题，不利于综合交通运输的实施推进。主要问题包括：

一是空间规划没有明确法律地位，缺乏有效实施保障。目前，铁路、公路、民航、邮政等行业法律中，对规划的编制主体、内容、审批程序等有不同程度的规定，但对违反规划应承担的法律责任并没有规定，上述法规中的规划以引导性作用为主，缺乏强制约束力。同时，由于各运输方式的事权划分存在差异，导致空间规划发挥的作用不同。例如，对于完全属于地方事权的农村公路而言，中央发布的《农村公路建设规划》就只能是引导性规划，而不是有强制约束力的规划。

二是空间规划与发展规划的关系不清晰。由于交通运输发展规划和交通运输空间规划在规划时间上不匹配，加之两者的规划对象、规划方法、规划目的和适用对象并不相同，因此在实际执行过程中，很难完全按照《中共中

央 国务院关于统一规划体系更好发挥国家发展规划战略导向作用的意见》（中发〔2018〕44号）提出的"国家级专项规划、区域规划、空间规划，规划期与国家发展规划不一致的，应根据同期国家发展规划的战略安排对规划目标任务适时进行调整或修编"执行。未来发展规划和空间规划两者之间的关系究竟如何处理，如何能使两者更有效衔接协调，还有待进一步研究解决。

三是缺乏与其他相关规划如何衔接的有效规定。现行的交通空间规划制定实施过程中，会涉及与国土空间规划，以及五年发展规划等的衔接。但现有政策法规体系中对各类规划如何有效衔接缺少制度性规范，甚至各类规划的功能与定位还存在冲突，可能会使规划的目标与要求难以得到全面有效的贯彻与落实。

2. 规划实施管理方面

我国交通规划领域长期存在"重编制、轻实施、少评估"的现象，基本上还是以编制宏伟蓝图为主，缺乏对规划实施效果的评估。主要问题有：

一是规划管理制度不完善。目前，我国在综合交通、铁路、邮政领域尚未出台与规划相关的管理制度或编制办法，已出台规划管理制度的行业或领域，对空间规划如何有效实施、监督、绩效评估等都未涉及。行业发展规划则缺乏规划编制、实施方面的管理规范制度要求。不过这种形势正在逐步改善，一方面，国家层面的《规划法》制定工作正在积极推进过程中；另一方面，《中共中央 国务院关于统一规划体系更好发挥国家发展规划战略导向作用的意见》（中发〔2018〕44号）和《中共中央 国务院关于建立国土空间规划体系并监督实施的若干意见》（中发〔2019〕18号）先后颁布，明确了我国规划体系建设的基本发展方向和建设思路，为我国规划制订、规划实施与监管、法规政策和技术提供了重要的参考依据与指引。

二是规划实施责任不清晰，缺乏有效监督。现有交通运输规划的实施责任主体不明确，不同层级交通主管部门之间的职能划分不清晰，而且上级交通主管部门对下级缺乏有效的监督和控制手段，因此导致规划最终能否落地实施存在很大不确定性。如《中华人民共和国公路法》中公路规划一章，仅对国道、省道、县乡公路的规划编制、审批和修编进行了原则性规定，但对应由谁负责实施规划，谁对规划实施情况进行监督考核等都无相应规范要求，因而导致在实践中公路规划并无强制约束力，很难得到全面实施，难以保证规划效果。

三是对规划的编制实施缺乏有效的评估考核。目前，交通规划缺少事后真正科学、严谨、准确的实施效果评价，新规划缺少对既有规划实施效果的评价，缺少科学客观的评价方法，也缺少相应的制度支撑开展此项工作。导致对交通发展与规划之间的偏差、规划在交通发展过程中的效用程度缺少检验，难以为未来规划的制订和行业发展的纠偏提供科学决策基础。

3. 规划政策保障方面

一是交通规划与财政、国土资源、生态环境等密切相关部门的规划衔接不畅。财政方面，目前交通规划制订和实施阶段，没有实现与财政部门的良好互动和衔接，且没有考虑到交通建设、运营、养护全周期资金需求，因而造成较大的财政压力。国土资源方面，目前缺少交通基础设施空间规划与国土空间规划体系衔接的保障政策，对于不同交通方式的用地属性尚不统一，且交通用地取得方式不统一，存在征地难等问题。此外，交通基础设施建设与用地审批之间的时序协调也存在问题，交通用地报批与施工建设时序需要合理协调。

二是规划实施的内外部市场发展环境有待进一步优化。交通运输行业尚未形成统一、公平竞争的市场环境，行业间、新旧业态之间的合理补贴与公平竞争问题日益凸显，破除行政垄断和保护的问题也日益显著。此外，交通运输市场诚信体系建设仍显不足，交通服务供给者和使用者的信用难以有效验证，失信行为后追责成本过高、惩罚力度不足等问题普遍存在，不利于规划的实施落实。

三是规划实施的内外部沟通协调机制仍不顺畅。在各种运输方式的有效融合上，存在各种运输方式结构布局不合理、通道资源没有有效使用、枢纽转换衔接不畅等问题；在运营管理中，各运输方式的统计资料、信息资源不共享，法律法规无法互相支撑配合，应急运输和处置中无法共享信息、运输资源等问题依然突出，迫切需要解决。

4. 规划技术和人才保障方面

一是缺乏综合的、科学的、需求导向的规划理念与技术。目前，交通运输规划以分方式空间规划为主，综合的、多方式融合的交通空间规划需要加强。此外，现有交通规划大多从路网的完备性、覆盖度等交通自身发展要求出发，一定程度上忽略了公众参与和需求体验，对需求方的使用与效用问题关注较少。最后，虽然公路、水运规划开始注重运用四阶段法进行需求分析，但对于综合交通运输中节点间连接的具体线位选择尚缺少成熟的基于数据、模型的规划技术与模型。

二是亟待加强交通规划领域的前瞻性、战略性、综合性人才培养。目前，交通运输领域市场配置人才资源的基础性作用还没有充分发挥，制度化、体系化的市场配置机制尚未形成，选人用人的方式和渠道比较单一。规划属于复合型学科，需要大量具有跨学科、复合型人才参与规划的编制与研究，但目前行业无论是在基础研究和预研人才发展方面，还是在顶层策划和具前瞻性战略性研究人才方面都比较缺乏。对于从技术与实践两方面培养复合型规划人才的培养意识与方式仍然不足，交通规划领域人才选拔、激励、引进、培养机制仍有待完善。

二、国外交通运输规划经验借鉴

（一）美国

1. 交通运输战略规划体系

美国运输部根据形势需要不定期制定战略，提出指导未来的交通发展蓝图，内容以需求、趋势判断为重点，提出交通运输领域长远发展思路及对策。美国运输部于1977年、2008年、2015年分别发布了三部战略。其中2015年发布的《2045美国交通运输展望——趋势与选择》描绘了未来30年美国经济、社会、人口等要素的变化，分析了未来人口出行、货物运输的发展趋势。

针对区域和州级层面，美国运输部联邦公路局和城市公共交通管理局分别于1975年、1983年和2017年发布了《城市交通规划联合规程》《最终规划条例》和《交通规划流程指南》，要求都市区及各州制定都市区交通战略（Metropolitan Transportation Plan）及长期州域交通战略（Long-Range Statewide

Transportation Plan），并在上述战略文件的指导下制订与财政预算周期衔接的为期 4 年的都市区及州域交通改善规划，见表 23-1。

美国都市区及州域交通改善规划编制要求　　　　表 23-1

文 件 名 称	编制单位	期限	内　　容	调整时间
都市区交通改善规划（Transportation Improvement Program）	都市区规划机构	4 年	涉及各种交通方式、交通安全和交通系统管理等一系列项目	每 4 年调整一次
州域交通改善规划（Statewide Transportation Improvement Program）	州交通主管部门	4 年	涉及各种交通方式、交通安全和交通系统管理等一系列项目	每 4 年调整一次

2. 主要法律制度保障情况

《多式联运地面运输效率法案》（ISTEA）是美国后州际公路时代具有里程碑意义的立法，标志着美国联邦政府的运输政策从传统的资助发展公路运输转移到发展包括公路、铁路和大容量交通，各种运输方式之间实现无缝连接的综合运输体系，从重视具体运输方式的政策转向全面推进综合运输体系的规划和分布上。该法案要求各州对其所管辖的各个地区和所有运输方式，执行全州综合运输规划程序。TEA-21、SAFETEA-LU、MAP-21 则在 ISTEA 的基础上提出了资金保障、交通运输系统性能评价指标等。

2010 年美国通过的《政府绩效与结果现代化法案》要求联邦政府机构在每一任总统上台之初修订本机构的五年规划。在国家层面，美国运输部按照法案要求，从 1997 年开始制订 5 年规划，期间每 3 年滚动修订一次，迄今已制订 6 次五年规划。其内容包含交通运输的发展目标，围绕目标确定了任务、重点领域、措施以及交通领域面临的机遇与挑战，提出了 5 年绩效目标和绩效指标，列出了若干交通项目及其负责参与部门。

另外，还有部分法律对美国综合运输发展的生态环保、基本服务产生了重要影响，包括《空气清洁法 1990 修正案》《1964 年公民权利法案》《1969 国家环境政策法》《濒危物种法案》《美国残疾人法案》《清洁水法案》等。

3. 规划管理体制机制

在美国交通规划中发挥重要作用的组织是大都市区规划组织（Metropolitan Planning Organization，以下简称 MPO）。MPO 在区域交通规划制订中的作用主要有三方面：一是交通整合、区域协调的作用，主要是对铁路、公路、水运、航空与管道等交通规划涉及的区域间和不同交通方式的规划间的协调。二是促进区域社会公平与经济协调发展的作用，要求交通改善计划在支持交通供给的同时，满足提高交通安全、保护和提升社区与自然环境的要求，并能通过高效和灵活的交通促进美国经济增长，应对国内外竞争。三是加强公众参与和推广的作用，包括制订都市交通规划（MTP）和交通改善计划（TIP）的全面公众参与计划，以便实现与公众和利益相关者社区充分合作，如图 23-1 所示。

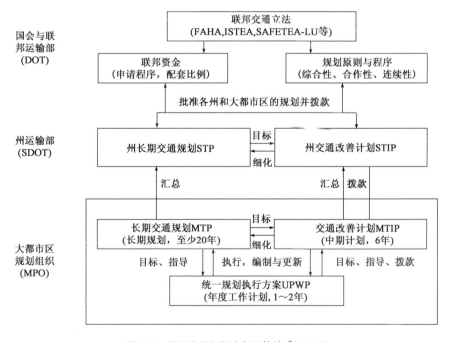

图 23-1　美国交通规划中各主体关系示意图

美国交通—国土联动管理机制。美国对现代交通运输系统的改革，都是站在战略管理规划高度来谋划的。ISTEA 指出，美国交通规划需要注重与区域内其他要素，如土地利用、城市空间结构的整体协调，强调联邦、州政府、地方政府以及大都市区域的规划组织之间的协调，以及地方的利益相关方和公众的参与，来提高运输规划的水平。

交通改善项目的确定与执行中，需要充分听取公众意见。美国交通改善项目由联邦政府、州以及地方有关机构对已拟定的交通改善计划的执行作出决定，议会定期审定和修正由联邦政府资助的项目。在执行时，主要由州和地方政府决定，当地官方的政治性决定必须要考虑到项目的全盘，例如资金使用、项目对管辖范围内社会经济结构的影响等。对每个拟建项目都召开两次公众会，听取公众对项目赞成或反对意见。

4. 规划实施的资金保障

交通规划需受到严格的财政约束。联邦法规要求大都会交通规划（MTP）、交通改善计划（TIPs）和全州交通改善计划（STIP）受到"财政约束"，这大大提高了规划的可信度和实用性。ISTEA 提出 MTP、TIPs、STIP 等规划中必须包含足够的财务信息来证明财政约束，以确认这些文件中的项目可以使用承诺的或可用的收入来源实施，并合理保证联邦政府支持的运输系统得到充分的运行和维护。

对补助资金的使用设立奖惩和评价制度。联邦政府对于分配到各州的资金用途有明确规定，包括对各类型的具体项目有明确的比例要求，且各州特定项目获得的资金份额也有所不同。如果某个州未能完成联邦政府的要求，则可能受到冻结已分配资金的惩罚。另外，联邦政府将少量专项资金用于资助各州的特定项目，如国家景观道路。

（二）日本

日本的交通运输规划非常重视交通运输体系的空间保障问题。国土交通省作为日本交通运输规划制订的重要主体，在国家统一的研究框架下，测算各方式的运输需求总量和比例，分解给各都道府县进行项目层面的符合测算，自上而下地确定项目的资源保障，从而为后续的项目建设提供基础保障和建设依据。

1. 交通运输战略规划体系构成

根据《国土形成规划法》（《国土综合开发法》），日本国土交通省自1962年开始，已制订了7次国土开发规划。国土开发规划内容涉及未来发展思路和任务方向，但不包含具体的项目、责任主体和绩效指标体系，实质上是展望未来的前瞻性战略。例如，2014年的《日本国土大规模综合规划2050》在"生活圈域"与"广域地区"的概念下，提出了综合交通基础设施网络发展的方向。

日本国土规划除了全国综合开发规划外，还包括广域地方国土规划、各都道府县地方规划两个层次。广域地方国土规划由东京、名古屋和大阪为中心的首都圈、中部圈和近畿圈三大都市圈，以及北海道圈、东北圈、四国圈、中国圈和九州圈等8个广域地方的国土规划构成，每个区域基于全国规划制订各自的区域规划。各都道府县在大范围国土规划的基础上，制订当地发展规划。

在国家层面，日本国土交通省根据形势需要，围绕交通发展核心要素，制定了《21世纪初日本综合交通政策的基本方向》《21世纪日本交通运输技术战略》等。在各运输方式的行业规划中，根据2013年的《交通政策基本法》，2015年日本国土交通省发布了《日本交通政策基本规划（2014—2020）》，明确了2014年至2020年日本交通相关政策的基本方针、规划期内需完成的目标、针对各目标在推进过程中的具体政策、交通项目和绩效指标。日本国土交通省的相关部门根据本部门的职责，还会制订为期五年或者七年的规划。

2. 交通运输法律政策保障情况

2005年，日本修改《国土综合开发法》制定了《国土形成规划法》，该法更注重国土利用、开发、维护的综合协调与治理，强调规划的指导作用，并对中央与地方的职能，进行了相对明确的分工；由原来以开发为基调，即量的扩张向提高国土质量方向转变；由原来以国家为主导的模式向国家—地方合作的模式转变，并突出社会各界参与的重要性。

2013年《交通政策基本法》颁布实施。该法明确了一定时期内交通政策的基本框架，规定了各级政府及其他相关方面在政策实施过程中的责任与义务。国家具有制定综合交通政策措施和实施的责任与义务，需要完善并形成综合有效的交通网络，促使步行、自行车、汽车、铁路、船舶、航空等各种交通方式各自承担相应功能，促进并强化各种交通方式之间的协作与互联互通，特别是公共交通之间的协作。此外，该法还规定交通政策基本规划必须与国土综合利用、治理及保护的国家规划以及环境保护基本规划相协调。

3. 规划实施的资金保障

日本政府投资以专项税收为主，根据事权确定支出责任。针对国道的不同建设性质、不同规模的工程以及不同的工程实施主体，分别确定了中央政府、地方政府的出资比例。对国道的新建和改建，由国土交通省实施的一般工程，中央负担新建工程费的 2/3，负担改建工程费的 3/4；由国土交通省实施的大规模工程，中央负担新建工程费的 3/4；由都道府县道实施的工程，中央负担工程费的 1/2，其他由地方提供资金。对都道府县道，主要地方道路的新建或改建，中央最多补助工程费用的 1/2。

(三) 德国

以德国为代表的综合交通发展规划，既制定各方式综合运输的战略发展方向和政策指引，又侧重通过模型与方法，在统一的需求框架下，测算各方式组合效率最优的基础设施建设、维护养护、运输衔接、交通组织等项目方案，分不同维度安排建设时序和要素保障措施，并适时进行评估和优化，确保项目的实施和资源配置的效率。

1. 交通运输战略规划体系

德国联邦交通部根据形势灵活制定战略，明确德国交通运输基础设施等发展思路及对策，并根据情况不定期修订。2000 年以来最新制定的战略包括《国家港口战略》《铁路降噪战略》等，正在制定《航空战略》。

结合战略的指导，德国联邦交通部制订操作层面的规划，包括联邦交通基础设施规划、五年框架投资计划、年度建设计划和其他专题专项规划（或专项行动等）。以基础设施规划为基础，联邦交通部制订需求计划，由议会批准后，作为约束性法规执行。需求计划明确了列入规划并接受联邦预算资助的交通基础设施项目及它们的优先类别。

德国联邦交通部分别于 1973、1979 和 1985 年制订了规划期约为 10 年的联邦交通基础设施规划。1990 年德国统一后至今，又制订了三次联邦交通基础设施规划，规划期分别为 1992—2002 年、2003—2015 年、2016—2030 年（规划期限延长至 15 年）。从德国交通基础设施规划的优先任务看，德国交通基础设施发展逐步从单一运输方式的路网建设，向综合、整体路网的建设与效率方向发展。例如，1985 年的规划，确立的主要任务是升级改造铁路网；1992 年的规划，重点是国家的统一建设；2003 年的规划，首要任务是主要城区密切连接；2016 年至今的规划，重点是加强整体路网的建设，确保基础设施适应全球数字时代的发展，实现运输线路现代化。

2. 规划的法律保障情况

德国是世界上最早进行空间规划的国家之一。除了联邦层面的《建筑法典》《土地建筑利用条例》《空间规划法》外，各州均享有制定本州空间规划法律的权利。德国完善的法律法规为规划的编制和执行提供了重要的法律保障。

《空间规划法》提出运用交通规划引导城市空间发展，如"通过交通系统的整合和确保剩余空间来引导居住区域的发展""应通过建立交通联盟和有效的中转地来提高公共客运系统的吸引力"。此外，《空间规划法》还提出应该发挥不同交通运输方式的比较优势，合理规划交通发展，包括"在交通负担重的区域和走廊应改善交通转移的条件以建立符合环保的交通载体，例如轨道与航道""居住区域的发展应通过不同的区域利用归类和混合来减轻交通负担并避免不必要的交通"。

3. 交通规划管理体制机制

2005 年，德国联邦交通、建设与住房部更名为联邦交通、建设与城市发展部（简称联邦交通部），基本将所有与交通运输和规划建设有关的投资和管理职责都归于一个部门。联邦交通部负责联邦级别的交通基础设施建设、交通运输法规制定、运输车辆管理、运输市场监管、安全监控及事故调查（包括空运）、气象信息服务等。在州层级，各联邦州政府设有专门的交通运输管理机构，具体负责州级公路的规划建设、交通运输协会的管理、地方铁路（包括私有铁路）工程技术管理等。

4. 规划实施的资金保障

德国交通投资资金来源为专项税收、一般税收和债券，并根据事权确定支出责任。近年来，德国为交通基础设施建设追加拨款，其主要手段包括启动 100 亿欧元的综合援助计划（2016—2018 年）；启用建设泛欧交通网络的欧盟资金，16亿欧元用于投资铁路和航道建设；对于联邦国道重型货车强制收费；实行高速公路收费计划；启动PPP项目，鼓励私营部门参与联邦政府基础设施投资等。《2030年德国联邦交通基础设施规划》的投资规模与结构见表23-2。

德国交通运输设施投资额（2016—2030年） （单位：10亿欧元）

表23-2

类别	总投资	其他投资（2016—2030年）	结构维护/更换（2016—2030年）	升级改造与新建项目（2016—2030年）（不包括结构维护/更换投资）	升级改造和新建项目"储备金"（截至2031年）
联邦主干道	132.8	12.0	67.0	15.8	18.3	19.6
联邦铁路基础设施	112.3	7.4	58.4	8.4	18.3	19.7
联邦航道	24.5	2.2	16.2	0.9	1.8	3.5
所有交通运输方式	269.6	21.6	141.6	25.1	38.5	42.8

总体而言，上述国家在战略和规划体系建设方面，普遍建立了保障战略、规划体系实施的法律制度，强调战略对于规划的指导作用，重视规划的绩效考核，重视公众广泛参与，建立定期或不定期的修订制度等，都非常值得我国借鉴参考。交通运输战略、规划的编制和实施将跨越较长时间周期，必须要有强有力的法律支撑，才能确保其得以落地实施。故我国也亟须建立健全交通运输战略规划的相关法律法规，以便为战略、规划编制和实施提供强有力的法律支撑。

三、国家综合立体交通网的实施保障

（一）实施保障要求

国家综合立体交通网实施有赖于土地、财政、法律、管理、人才等一系列制度的保障。基于对现状情况的分析认识，结合国家综合立体交通网规划纲要目标，需要从规划管理体制机制设计、法律法规保障、资金政策保障、国土资源规划协调、人才技术创新等方面加强实施保障。

首先，从外部关系协调角度看，国家综合立体交通网的建设有大量的财政资金投入和土地占用的需求，资金和土地除可以依靠内部挖掘潜力、集约高效利用满足部分需求外，仍需要财政、土地管理等部门的大力支持配合才能实现。另外如何克服和减少交通建设发展中对环保、安全等方面的负外部性影响，也需要交通与相关部门的密切协作配合才能实现。因此，如何加强与相关部门间的协作，建立与国土空间规划、财政预算、环保规划等的有效衔接机制十分关键。

其次，从法律法规设计角度而言，需要加强交通运输规划方面的立法，研究确定交通运输规划体系的构成、国家综合立体交通网在规划体系中的定位。明确界定哪些规划具有法律效力、哪些是提供发展指引，以及规划编制修订的具体办法、空间规划和发展规划之间的关系及如何衔接等一系列问题，从而为国家综合立体交通网的实施提供基本制度保障。

再次，从规划管理体制机制建设角度看，各种运输方式的统筹融合发展需要管理体制机制上的创新和深度融合，需要规划建设阶段的统筹通盘考虑，运营上的信息共享和管理上的密切配合。推进城市群、都市圈交通运输一体化，需要形成区域交通协调发展格局。实现交通运输与装备制造业的融合发展，需要交通运输行业上下游产业链的协同。

最后，从人才培养、技术创新角度看，保障规划目标的实现，需要政府做好人才、技术培育机制的建设，建立起了有效的人才选拔、培训、评估、激励机制，建立科学的科技评价标准和有效的科技激励。

（二）保障措施建议

一是加快交通运输法立法。法律具有长时间的稳定性，而政策易于调整和发生变化。现有的行业法律体系仅有关于各运输方式的法律法规，缺少综合性管理的法律法规，难以支撑规划纲要实施。加快作为行业根本性大法的《交通运输法》立法进程，有助于保障国家综合立体交通网规划纲要长期实施的稳定性和可靠性。

二是加强规划协调对接，建立交通空间规划与国土空间规划、国民经济发展规划间的稳定沟通协调机制。交通空间规划和国土空间规划两者之间，必须建立长期稳定的定期沟通机制，定期进行国土、交通、环保等部门间不同级别层次的会谈和磋商，保证规划的有效性和时效性，提高交通规划与国土规划执行的协同性。各级政府和交通运输行业主管部门在编制交通运输行业五年发展规划过程中，与国家综合立体交通网规划纲要做好衔接，结合五年期发展形势要求，确定重点任务，明确重大工程、重大项目、重大政策的实施要求。

三是建立用地保障制度。一方面，在建设过程中，必须严格用地控制，突出立体思维，通过提高交通用地复合程度，充分盘活闲置交通用地资源，节约集约利用好土地、岸线、空域等稀缺资源。另一方面，要依据国土空间规划有关要求和交通基础设施建设特点，建立相应的国家综合立体交通网用地保障制度，建立重大项目库，库内项目通过行业部门论证、自然资源部门批准，合理保障土地资源供给。建立国土和交通规划的动态调整管理政策。

四是完善综合交通规划体系。铁路、公路、水运、民航、邮政等行业应按照国家综合立体交通网规划纲要的要求，编制或修编本行业基础设施中长期空间布局规划，各省（自治区、直辖市）应编制综合立体交通网规划，并与国家综合立体交通网相衔接。明确规划纲要实施的任务分工，落实各方责任，强化综合交通统筹管理，推进铁路、公路、水运、民航、邮政领域的综合交通一体化工作机制。建立健全国家综合立体交通网动态监测、评估与修订机制。

课题组长：
姚晓霞（组长）、聂向军（副组长）、奉鸣（副组长）
主要执笔人：
姚晓霞、韩舒怡、何佳媛
主要承担单位：
交通运输部规划研究院

本章参考文献

[1] 韩昕余.小红点大格局[M].新加坡:宜居城市中心,2017:50-77.

[2] 司劲松.构建我国国土空间规划体系的若干思考[J].宏观经济管理,2015(12):14-17.

[3] 武廷海,卢庆强,周文生,等.论国土空间规划体系之构建[J].城市与区域规划研究,2019,11(01):1-12.

[4] 人社部就完善技能人才评价制度提出改革意见[J].中国人力资源社会保障,2019(10):7.

[5] 《关于改革完善技能人才评价制度的意见》的解读[J].劳动保障世界,2019(28):61-62.

[6] 张炳清.科技创新政策与国家治理体系和治理能力现代化[J].新经济导刊,2020(01):27-31.

[7] 王秦.深化体制机制创新提升科技治理效能[J].群众,2019(23):49-50.